# ABITUR TRAINING

Ulrike Brombierstäudl
## Betriebswirtschaft
Wirtschaft/Recht
Leistungskurs

ISBN: 3-89449-162-0

© 1987 by Stark Verlagsgesellschaft mbH · D-85318 Freising · Postfach 1852 · Tel. (08161) 1790
Auflage 1996
Nachdruck verboten!

# Inhalt

Vorwort

**I. Betriebliche Grundentscheidungen** 1

  1. Gründungsmotive und Gründungsentscheidungen 2

  2. Ziele betriebswirtschaftlicher Entscheidungen 4

  3. Kern- und Satellitengruppen im Entscheidungsprozeß 6

  4. Organisationsstrukturen 8
    a) Aufbauorganisation 9
    b) Ablauforganisation 14

**II. Produktion und Kosten** 17

  1. Der Begriff "Produktion" 17

  2. Der Prozeß der Leistungserstellung 17
    a) Die Planung des Fertigungsprogrammes 18
    b) Die Planung des Fertigungsverfahrens 20
    c) Lean Production – die neue industrielle Revolution 22

  3. Die Kosten bei der Leistungserstellung 24
    a) Der Kostenbegriff im betrieblichen Rechnungswesen 24
    b) Die Kostenarten nach ihrer Entstehung 25
    c) Die Kosten in Abhängigkeit vom Beschäftigungsgrad 25

  4. Die Grenzkosten 31
    a) Der Begriff "Grenzkosten" 31
    b) Die Grenzkostenfunktion 32
    c) Der Zusammenhang zwischen Gesamtkosten,
       Stückkosten und Grenzkosten (Überblick) 34

*(Fortsetzung nächste Seite)*

5. Die Kostenfunktion nach dem Ertragsgesetz 35
   a) Die s-förmige Gesamtkostenkurve 36
   b) Durchschnittskosten und Durchschnittskostenfunktion
   beim s-förmigen Gesamtkostenverlauf 37
   c) Grenzkosten und Grenzkostenfunktion beim
   s-förmigen Gesamtkostenverlauf 39
   d) Kritische Kostenpunkte und ihre betriebswirtschaftliche
   Bedeutung 41
   e) Zusammenfassende graphische Darstellung der Gesamt-
   kosten-, Stückkosten- und Grenzkostenfunktionen 46

## III. Markt und Absatz 49

1. Die Begriffe "Markt" und "Marketing" 49

2. Betriebswirtschaftliche Zielvorstellungen im Absatzbereich 51

3. Die Marktforschung als Grundlage der Absatzpolitik 53
   a) Bereiche der Marktforschung 53
   b) Methoden der Marktforschung 56

4. Das absatzpolitische Instrumentarium im Überblick 58

5. Preistheoretische Grundbegriffe 60
   a) Marktformen und Verhaltensweisen der Marktpartner 60
   b) Preiselastizität der Nachfrage und externe Konsumeffekte 65

6. Die Preispolitik eines Monopolisten auf vollkommenem
   Markt 70
   a) Die Ermittlung der Erlösfunktion aus der Preis-Absatz-
   Funktion 71
   b) Die Ermittlung des Gewinnmaximums beim
   Monopolisten (Cournotscher Punkt) 74
   c) Das Verhalten des Monopolisten bei Veränderungen der
   Kostenstruktur 77

7. Die Absatzpolitik im Polypol auf vollkommenem Markt 80
   a) Das Zustandekommen des Gleichgewichtspreises 80
   b) Die Erlösfunktionen 83
   c) Die Ermittlung der gewinnmaximalen Absatzmenge bei
   einem s-förmigen Gesamtkostenverlauf 84

| | | |
|---|---|---|
| 8. | Die Preispolitik auf unvollkommenen Märkten | 87 |
| | a) Die Merkmale unvollkommener Märkte | 88 |
| | b) Absatzpolitische Strategien im unvollkommenen Polypol | 88 |
| | c) Preispolitik im Oligopol | 89 |
| | d) Preisdifferenzierung als Mittel der Absatzpolitik | 91 |
| 9. | Staatliche Preispolitik | 94 |
| | a) Staatlich festgelegte Höchstpreise | 94 |
| | b) Staatliche Mindestpreise | 95 |
| 10. | Präferenzpolitik | 96 |
| | a) Produkt- und Sortimentpolitik | 96 |
| | b) Service und Konditionen | 102 |
| | c) Absatzmethoden | 103 |
| 11. | Kommunikationspolitik | 106 |
| | a) Bereiche der Kommunikationspolitik | 106 |
| | b) Planung von Werbemaßnahmen | 107 |
| | c) Durchführung der Werbeaktion | 108 |
| | d) Werbemittel und Werbeträger | 110 |
| | e) Neue Strategien in der Medienwerbung | 112 |

**IV. Rechtsformen der Unternehmung und Unternehmens-
zusammenschlüsse** 119

| | | |
|---|---|---|
| 1. | Überblick über die Rechtsformen der Unternehmung im Privatrecht | 119 |
| 2. | Entscheidungskriterien für die Wahl der Rechtsform | 120 |
| 3. | Personengesellschaften im Vergleich | 124 |
| | a) Rechte der Gesellschafter im Außenverhältnis | 125 |
| | b) Rechte der Gesellschafter im Innenverhältnis | 125 |
| 4. | Unterschiede zwischen Personen- und Kapitalgesellschaften | 128 |
| 5. | Die Aktiengesellschaft (AG) | 128 |
| | a) Die Gründung der AG | 129 |
| | b) Die Organe der AG | 129 |
| | c) Die Bedeutung der AG | 132 |
| 6. | Die Gesellschaft mit beschränkter Haftung (GmbH) | 133 |

| | | |
|---|---|---|
| 7. | Besondere Unternehmensformen | 135 |
| | a) GmbH & Co. KG | 135 |
| | b) Kommanditgesellschaft auf Aktien (KGaA) | 135 |
| | c) Genossenschaften | 136 |
| 8. | Unternehmenszusammenschlüsse | 137 |
| | a) Arten von Zusammenschlüssen im Überblick | 138 |
| | b) Das Kartell | 139 |
| | c) Der Konzern | 141 |
| | d) Die Fusion (Trust) | 142 |
| 9. | Auswirkungen der Unternehmenskonzentration | 143 |
| 10. | Die Kontrolle der Unternehmenskonzentration | 146 |
| | a) Kartellverbot | 146 |
| | b) Mißbrauchsaufsicht und Fusionskontrolle | 147 |

## V. Finanzierung und Investition 153

| | | |
|---|---|---|
| 1. | Begriffliche Grundlagen | 153 |
| | a) Kapital und Vermögen | 153 |
| | b) Finanzierung und Investition | 153 |
| 2. | Der Finanzkreislauf im Betrieb | 155 |
| 3. | Unternehmensziele im Bereich Finanzierung | 156 |
| 4. | Finanzierungsarten im Überblick | 158 |
| 5. | Außenfinanzierung | 159 |
| | a) Beteiligungs- oder Einlagenfinanzierung | 159 |
| | b) Fremdfinanzierung | 164 |
| | c) Factoring und Leasing als Spezialformen der Außenfinanzierung | 169 |
| 6. | Kapitalerhöhung bei der Aktiengesellschaft | 172 |
| | a) Spielarten der Kapitalerhöhung | 173 |
| | b) Ermittlung des Bilanzkurses | 175 |
| | c) Das Bezugsrecht | 175 |
| 7. | Innenfinanzierung | 177 |
| | a) Selbstfinanzierung | 178 |
| | b) Finanzierung aus Abschreibungsrückflüssen | 181 |

|  |  |  |
|---|---|---|
| c) | Finanzierung aus Rückstellungen | 187 |
| d) | Umschichtungsfinanzierung durch Veräußerung von Vermögensteilen | 188 |

8. Beurteilung der Finanzierung 189
   a) Finanzierungsregeln 189
   b) Die optimale Kapitalstruktur (Leverage-Effekt) 191
   c) Die "optimale" Liquidität 193
   d) Finanzierungskosten im Vergleich 194


**Lösungen zu den Kapiteln I bis V**     201

Kapitel I     201

Kapitel II     205

Kapitel III     215

Kapitel IV     229

Kapitel V     237


Anmerkungen     251

Literaturverzeichnis     252

Stichwortverzeichnis     253

# Vorwort

Das vorliegende Abitur-Training, das sich exakt am neuen Curricularen Lehrplan orientiert, soll den Kollegiatinnen und Kollegiaten des Leistungskurses Wirtschafts- und Rechtslehre im Teilbereich Betriebswirtschaft in erster Linie zur **Vorbereitung** auf **Klausuren** und das **Abitur** dienen; darüber hinaus eignet es sich auch uneingeschränkt als **unterrichtsbegleitendes Skriptum**.

Diesem Hauptanliegen wird auch sein systematischer Aufbau gerecht:
– **Lückenlose Darstellung des abiturrelevanten Unterrichtsstoffs** der verschiedenen Themenbereiche
– Übungsaufgaben und **Lernzielkontrollfragen** am Ende eines jeden Kapitels zur Überprüfung des Gelernten
– **Ausführliche Lösungen** zu jeder Aufgabe aus allen Kapiteln am Ende des Buches.

Im Mittelpunkt des Bandes steht der Betrieb als zielgerichtetes, produktives, soziales, aber auch offenes dynamisches System, das in den rechtlichen Rahmen der sozialen Marktwirtschaft eingebunden ist.

Aus Gründen des Umfangs nicht aufgenommen werden konnten die im Lehrplan als Alternativangebote dargestellten Themen wie Beruf, Leistung der Abgaben durch Haushalte, Konsum als wirtschaftliche Entscheidung, Geldanlage und Finanzierung sowie ArbeitnehmerInnen im Betrieb und das betriebliche Rechnungswesen mit den Bereichen "Grundzüge des Rechnungswesen" und "Bilanzanalyse".

Ulrike Brombierstäudl

# I. Betriebliche Grundentscheidungen

Betriebswirtschaftslehre und Volkswirtschaftslehre untersuchen jede für sich eine Seite der Wirtschaft. WÖHE definiert den Aufgabenbereich der Betriebswirtschaftslehre wie folgt: "Aufgabe der **Betriebswirtschaftslehre** ist es, alles wirtschaftliche Handeln, das sich im Betrieb vollzieht, zu beschreiben und zu erklären und schließlich auf Grund der erkannten Regelmäßigkeiten und Gesetzmäßigkeiten des Betriebsprozesses wirtschaftliche Verfahren zur Realisierung praktischer betriebswirtschaftlicher Zielsetzungen zu entwickeln. Da jedoch kein Betrieb für sich allein bestehen kann, sondern jeder Betrieb mit der Gesamtwirtschaft einmal über den Beschaffungsmarkt und zum anderen über den Absatzmarkt verbunden ist, muß die Betriebswirtschaftslehre auch die Beziehungen des einzelnen Betriebes zu anderen Wirtschaftseinheiten, zum Markt, untersuchen. Dabei erforscht sie aber nicht den gesamtwirtschaftlichen Prozeß, sondern geht stets vom einzelnen Betrieb aus ..."[1]

Die Größen, die sich auf die einzelnen Wirtschaftseinheiten (Unternehmen, Haushalte) beziehen, bezeichnet man als **mikroökonomische Größen.** Untersuchungsgegenstand der Betriebswirtschaftslehre sind diese mikroökonomischen Größen, z. B. Kostenverläufe, Ertragsfunktionen, Kosten- und Kapitalstruktur der Betriebe.

Gegenstand der **Volkswirtschaftslehre** ist die Gesamtheit aller direkt oder indirekt auf die Wirtschaft einwirkenden Kräfte (Geldpolitik und Fiskalpolitik, politische Umwälzungen, Auslandsbeziehungen, Wechselkursänderungen, technischer Fortschritt usw.) und die Beziehungen und Verflechtungen der Einzelwirtschaften. Die Volkswirtschaftslehre beschäftigt sich mit **makroökonomischen** Größen, die durch Zusammenfassung bzw. Addition von mikroökonomischen Größen gebildet werden. Die mikroökonomischen Größen bilden für die Volkswirtschaftslehre ein Datum (z. B. Kostenverläufe). Was für die Volkswirtschaftslehre Untersuchungsgegenstand ist, wie z. B. die Preisbildung der Produktionsfaktoren, die Entstehung und Verteilung des Volkseinkommens, die Bildung der Wechselkurse, Zinsbildung etc. ist für die Betriebswirtschaftslehre vorgegeben. Jede Veränderung der volkswirtschaftlichen Daten, wie beispielsweise Höhe des Zinses, technologischer Fortschritt, Änderung der Bedürfnisstruktur, führen zu Anpassungsprozessen in den Betrieben.

Entsprechend den Aufgaben der Betriebswirtschaftslehre sollen in diesem Band die im Betrieb ablaufenden Entscheidungsprozesse in den Bereichen Produktion, Absatz, Finanzierung und Investition erläutert werden. Betrachtungsgegenstand

## Betriebliche Grundentscheidungen

sind die mikroökonomischen Größen. Die makroökonomischen Größen werden als Datum betrachtet. In einigen Bereichen werden auch die Anpassungprozesse, die die Veränderung von Makrogrößen in den Betrieben hervorrufen, einbezogen.

## 1. Gründungsmotive und Gründungsentscheidungen

*Beispiel*

*Werner von Siemens* (1816–1892) gilt als Begründer der Elektrotechnik. Seine technischen und naturwissenschaftlichen Erkenntnisse eignete er sich als Artillerieoffizier an. Er erfand 1866 die Dynamomaschine, konstruierte 1879 die erste brauchbare elektrische Lokomotive, baute 1880 den ersten elektrischen Aufzug und 1881 die erste elektrische Straßenbahn Berlin-Lichterfelde.

Zu Verwertung einer seiner Erfindungen hatte er bereits 1847 zusammen mit Vetter Georg Siemens und Johann Georg Halske eine Telegraphenbauanstalt gegründet, die die Keimzelle der heutigen Firma Siemens AG bildete.

Auf sozialem Gebiet hat er grundlegende Einrichtungen geschaffen und Anregungen gegeben. Im Zusammenhang mit der 25-Jahr-Feier der Firmengründung im Jahr 1872 gründete Werner von Siemens eine Pensionskasse. Den Grundstock dazu ergaben 50000 Taler, die aus dem Reservefonds für die so erfolgreiche Betriebsführung der russischen Staatstelegraphen herrührten. Eine Anwartschaft für den Todes- oder Invaliditätsfall erwarb derjenige, der der Firma mindestens 10 Jahre zugehörte. Werner von Siemens wollte damit gegen Schicksalsschläge aller Art absichern, gegen Krankheit und Unfallfolgen, aber auch Vorsorge für einen gesicherten Lebensabend treffen.

Erst 10 Jahre später begründet Bismarck die staatliche Sozialpolitik in Deutschland. Eine weitere Pioniertat des Werner von Siemens liegt in der durchgeführten Arbeitszeitverkürzung: Der 9-Stunden-Werktag ab 1873 und der 8 1/2-Stunden-Arbeitstag ab 1891 wirkten bahnbrechend in der deutschen Wirtschaft. Unter seiner persönlichen Mitwirkung wurde 1887 zur Förderung der naturwissenschaftlichen Forschung die physikalisch-technische Reichsanstalt gegründet.[2]

Aus der Lebensgeschichte von Werner von Siemens kann man die Motive herauslesen, die zur Gründung eines Unternehmens führen können. **Schöpferische Tätigkeiten** wie z. B. Erfindungen oder das Auffinden von Marktlücken und Marktnischen gehören zu den wichtigsten Motiven der Unternehmensgründung. Um aus der schöpferischen Tätigkeit entsprechenden ökonomischen Nutzen

Betriebliche Grundentscheidungen

(sprich Gewinne) ziehen zu können, müssen bei der Gründung **organisatorische Aufgaben** erfüllt werden. Die Unternehmensorganisation bezieht sich auf Wahl der Rechtsform, Finanzierung, Investition, Produktion und Absatz. In einigen Fällen bestimmen auch **soziale Motive** (Schaffung von Arbeitsplätzen, soziale Leistungen für Betriebsangehörige) die Firmengründung. Über den eigentlichen Betriebszweck hinaus wirken die hier als **kulturelle Bedürfnisse** bezeichneten Motive: In diesem Fall benutzt der Unternehmer seine Macht und sein Geld, um Forschungsinstitute, Hochschulen oder Theater zu fördern und zu beeinflussen. Vielfach kommen auch **politische Motive** zum Tragen: Die ökonomische Macht wird zur Beeinflussung von Gesetzgebung und Verwaltung eingesetzt.

Die Grundsatzentscheidungen, die mit den Gründungsmotiven eng verknüpft sind und bei der Betriebsgründung getroffen werden müssen, sollen hier nur kurz aufgelistet werden:

- Betriebszweck, Branche: Produktionsbetrieb oder Dienstleistungsbetrieb
- Fertigungsprinzip bei der betrieblichen Leistungserstellung: Massen-, Sorten-, Serien-, Einzelfertigung
- Vorherrschen bestimmter Produktionsfaktoren: arbeitsintensive, kapitalintensive Produktionsweise
- Betriebsgröße: Klein-, Mittel-, Großbetrieb
- Standortabhängigkeit: Rohstoff-, Energie-, Arbeitskräfte-, Absatzabhängigkeit
- Wahl der Rechtsform: Einzel- oder Gesellschaftsunternehmen, Personen- oder Kapitalgesellschaft
- Aufnahmefähigkeit des Marktes, Konkurrenzsituation
- Höhe und Struktur des Kapitalbedarfes
- Möglichkeiten der Kapitalbeschaffung: Innen-, Außen-, Eigen-, Fremdfinanzierung
- Organisatorischer Aufbau des Unternehmens: Leitungsbefugnisse, Kommunikationssysteme

Die einzelnen angeführten Grundentscheidungen und ihre Entscheidungsparameter werden in den folgenden Kapiteln nach betrieblichen Funktionsbereichen (Produktion, Absatz, Investition, Finanzierung), denen die einzelnen Entscheidungen zuzuordnen sind, ausführlich behandelt.

## 2. Ziele betriebswirtschaftlicher Entscheidungen

In marktwirtschaftlichen Systemen sind die Unternehmungen innerhalb der gesetzlichen Grenzen autonom bei der Festlegung ihrer Ziele, d. h. sie müssen keinem volkswirtschaftlichen Gesamtplan folgen. Empirische Untersuchungen zeigen, daß die Aktivitäten in Industriebetrieben von vielfältigen Zielvorstellungen beherrscht werden. Allerdings weist in der Marktwirtschaft das Ziel der **Gewinnmaximierung** eine gewisse Dominanz auf.

Das Handeln von privaten Betriebswirtschaften in marktwirtschaftlichen Systemen wird vom **erwerbswirtschaftlichen Prinzip** geleitet. Für die Betriebswirtschaft bedeutet dies, daß Einkommen für jene Haushalte erwirtschaftet werden müssen, welche das erforderliche Eigenkapital zur Verfügung stellen. Der Betrieb ist das Instrument der Eigentümer zur Erwirtschaftung von – möglichst hohen – Einkommen. Das erwerbswirtschaftliche Prinzip findet seinen Ausdruck im Gewinnstreben.

Das Gewinnziel schlechthin gibt es in der Betriebswirtschaftslehre nicht. Je nach Definition können unterschiedliche Gewinnziele Gegenstand des wirtschaftlichen Handelns im Betrieb sein.

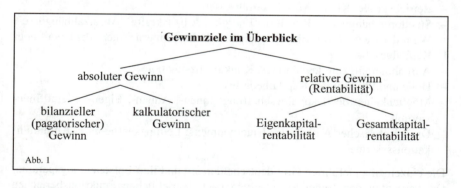

Abb. 1

Der Gewinn/Verlust (Erfolg) wird in der Erfolgsrechnung als Differenz zwischen Aufwand und Ertrag einer Periode ausgewiesen. Von diesem **bilanziellen** oder **pagatorischen Gewinn** ist der **kalkulatorische Gewinn** zu unterscheiden. Der kalkulatorische Gewinn wird in der Kostenrechnung als Differenz zwischen Erlösen und Kosten ermittelt, wobei Eigenkapitalzinsen und Unternehmerlöhne zu den Kosten zählen. Ob Eigenkapitalzinsen Gewinn- oder Kostenbestandteile

Betriebliche Grundentscheidungen

sind, hängt vom Zweck der Betrachtung ab. So kann es sinnvoll sein, Zinsen jeglicher Art, auch die Fremdkapitalzinsen, als Gewinnbestandteile aufzufassen, wie z. B. bei der Errechnung der Gesamtkapitalrentabilität zur Ermittlung der optimalen Kapitalstruktur (vgl. Kapitel V. 8b: Leverage-Effekt). Werden zum bilanziellen Gewinn die Fremdkapitalzinsen addiert, so hat sich dafür der Begriff **Kapitalgewinn** eingebürgert. Werden die Formen des absoluten Gewinnes zum eingesetzten Kapital ins Verhältnis gesetzt, erhält man die **Gesamtkapitalrentabilität** und die **Eigenkapitalrentabilität** als relative Gewinngrößen. Bei der Ermittlung der Gesamtkapitalrentabilität wird der Kapitalgewinn zum Gesamtkapital (Eigenkapital + Fremdkapital) ins Verhältnis gesetzt, bei der Eigenkapitalrentabilität der bilanzielle Gewinn zum eingesetzten Eigenkapital. Die Eigenkapitalrentabilität gibt an, in welcher Höhe sich das Eigenkapital in einer Abrechnungsperiode verzinst hat. Bezieht man den bilanziellen Gewinn nicht auf das Kapital, sondern auf den Umsatz, so erhält man die **Umsatzrentabilität.**

Das **Wirtschaftlichkeitstreben** ist zwar kein dem Gewinnstreben gleichrangiges Unternehmensziel, besitzt jedoch als Mittel zur Erreichung des Gewinnzieles in allen Funktionsbereichen und auf allen Ebenen des Industriebetriebes erhebliche Bedeutung. Das Wirtschaftlichkeitsprinzip fordert eine möglichst sparsame Verwendung der verfügbaren Mittel bei der betrieblichen Leistungserstellung. Das Wirtschaftlichkeitsprinzip kann, als **Minimalprinzip** formuliert, bedeuten, daß ein vorgegebenes Ziel mit möglichst geringem Mitteleinsatz erreicht wird. Beim Handeln nach dem **Maximalprinzip** soll mit den vorhandenen Mitteln (Produktionsfaktoren: Arbeit, Kapital) ein möglichst großes Ziel erreicht werden. Die mengenmäßige Fassung des Wirtschaftlichkeitsprinzipes beinhaltet das Streben nach **Produktivität.** Sie wird als das Verhältnis zwischen Faktorertrags- und Faktoreinsatzmengen definiert (Arbeits-, Kapitalproduktivität). Die wertmäßige Wirtschaftlichkeit wird durch den Quotienten aus in Geldeinheiten bewertetem Ertrag und in Geldeinheiten bewertetem Verzehr an Produktionsfaktoren (Kosten) dargestellt und als **Kostenwirtschaftlichkeit** bezeichnet.

Das Sicherheitsstreben ist in der Regel im Zielsystem jeder Betriebswirtschaft zu finden. Das Streben nach Sicherheit findet seinen Ausdruck in der **Sicherung des Unternehmungspotentials** und in der Sicherung der Liquidität.

Sicherung des Unternehmungspotentials heißt Aufrechterhaltung der Leistungskraft eines Betriebes. Als Kriterium kann die Erhaltung des ursprünglich investierten Kapitals in Form des nominellen Geldeinsatzes oder die des realen Kapitals, in die Geldwertschwankungen miteinbezogen sind, herangezogen werden.

5

Betriebliche Grundentscheidungen

Das Streben nach relativer bzw. leistungsäquivalenter Kapitalerhaltung ist die weitestgehende Forderung auf dem Gebiet des Sicherheitsstrebens, weil hier auf eine Erhaltung der Leistungsfähigkeit, geknüpft an Wirtschaftswachstum, Konkurrenz und technischen Fortschritt, abgestellt wird.

Die zweite Form des Sicherheitstrebens, die Sicherung der Liquidität, wird auch als das Streben nach **Aufrechterhaltung des finanziellen Gleichgewichts** bezeichnet. Das finanzielle Gleichgewicht ist dann erreicht, wenn ein Betrieb zu jedem Zeitpunkt den fälligen Zahlungsverpflichtungen uneingeschränkt nachkommen kann.

Gewinnstreben, Wirtschaftlichkeit und Sicherheitsstreben sind die Hauptziele jeder Betriebswirtschaft. Als weitere Zielsetzungen spielen Macht- und Prestigestreben bei allen betrieblichen Entscheidungsprozessen eine gewichtige Rolle. Ihre Bedeutung läßt sich nur schwer erfassen, weil sich Macht und Prestige kaum in monetären Größen definieren lassen. Andere Zielsetzungen, die in der Regel zur Erreichung der Hauptziele beitragen und somit als Unter- oder Nebenziele bezeichnet werden können, sind: Umsatzmaximierung bzw. Marktanteilsmaximierung, Erhaltung des guten Rufes der Firma, Erhaltung des Markennamens, Vollbeschäftigung und Sicherung der Arbeitsplätze der Unternehmung durch maximale Kapazitätsausnutzung sowie Schaffung bestmöglicher Arbeitsbedingungen für die Arbeitnehmer des Betriebes.

## 3. Kern- und Satellitengruppen im Entscheidungsprozeß

Betrachtet man den Prozeß der Zielbildung in einem Unternehmen, so ist zu erklären, welcher Personenkreis an ihm direkt oder indirekt beteiligt ist, und auf welche Weise dieser Personenkreis auf Ablauf und Ergebnis des Zielbildungsprozesses einwirken kann. HEINEN unterteilt diesen Personenkreis in Kern- und Satellitengruppen:

# Betriebliche Grundentscheidungen

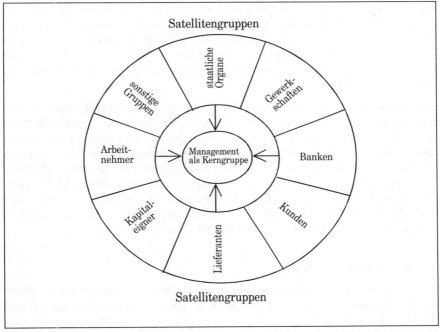

Abb. 2 aus: E. Heinen: Industriebetriebslehre – Entscheidungen im Industriebetrieb; Wiesbaden 1978; S. 59

Den größten Einfluß auf den Zielbildungsprozeß im Unternehmen hat die Unternehmensleitung bzw. das Spitzenmanagement (Kerngruppe). Wirtschaftssystem und Rechtsordnung beeinflussen die Bestimmung des Personenkreises, der zu der obersten Willensbildung und Willensdurchsetzung autorisiert ist. In kapitalistischen Systemen werden diese Rechte grundsätzlich den Eigentümern der Produktionsmittel zugesprochen. Die Unternehmensleitung kann allerdings per Vertrag auf einen Vorstand oder Geschäftsführer wie bei Aktiengesellschaften oder Gesellschaften mit beschränkter Haftung übertragen werden. Inwieweit die Kerngruppe auf die Interessen der anderen Gruppen (Satellitengruppen), wie z. B. Hauptversammlung, Betriebsrat, Gewerkschaft, öffentliche Hand, Banken, Lieferanten, Kunden, Rücksicht nehmen muß, hängt von den jeweiligen Machtverhältnissen ab. Die Machtverhältnisse werden u. a. von der jeweiligen wirtschaftlichen Lage, dem Verschuldungsgrad und der öffentlichen Meinung mitbestimmt. Bei hohem Verschuldungsgrad wächst die Abhängigkeit der Kerngruppe von den Gläubigern, oftmals Banken, die dann erheblichen Einfluß auf betriebli-

Betriebliche Grundentscheidungen

che Entscheidungsprozesse nehmen können. Auch die öffentliche Meinung kann den Entscheidungsprozeß mit beeinflussen. Unter dem Druck der öffentlichen Meinung mußten z. B. einige Firmen umweltschädigende Produktionsverfahren ein- bzw. umstellen und neue Methoden in der Abfallbeseitigung finden, weil eine "Brandmarkung als Umweltverschmutzer" zu empfindlichen Umsatzeinbußen führen kann.

Aus der Sozialbindung des Eigentums, die in Art. 14 des Grundgesetzes verankert ist, ergibt sich die Forderung nach einer Kontrolle der Eigentümer bzw. Kontrolle der Entscheidungsbefugnisse. Aus der sozialen Bindung des Eigentums leiten sich die Einrichtungen zur Mitbestimmung (Betriebsverfassungsgesetz, Montanmitbestimmung, Mitbestimmungsgesetz) ab, die den Arbeitnehmern eines Betriebes Möglichkeiten der Einflußnahme auf betriebliche Entscheidungsprozesse einräumen. Aus der Sozialbindung des Eigentums ergeben sich auch die Kontrollmöglichkeiten bzw. Einflußmöglichkeiten staatlicher Stellen, z. B. im Bereich der Bauvorschriften und des Umweltschutzes.

## 4. Organisationsstrukturen

Zu den wichtigsten Grundentscheidungen bei der Unternehmensgründung gehört die Festlegung von Organisationsstrukturen. Unter Organisation versteht man den Aufbau des Betriebes, d. h. die Gliederung der Über- und Unterordnungsverhältnisse, der Befehls- und Weisungsbefugnisse und der Beförderungsstufen. HEINEN sieht den Industriebetrieb als eine Menge von Elementen zwischen denen eine Menge von Beziehungen besteht. Die Elemente des Systems bezeichnet er als Organisationseinheiten. Die kleinste Organisationseinheit repräsentiert die **Stelle**. Unter Stelle versteht die Betriebswirtschaftslehre einen personenbezogenen Aufgabenkomplex, der vom Personalwechsel unabhängig ist. Die Stellenbildung erfolgt durch die Zerlegung der Gesamtaufgaben des Betriebs **(Aufgabenanalyse)** und das zweckmäßige Zusammenfassen von Einzelaufgaben **(Aufgabensynthese)**. Als Kriterien für die Aufgabenanalyse bzw. Aufgabensynthese können beispielsweise

– Verrichtungsvorgänge (manuell, geistig, ausführend, leitend)
– Objekte (Arbeit an Rohmaterial oder Endprodukten)
– die zur Verrichtung notwendigen Arbeits- und Hilfsmittel (Bohrmaschinen, Drehbänke, EDV-Anlagen) oder
– die Tätigkeit in einer bestimmten Phase des Betriebsablaufes (Forschung und Entwicklung, Beschaffung, Produktion, Kontrolle, Absatz) zugrundegelegt werden.

Betriebliche Grundentscheidungen

Stellen können zu größeren Organisationseinheiten zusammengefaßt werden. Werden sie so gebündelt, daß eine der Stellen Leitungsaufgaben gegenüber den übrigen Stellen hat, so spricht man von **Abteilung**. HEINEN bezeichnet die Abteilung als "einheitlich geleitete Stellenmehrheit". Neben diesen geplanten, **formalen Organisationseinheiten** bestehen im Betrieb sogenannte **informelle Organisationseinheiten** (Schafkopfrunden, Stammtische, Freundeskreise, Cliquen etc.), deren Entstehung sich aus gemeinsamen privaten Interessen, Sympathie und Antipathie sowie dem unterschiedlichen sozialen Status ableiten läßt und die im Zeitablauf Veränderungen unterliegen. Die Existenz informeller Gruppen kommt oftmals im Betriebsklima zum Ausdruck. Zwischen den Organisationseinheiten bestehen vielfältige Beziehungen, die **Organisationsbeziehungen**. Die Organisationsbeziehungen werden von der **Aufbauorganisation** beschrieben.

## a) Die Aufbauorganisation

Die Aufbauorganisation soll sicherstellen, daß alle Planungsentscheidungen an die zuständigen Stellen gelangen. Die Aufbauorganisation legt somit das **Kompetenz-** und **Kommunikationsgefüge** fest.

### Kompetenzgefüge und Leitungssysteme

Das **Kompetenzgefüge** bestimmt, wer im Betrieb wofür zuständig ist. Eine wichtige Rolle spielt in diesem Zusammenhang die Frage der Entscheidungsübertragung. Sind fast alle Aufgaben mit Entscheidungsspielraum auf die wenigen Stellen des Spitzenmanagements konzentriert, dann spricht man von **Zentralisation.** Haben auch Stellen im Bereich des mittleren und unteren Managements merkliche Entscheidungsbefugnisse, so liegt eine **Dezentralisation** vor. Für eine Zentralisation spricht eine straffe Betriebsführung. Eine Dezentralisation erhöht das Verantwortungsgefühl und die Arbeitsfreude der Betriebsangehörigen und entlastet die Führungsspitze. Die Dezentralisation erfordert aber eine größere Zahl von Fachkräften, die den übertragenen Anforderungen gerecht werden können. Bei Dezentralisation besteht auch die Gefahr, daß durch ein "Kompetenzgerangel" wichtige Entscheidungen hinausgezögert werden.

Ein wichtiger Bestandteil des Kompetenzgefüges ist das **Leitungssystem** oder **Leitungsgefüge.** Das Leitungsgefüge legt fest, wie die einzelnen Stellen unter dem Gesichtspunkt der Weisungsbefugnis bzw. der Weisungsgebundenheit miteinander verknüpft sind. Es gibt mehrere Grundformen, nach denen die Leitungshierarchie aufgebaut sein kann:

Betriebliche Grundentscheidungen

*Liniensystem*

Das Liniensystem ist die straffste Form des Leitungssystems und zeichnet sich dadurch aus, daß jede Stelle nur eine einzige unmittelbar vorgesetzte Stelle hat. Sämtliche Anweisungen, Aufträge und Mitteilungen gehen von der Unternehmensleitung an die jeweils unmittelbar unterstellte Abteilung weiter, die sie wiederum an untergeordnete Stellen oder Abteilungen weiterleitet, bis die Stelle, für die die Nachricht bestimmt ist, schließlich erreicht wird. Der Vorteil dieses Systems ist die eindeutige Weisungstruktur mit klaren, übersichtlichen Befehlsverhältnissen und eindeutigen Abgrenzungen der Kompetenzen. Der Nachteil liegt in dem langen Dienstweg, der nicht nur von oben nach unten, sondern auch von unten nach oben eingehalten werden muß. So können zwei gleichgeordnete Abteilungen nicht unmittelbar Verbindung aufnehmen, sondern müssen den Dienstweg über die nächste übergeordnete Instanz einhalten. Konflikte können so nicht "quer", durch Verhandlungen der betroffenen Instanzen, beigelegt werden, sondern müssen autoritär – von oben – gelöst werden, was Unzufriedenheit hervorrufen kann, die sich negativ auf das Betriebsklima auswirkt.

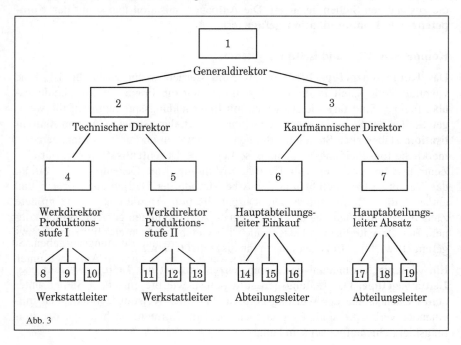

Abb. 3

*Funktionssystem*

Im Funktionssystem kann jede Stelle mehrere unmittelbar vorgesetzte Stellen haben, wobei jede dieser Stellen nur bei bestimmten Aufgaben (Funktionen) Weisungen geben darf.

Dieses System schaltet den langen Dienstweg aus. Die Kompetenzen der einzelnen übergeordneten Funktionsstellen lassen sich aber in der Praxis nicht immer scharf trennen, so daß die Gefahr von Überschneidungen bzw. nicht harmonisierenden Anweisungen besteht, was Konfliktpotential in sich birgt.

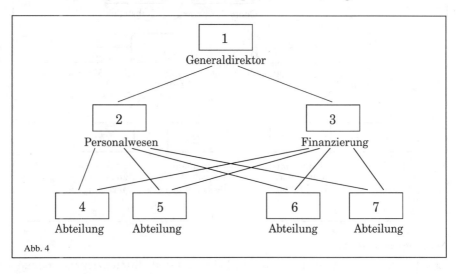

Abb. 4

*Stabliniensystem*

Das Stabliniensystem stellt eine Kombination des Linien- und des Funktionssystems dar. Der einzelnen "Linie" sind Stabstellen zugeordnet. Aufgabe der Stabstelle ist es, Teilaufgaben der übergeordneten Leitungsinstanz im Sinne von Vorbereitung und Unterstützung der Entscheidungen zu übernehmen. Die Stabstelle selbst hat keine Weisungsbefugnisse, sondern nur Beratungsaufgaben. So kann ein Stab aus Spezialisten gebildet werden, der bestimmte Aufgaben untersucht (Rationalisierung, Materialtests, Marktanalysen) und übergeordneten Instanzen Vorschläge unterbreitet. Der Vorteil von Stabstellen liegt in der Entlastung der jeweiligen Linienstellen und der Nutzung der Vorteile der Arbeitsteilung durch Spezialkenntnisse des Stabes. Konflikte ergeben sich aus der strengen Trennung zwischen der Entscheidungsvorbereitung durch den Stab und der Entscheidung durch die Linie. Stabstellen können durch ihr Spezialwissen und den daraus entstehenden Möglichkeiten zur Informationsmanipulation erheblichen Einfluß gewinnen. Durch entsprechende Aufbereitung der Informationen kann der Stab Entscheidungen herbeiführen, die er letzt Endes nicht zu verantworten hat.

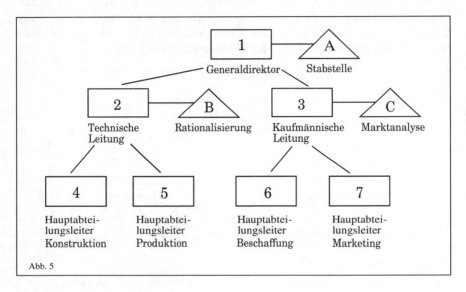

Abb. 5

*Spartenorganisation*

Eine Spartenorganisation tritt besonders bei einem stark differenzierten Produktionsprogramm auf. Für jede Produktgruppe wird dann eine Sparte gebildet, eine Unternehmung in der Unternehmung, die alle Organisationsaufgaben, die die jeweilige Produktgruppe betreffen, wahrnimmt. Das Leitungssystem innerhalb der Sparten legt die Geschäftsleitung fest, so daß verschiedene Leitungssysteme in den einzelnen Sparten auftauchen können. Wird den Spartenleitern durch weitreichende Entscheidungsvollmachten die Gewinnverantwortung für ihre Unternehmensbereiche übertragen, bezeichnet man die Sparten auch als **profitcenter**. Der Vorteil der Spartenorganisation liegt darin, daß komplexe, schwer überschaubare und schwer zu leitende Großbetriebe in überschaubare, anpassungsfähigere Teilsysteme aufgespalten werden. Das Hauptproblem bei der Spartenorganisation besteht darin, daß die Spartenleiter versuchen werden, einen möglichst großen Teil der zur Verfügung stehenden Investitionsmittel zu erlangen und ein Kompetenzgerangel auslösen. Die Gesamtleitung muß deshalb die Förderungswürdigkeit der einzelnen Projekte abwägen. Probleme treten auch dann auf, wenn die Absatzmärkte der Sparten miteinander verknüpft sind. So führt bei komplementären Gütern (Auto, Autozubehör) der Gewinn einer Sparte auch zu Gewinnen bei einer anderen Sparte. Bei Substitutionsgütern (Plattenspieler, CD-Player) gehen die Gewinne einer Sparte oft mit Verlusten einer anderen einher.

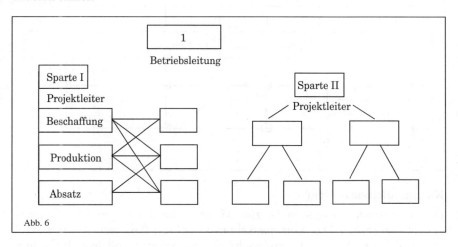

Abb. 6

*Matrixorganisation*

Eine Matrixorganisation besteht aus Schnittstellen zwischen Sparten und Funktionen. In der Matrixorganisation soll vermieden werden, daß jede Sparte über eigene kleine Funktionsbereiche (Einkauf, Personalwesen, Mahnwesen, Finanzierung etc.) verfügt, die zusammengefaßt leistungsfähiger sind. Die Projektdurchführung wird in den einzelnen Sparten von selbständigen Funktionsbereichen (z. B. Forschung und Entwicklung, Konstruktion, Fertigung) bewältigt. Der Spartenleiter, der für die Entwicklung eines neuen Produktes oder Durchführung eines Projektes zuständig ist, muß mit den anderen Funktionsbereichen, die von der Sparte herausgelöst wurden, eng zusammenarbeiten. Benötigt er beispielsweise zusätzliches Personal bei der Durchführung seines Projektes, muß er sich an die Personalabteilung wenden. Die übergeordnete Betriebsleitung muß jedoch nicht eingeschaltet werden. Der Spartenleiter ist den ausgegliederten Funktionsbereichen gegenüber nicht weisungsbefugt. Die Matrixorganisation zeichnet sich durch eine große Anpassungsfähigkeit aus. Da sich aber die Spartenleiter (Pro-

# Betriebliche Grundentscheidungen

jekt-, Produktmanager) und die Leiter der Funktionsbereiche die Kompetenzen teilen müssen, entsteht an den Schnittstellen zwischen Sparten und Funktionen beträchtliches Konfliktpotential. Der reibungslose Ablauf des Betriebsprozesses hängt in entscheidendem Maße von der guten Zusammenarbeit der Projektmanager und Funktionsleiter ab.

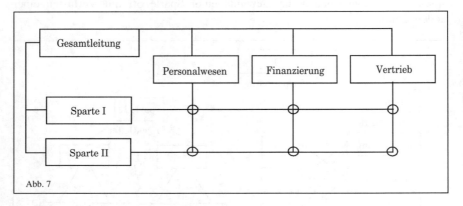

Abb. 7

**Kommunikationssystem**

Das Kommunikationssystem ist zum Großteil durch das gewählte Leitungssystem vorgegeben. Das Kommunikationssystem legt fest, nach welchen Spielregeln sich der Nachrichtenaustausch im Unternehmen vollzieht. Im **gebundenen Kommunikationssystem** werden die Kommunikationswege, Form und Technik des Nachrichtenaustausches und Anlaß und Zeitpunkt der Nachrichtenübermittlung bestimmt. Gibt es keine derartigen Festlegungen, spricht man von einem **freien Kommunikationssystem**. Das traditionelle Kommunikationsgefüge zur innerbetrieblichen Nachrichtenübermittlung wandelt sich zunehmend zu einem **computergestützten Management-Informations-System (MIS)**. Eine zentrale Datenbank, die alle verfügbaren Informationen speichert, wird mit Hilfe von Computerprogrammen bearbeitet und versorgt die Führungskräfte auf allen Ebenen mit neuesten, für den jeweiligen Zweck aufbereiteten Informationen.

### b) Ablauforganisation

Unter **Ablauforganisation** versteht man die Gestaltung von Arbeitsprozessen. So gilt es folgende ablauforganisatorischen Aspekte zu klären:

## Betriebliche Grundentscheidungen

– Zerlegung des Gesamtprojektes in Teilaufgaben, Zerlegung von Teilaufgaben in einzelne Verrichtungen
– Zeitliche Abfolge der Verrichtungen
– Zeitdauer der Teilaufgaben
– Räumliche Zuordnung der Aufgabenverrichtung
– Zuordnung der Verrichtungen auf einzelne Stellen

Zwischen Aufbau- und Ablauforganisation bestehen enge Beziehungen. Auf die Aspekte der Ablauforganisation soll hier nicht näher eingegangen werden, da dies im Lehrplan nicht vorgesehen ist.

Betriebliche Grundentscheidungen

# Lernziel-Kontrollfragen

1. Welche Hauptziele liegen betriebswirtschaftlichen Entscheidungen zugrunde? Nennen Sie vier weitere Zielsetzungen!

2. Zeigen Sie an einem Beispiel auf, wo Zielkonflikte auftreten können!

3. Worin besteht der Unterschied zwischen absolutem und relativem, pagatorischem und kalkulatorischem Gewinn und Kapitalgewinn?

4. Definieren Sie die Eigenkapital- und Gesamtkapitalrentabilität mit Hilfe einer Formel!

5. Nennen Sie je drei Beispiele für Kern- und Satellitengruppen im Unternehmen, und erläutern Sie kurz deren Aufgaben!

6. Erklären Sie den Unterschied zwischen formalen und informellen Organisationseinheiten im Betrieb!

7. Womit befaßt sich die Aufbauorganisation?

8. Worin sehen Sie die Vor- und Nachteile der Zentralisation von Entscheidungsbefugnissen?

9. Nennen Sie Vor- und Nachteile der Profit-Center-Organisation!

10. Vergleichen Sie mit Hilfe einer Tabelle die Leitungssysteme Linien-, Funktions-, Matrixorganisation bezüglich Zentralisation der Entscheidungen, Dienstweg, Flexibilität, Betriebsklima!

16

# II. Produktion und Kosten

## 1. Der Begriff Produktion

Produktion ist die Erzeugung von Gütern und Dienstleistungen durch die Kombination der Produktionsfaktoren (Arbeit, Kapital).

Nach WÖHE ergeben sich drei unterschiedlich weite Begriffsbestimmungen:
- Im weitesten Sinne versteht man unter "Produktion" jede Kombination von Produktionsfaktoren. Die Produktion beinhaltet damit alle betrieblichen Funktionen (Finanzierung, Beschaffung, Transport, Lagerhaltung, Fertigung, Verwaltung, Kontrolle und Vertrieb), denn alle Funktionen erfordern eine Kombination von Produktionsfaktoren.
- Im engeren Sinne umfaßt der Begriff "Produktion" nur die betriebliche Leistungserstellung. Die Produktion umschließt die Urproduktion (Land- und Forstwirtschaft, Fischerei, Bergbau), die industrielle und handwerkliche Fertigung sowie die Ausführung von Dienstleistungen. Die Grundfunktionen dieser Bereiche wie Beschaffung, Transport, Lagerhaltung, Fertigung und Kontrolle werden miteinbezogen. Ausgegrenzt werden im Unterschied zur weitesten Definition Absatz und Finanzierung.
- Im engsten Sinne wird der Begriff "Produktion" mit dem Begriff "Fertigung" gleichgesetzt. Die Leistungserstellung durch die Dienstleistungsbetriebe ist miteingeschlossen.

Die folgenden Ausführungen halten sich an den Begriff "Produktion" im engsten Sinne, wobei die Dienstleistungsbetriebe ausgeklammert werden.


## 2. Der Prozeß der Leistungserstellung im Industriebetrieb

Die folgenden Ausführungen zum Fertigungsprogramm und den Fertigungsverfahren sind sehr knapp, da sich die nachfolgenden Abschnitte (3. bis 5. ) im Bereich Produktion und Kosten als Abiturschwerpunkte herauskristallisiert haben. Die Erläuterungen in diesem Abschnitt sollen einen kurzen Einblick in den Prozeß der Leistungsherstellung geben.

Produktion und Kosten

## a) Planung des Fertigungsprogrammes

Bei der Planung des Fertigungsprogrammes legen die Unternehmer der Industriebetriebe fest, welche Produkte sie in welchen Mengen in einer bestimmten Periode herstellen wollen.

### Auswahl des Produktfeldes

Schon bei der Gründung muß der Unternehmer entscheiden, in welcher Branche er in welchem Umfang tätig werden will. Bei der Auswahl der Produkte sind die Ergebnisse der Marktbeobachtungen und Marktanalysen zu berücksichtigen. Produktions- und Absatzplanung stehen in engem Zusammenhang und können nicht unabhängig voneinander betrieben werden. Bei der Wahl der Branche sind auch Standortfragen (Energie, Rohstoffnähe, Infrastruktur, Nähe zum Absatzmarkt) sowie Kosten und Finanzierungsmöglichkeiten einzuplanen. Ist eine Branche stark konjunkturabhängig oder ergeben sich witterungsbedingte Auslastungschwankungen, stellt sich die Frage, ob das Unternehmen in verschiedene Produktfelder einsteigen soll, um das Risiko zu vermindern. Enthält das Produktionsprogramm verschiedene Produktfelder, spricht man von **Diversifikation**. Automobilfirmen kaufen häufig Unternehmen anderer Branchen auf, um das Absatzrisiko zu streuen und "mehrere Standbeine zu haben".

Produktion und Kosten

*Beispiel: Daimler-Benz AG, Beteiligungen in %; Beschäftigte 1989 und Umsätze 1989 in Mrd. DM*

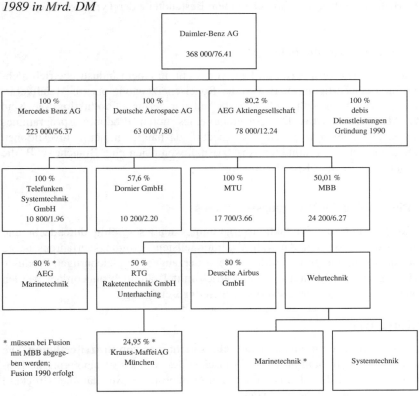

Abb. 8

## Planung der Programmbreite

Bei der Wahl der Programmbreite ist die Entscheidung darüber zu treffen, ob viele oder wenige Produktarten (**Sortimentbreite**) in vielen oder wenigen Ausführungen – dazu zählen Design, Marken, Farbe, Qualität (**Sortimenttiefe**) – in das Produktionsprogramm aufgenommen werden sollen. Der Vorteil einer breiten Produktpalette liegt in den besseren Absatzschancen und der Risikostreuung. Aus produktionstechnischer Sicht erfordert ein sehr breites Sortiment oft Spezialmaschinen oder ein Umrüsten der vorhandenen Anlagen, was erhöhte Fertigungskosten mit sich bringt. Als Kompromiß empfiehlt sich ein Sortiment nach

Produktion und Kosten

dem **Baukastenprinzip.** Hier kann eine gewisse äußere Typenvielfalt auf-rechterhalten werden, da zahlreiche innere Bestandteile der Typen vereinheitlicht werden.

**Planung der Programmtiefe**

Ein tiefes Produktionsprogramm liegt vor, wenn in einem Industriebetrieb meh-rere Stufen der Fertigung, z. B. von der Roheisenerzeugung bis zur Metallverar-beitung, zusammengefaßt sind. Betriebe mit nur geringer Produktionstiefe sind reine **Montagebetriebe.** Die Nachteile eines tiefen Produktionsprogrammes bestehen in einem sehr hohen Finanzbedarf, da häufig immense Investitionen anfallen, und in einem erhöhten Absatzrisiko, wenn sich eine Branche, z. B. die Stahlindustrie, in einer Krise befindet.

**b) Die Planung des Fertigungsverfahrens**

Die Realisierung des Produktionsprogrammes muß sorgfältig durchdacht und geplant werden. Bei der Auswahl des rationellsten Fertigungsverfahrens ist zu berücksichtigen, wie groß die Menge der zu erzeugenden gleichartigen Produkte ist (**Fertigungstypen**) und wie die Betriebsmittel räumlich angeordnet werden können bzw. müssen (**Organisationstypen der Fertigung**).

**Fertigungstypen**

Wird jedes Produkt nur einmal hergestellt, spricht man von **Einzelfertigung.** Die handwerkliche Fertigung nach den Wünschen des Kunden ist eine typische Ein-zelfertigung. Auch Spezialmaschinen und Großprojekte (Staudämme, Brücken) werden in Einzelfertigung produziert.

Stellt ein Produkt kein individuelles Erzeugnis dar, d. h. werden gleichartige Produkte in einer mehr oder minder großen Zahl (Serie) hergestellt, so spricht man von **Serienfertigung** oder **Variantenfertigung.** Bei der Automobilherstel-lung handelt es sich um Großserienfertigung; Werkzeugmaschinen werden in der Regel in Kleinserien hergestellt. Bei der Serienfertigung sind die Erzeugnisse meist so unterschiedlich (Limousinen, Cabrios, Lastkraftwagen, Geländewagen etc.), so daß für jede Serie ein veränderter Produktionsprozeß notwendig ist und der vorhandene Produktionsapparat auf die gerade zu fertigende Variante umge-rüstet werden muß.

Produktion und Kosten

**Massenfertigung** liegt dann vor, wenn völlig gleichartige Erzeugnisse in theoretisch unbegrenzter Stückzahl hergestellt werden können. Massenfertigung findet man bei Elektrizitäts-, Gas-, Wasserwerken, ebenso werden Zigaretten, Streichhölzer, Glühbirnen, Taschenbücher und Textilien in Massenfertigung produziert.

## Organisationstypen der Fertigung

Die Planung des Fertigungsverfahrens muß auch festlegen, wie der Fertigungsablauf organisiert werden soll, d. h. wie die Produktionsfaktoren bzw. Betriebsmittel räumlich anzuordnen sind.

Bei der **Werkstattfertigung** werden Arbeitsplätze mit gleichartigen Verrichtungen und gleichartigen Maschinen in einem Raum (Werkstatt) zusammengefaßt. Die Werkstattfertigung hat große innerbetriebliche Transportwege zu bewältigen, weil das Produkt zu den Arbeitsplätzen bzw. Maschinen gebracht wird. In der Praxis lassen sich Zwischenlagerungen der Werkstücke und/oder Leerzeiten der Werkstätten kaum vermeiden. Der Vorteil der Werkstattfertigung besteht darin, daß ein hohes Maß an Flexibilität gewährleistet werden kann. Geht beispielsweise die Nachfrage nach einem Erzeugnis zurück, dann kann dessen Fertigung ohne weiteres zugunsten anderer neuentwickelter Produktarten eingeschränkt oder eingestellt werden.

Bei der **Fließfertigung** arbeiten Maschinen und Arbeitskräfte an einem Transportband (Fließband), auf dem das Werkstück an den Arbeitsvorgängen vorbeiläuft. Damit wird der Arbeitsablauf auch genau zeitlich festgelegt, weil der Fließbandarbeiter nicht mit dem Band mitlaufen kann. Der Arbeitsprozeß muß so zerlegt werden, daß die Arbeitszeit für alle Arbeitsplätze gleich ist oder ein vielfaches der Taktzeit ausmacht (technische Arbeitsteilung). Je nach Grad der Automatisierung unterscheidet man bei der Fließfertigung verschiedene Varianten:
– Bei der Fließbandfertigung wird der Transport des Werkstückes von einem Fließband übernommen.
– Bei der **Transferstraßenfertigung** erfolgt neben dem Transport auch die Bearbeitung und die Kontrolle des Werkstückes automatisch. Man spricht hier von vollautomatischer Fertigung.

Mitarbeiter werden unmittelbar für die Produktion nicht mehr benötigt. Der Produktionsfaktor Arbeit spielt nur noch bei der Aufstellung und Instandhaltung der Transferstraße und für die Überwachung und Steuerung des Fertigungsablaufes von einem Schaltpult bzw. Schaltraum aus eine Rolle.

21

Produktion und Kosten

Die Fließfertigung ist sehr empfindlich gegenüber Störungen, fällt ein Teil der Anlage aus, so steht die Produktion still. Zudem ist die Fließfertigung wenig flexibel; sie macht einen Satz kompletter aufeinander abgestimmter Anlagen notwendig, wodurch hohe Investitionskosten entstehen. Weil eine Umstellung oft nur schwer möglich ist, bleibt das Produktionsprogramm relativ starr, so daß nur ein seltener oder überhaupt kein Wechsel der Erzeugnisse stattfinden kann. Der Vorteil der Fließfertigung besteht in der Minimierung der innerbetrieblichen Transportkosten. Aufgrund der straffen Organisation der Fertigung sind meist keine Zwischenlager notwendig. Da die Mitarbeiter immer die gleichen Tätigkeiten verrichten, erlangen sie bei der Fließfertigung eine hohe Produktivität. Die häufig extrem monotone Arbeit bedeutet aber für die Mitarbeiter eine große physische und psychische Belastung. Deshalb hat man den Aufgabenbereich der einzelnen Bandarbeiter erweitert (**job enrichment**) oder ließ von Zeit zu Zeit die Arbeitsplätze wechseln (**job rotation**), damit eine Arbeitskraft nicht immer die gleichen monotonen Tätigkeiten verrichten muß.

**c)  Lean Production – die neue industrielle Revolution?**

Die Idee stammt aus Japan, der Name aus den USA. **Lean Production** bedeutet soviel wie schlanke oder abgespeckte Produktion. Dahinter verbirgt sich ein hauptsächlich in der japanischen Automobilindustrie angewandtes Herstellungsverfahren, das von allen Produktionsfaktoren weniger braucht als die herkömmliche Massenherstellung: die Hälfte an menschlicher Arbeitskraft und Entwicklungszeit sowie weniger als die Hälfte der Lagerkapazitäten für Vorprodukte und Zulieferteile. Gleichzeitig können Produkte in größerer Vielfalt und Qualität angeboten werden.

Das Konzept der Lean Production zeichnet sich dadurch aus, daß es die Vorteile der handwerklichen Fertigung mit denen der Massenproduktion kombiniert. Vom Handwerk bleiben Flexibilität und hohe Qualität, die Fließbandfertigung steuert Schnelligkeit und geringe Stückkosten bei.

Der Erfolg der "schlanken Produktion" basiert auf Teamarbeit. Kleine, eigenverantwortliche Teams produzieren in einer Mischung aus Handwerk und Fließbandarbeit. In den Arbeitsgruppen finden sich Mitarbeiter aus allen Abteilungen: Forscher, Designer, Techniker, Lagerverwalter, Konstrukteure, Ingenieure, Marketingexperten und Verkäufer planen, kalkulieren und fertigen ein bestimmtes Produkt von der Idee bis zum Absatz. Da jeder Mitarbeiter für seine klar definierte Aufgabe die volle Verantwortung trägt, steigen Motivation und Identifika-

22

Produktion und Kosten

tion; die Fehlerquote sinkt. Das System der Lean Production begünstigt auch die Jobrotation. Die meisten Teammitglieder kennen mehr als nur ihren eigenen Arbeitsplatz und können so häufig Verbesserungsvorschläge einbringen. Wissenschaftler des Massachussetts Institute of Technology (MIT) untersuchten fünf Jahre lang die Produktion in 90 Montagewerken der Automobilindustrie in 17 Ländern. Die Studie brachte zu Tage, daß in den USA und in Europa mehr Geld für die Beseitigung von Fehlern, die durch Massenfertigung in Fließbandproduktion entstehen, ausgegeben wurde als in Japan nötig war, um auf Anhieb fast perfekte Autos mit Hilfe der Lean Production zu bauen.

Fast 70 % der Beschäftigten in einem japanischen Autowerk arbeiten in kleinen Produktionsteams, in den USA dagegen sind nur 20 % und in Europa nicht einmal 1 % der Beschäftigten in Arbeitsgruppen integriert. Auch der Ausbildung der Arbeitskräfte wird in Japan besondere Aufmerksamkeit gewidmet. Über 380 Stunden investieren japanische Betriebe durchschnittlich in die Ausbildung, amerikanische Werke begnügen sich mit knapp 50 Stunden, die Europäer mit ca. 170 Stunden. Das Wissen zahlt sich aus. Die Fehlerquote ist gering.

*Weitere Ergebnisse der MIT-Studie*

| Durchschnittswerte pro Werk | Japanische Werke | | Amerik. Werke | Europäische Werke |
|---|---|---|---|---|
| | in Japan | in den USA | in den USA | |
| Fertigungsstunden pro Fahrzeug | 16,8 | 21,2 | 25,1 | 36,2 |
| Montagefehler pro 100 Fahrzeuge | 60,0 | 65,0 | 82,3 | 97,0 |
| Anzahl der Zulieferer pro Werk | 170 | 238 | 509 | 442 |
| Anteil der Just-in-time-Zulieferer in Prozent aller Zulieferteile | 45,0 | 35,4 | 14,8 | 7,9 |
| Lagerdauer in Tagen | 0,2 | 1,6 | 2,9 | 2,0 |
| Mitarbeiter in Arbeitsgruppen in Prozent | 69,3 | 71,3 | 17,3 | 0,6 |
| Mobilität der Arbeiter (0 = keine; 4 = sehr hoch) | 3,0 | 2,7 | 0,9 | 1,9 |
| Verbesserungsvorschläge pro Mitarbeiter | 61,6 | 1,4 | 0,4 | 0,4 |
| Ausbildung neuer Arbeiter in Stunden | 380,3 | 370,0 | 46,4 | 173,3 |
| Abwesenheit in Prozent aller Arbeitskräfte | 5,0 | 4,8 | 11,7 | 12,1 |

Abb. 9: Institut der deutschen Wirtschaft Köln, MIT-Studie vom 5. Dezember 1991, Nr. 49, S. 5

Produktion und Kosten

## 3. Kosten bei der Leistungserstellung

### a) Der Kostenbegriff im betrieblichen Rechnungswesen

Bei der Erstellung der betrieblichen Leistungen werden viele Güter und Dienstleistungen verbraucht. So werden beispielsweise in einer Möbelfabrik Fertigungsräume benötigt, für die Miete zu bezahlen ist. Wird in eigenen Räumen gearbeitet, entstehen Abschreibungen für die Wertminderung des Gebäudes. Es werden Ausgaben für verschiedene Rohstoffe getätigt, z. B. unterschiedliche Holzsorten und Kunststoffe. Als Hilfs- bzw. Betriebsstoffe werden Leime, Lacke, Farben, Nägel, Beschläge und Scharniere benötigt. Alles, was für die Herstellung von Möbeln eingesetzt und verbraucht wird, stellt Kosten dar. Fährt dagegen der Möbelfabrikant mit dem betrieblichen Pkw in Urlaub oder benutzen Angestellte das betriebliche Telefon für Privatgespräche, so sind das keine betrieblichen Kosten, sondern private Aufwendungen.

Das betriebliche Rechnungswesen bezeichnet als **Kosten** einen in Geld ausgedrückten **Werteverbrauch,** wenn er normalerweise zur Erstellung der betrieblichen Leistung in der betreffenden Periode, für die die Bilanz und Gewinn- und Verlustrechnung zu erstellen sind, anfällt. Für den Aufwandsbegriff dagegen ist nur die Tatsache des Verbrauchs entscheidend, nicht primär der Sachverhalt der Leistungserstellung wie bei den Kosten. Aufwendungen, die normalerweise nichts mit der Erstellung der betrieblichen Leistung zu tun haben, wie beispielsweise Spenden des Betriebes an Greenpeace oder Robin Wood, gehen nicht als Kostengrößen in die Buchführung des Betriebes ein. Die Spende wird als **betriebsfremder neutraler Aufwand** verbucht. Relativ seltene außerordentliche – allerdings betriebsbedingte – Ereignisse, wie z. B. ein Totalschaden eines unversicherten Lkw, gehen ebenfalls nicht in die Kostenrechnung ein, um die betrieblichen Kosten und damit die Preiskalkulation nicht zu verzerren. Der Totalschaden des unversicherten Lkw wird als **außerordentlicher neutraler Aufwand** verbucht. Auch eine Gewerbesteuernachzahlung ist zwar ein betriebsbedingter normaler Aufwandsposten, zählt aber nicht als Kostengröße, weil sie der Leistungserstellung einer früheren Periode zuzurechnen ist **(periodenfremder neutraler Aufwand).**

Als **Zusatzkosten** zählen jene Kosten wie kalkulatorischer Unternehmerlohn für mitarbeitende Unternehmer oder Gesellschafter oder kalkulatorische Miete für eigene Geschäftsräume, die als Werteverzehr miteinkalkuliert werden müssen. Mit dem Begriff Zusatzkosten bezeichnet die Betriebswirtschaftslehre Kosten, die keine Aufwendungen sind, weil sie nicht zu Auszahlungen führen.

24

Produktion und Kosten

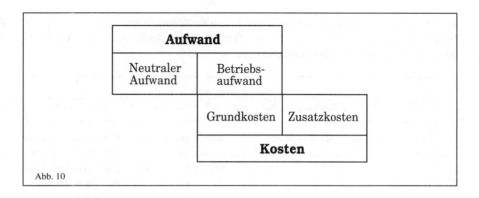

Abb. 10

b) **Kosten nach der Art ihrer Entstehung**

Die in einem Betrieb entstehenden Kosten kann man nach der Art ihrer Entstehung zu beispielsweise folgenden Kostenkomplexen zusammenfassen:

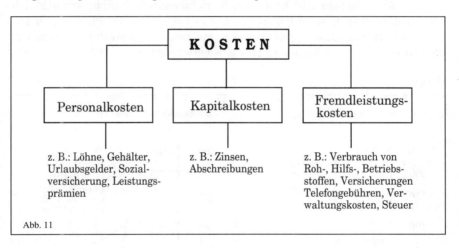

Abb. 11

c) **Kosten in Abhängigkeit vom Beschäftigungsgrad**

Zwischen der Produktionsmenge und den gesamten Kosten eines Betriebes besteht ein enger Zusammenhang. Jeder Betrieb verfügt über eine maximale Ausbringungsmöglichkeit, die man als **Kapazitätsgrenze** oder **Produktionskapazität** bezeichnet. In der Regel wird diese Kapazitätsgrenze nicht immer voll

25

Produktion und Kosten

ausgeschöpft. Die tatsächliche Kapazitätsausnutzung liegt dann bei einem Beschäftigungsgrad von unter 100 %. Das Maß der Auslastung der Kapazität bezeichnet man als **Beschäftigungsgrad**.

$$\text{Beschäftigungsgrad} = \frac{\text{Istmenge (tatsächlich erstellte Menge)}}{\text{Kannmenge (im Rahmen der Kapazität maximal herstellbare Menge)}}$$

Ein Teil der Kosten eines Betriebes fällt unabhängig von der Höhe des Beschäftigungsgrades an. Sie fallen auch dann an, wenn das Unternehmen im Extremfall (z. B. während der Betriebsferien) nichts produziert. Diese Kosten nennt man **fixe Kosten**. Hierzu gehören beispielsweise die Abschreibungen, da Maschinen und Anlagen auch einem Werteverzehr durch technische Überalterung unterliegen, Leasingraten für gemietete Anlagen, Gehälter in der Verwaltung, Mieten und Pachten, Versicherungsprämien, Kreditzinsen, Grundgebühr für Telefongespräche.

Die Fixkosten, die man auch Kosten der Betriebsbereitschaft nennt, verteilen sich mit zunehmendem Beschäftigungsgrad immer besser auf die erzeugten Einheiten. Die **fixen Stückkosten** (KD f) sinken mit wachsender Ausbringungsmenge. Man bezeichnet diesen Sachverhalt als **Kostendegression**.

*Beispiel*

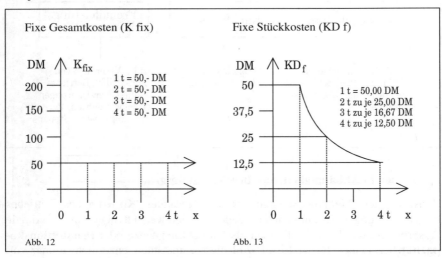

Abb. 12          Abb. 13

26

Produktion und Kosten

Von den Fixkosten zu unterscheiden sind die **variablen Kosten**. Diese sind vom Beschäftigungsgrad abhängig. Sie fallen nicht an, wenn nichts produziert wird und steigen mit zunehmendem Beschäftigungsgrad bzw. fallen mit sinkendem Beschäftigungsgrad. Zu den variablen Kosten gehören beispielsweise die Kosten für Roh-, Hilfs- und Betriebsstoffe, leistungsabhängige Fertigungslöhne (Akkordlöhne), Umsatzprovisionen. Das Verhältnis von prozentualer Kostenänderung zu prozentualer Änderung des Beschäftigungsgrades bezeichnet man als **Reagibilitätsgrad der Kosten**.

$$\text{Reagibilitätsgrad} = \frac{\text{Prozentuale Kostenänderung}}{\text{Prozentuale Beschäftigungsänderung}}$$

Bei den variablen Kosten lassen sich je nach Reagibilitätsgrad **proportionale, unterproportionale** und **überproportionale** Kosten unterscheiden.

**Proportionale variable Kosten** steigen und fallen in gleichem Maße wie die Produktionsmenge steigt oder fällt, d. h. steigt die Produktionsmenge um 10 %, steigen die variablen Kosten auch um 10 %. Der Reagibilitätsgrad (R) beträgt 1. Die **variablen Kosten pro Stück** (KD v) bleiben **konstant**.

*Beispiel*

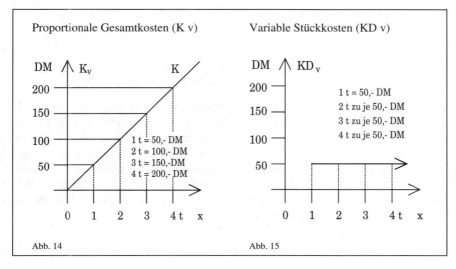

Abb. 14          Abb. 15

# Produktion und Kosten

**Überproportionale variable Kosten** steigen in stärkerem Maße als die Ausbringungsmenge. Ihr Reagibilitätsgrad (R) liegt über 1. Überproportionale variable Kosten ergeben sich meist bei Überschreiten eines optimalen Auslastungsgrades bzw. bei einer Produktion nahe an der Kapazitätsgrenze. Die Maschinen werden durch Überbeanspruchung reparaturanfälliger, die Zahlung von Überstundenzuschlägen erhöht die Lohnkosten. Überproportional steigende variable Kosten haben **progressive variable Stückkosten** zur Folge.

*Beispiel*

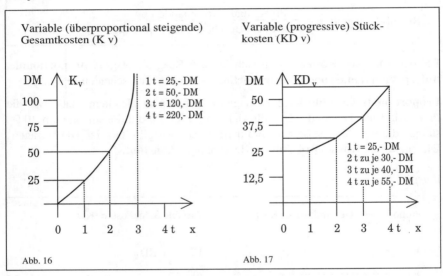

Abb. 16    Abb. 17

**Unterproportionale variable Kosten** erhöhen sich in schwächerem Maße als die Produktionsmenge. Steigt die Produktionsmenge um 10 %, so nehmen die variablen Kosten nur um 5 % zu. Der Reagibilitätsgrad (R) liegt unter 1. Das ist beispielsweise der Fall, wenn Lieferanten bei größeren Einkaufsmengen Mengenrabatte gewähren. Der wertmäßige Gesamtverbrauch an Rohstoffen wächst dann langsamer als die Produktionsmenge. Steigen die variablen Kosten unterproportional, so nehmen die variablen Stückkosten ab, man spricht deshalb von **degressiven variablen Stückkosten**.

Produktion und Kosten

*Beispiel*

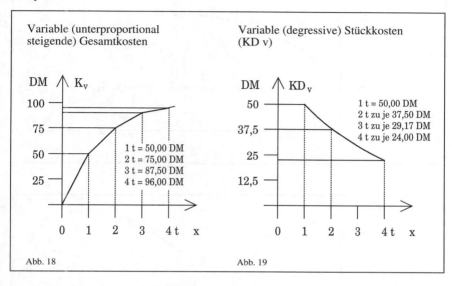

Abb. 18  Abb. 19

Durch die Addition von fixen und variablen Kosten ergeben sich die Gesamtkosten **(K = K fix + K v)**. Erhöht sich der Beschäftigungsgrad, dann steigen die Gesamtkosten. Je nach Reagibilitätsgrad der variablen Kosten steigen die Gesamtkosten dann proportional, unterproportional oder überproportional.

*Beispiel*

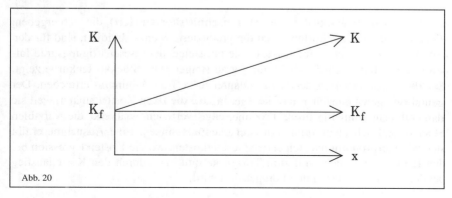

Abb. 20

# Produktion und Kosten

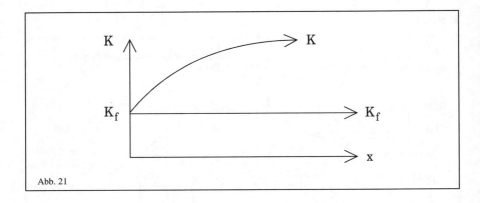

Abb. 21

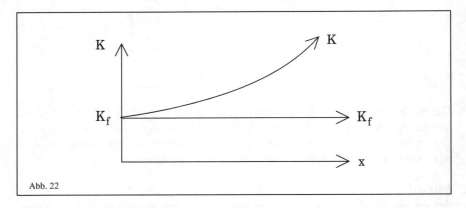

Abb. 22

Die (gesamten) **Stückkosten** oder **Durchschnittskosten (KD),** die sich ergeben, wenn man die Gesamtkosten durch die produzierte Menge dividiert, sind für den Absatz von besonderem Interesse, da sie mit steigendem Beschäftigungsgrad fallen und mit fallendem Beschäftigungsgrad steigen. Die Stückkostenkurve zeigt, daß die Stückkosten an der Kapazitätsgrenze ($x^*$) ihr Minimum erreichen. Der Grund für diesen Kostenverlauf liegt darin, daß die fixen Kosten sinken, weil sie sich auf eine immer größere Produktmenge verteilen, während die variablen Stückkosten sich nicht verändern oder ebenfalls sinken. Eine Ausnahme ergibt sich bei überproportional steigenden Gesamtkosten, wo die Kostendegression bei den fixen Kosten nicht voll zum Tragen kommt bzw. durch den Kostenanstieg bei den variablen Kosten überkompensiert wird.

Produktion und Kosten

*Beispiel*

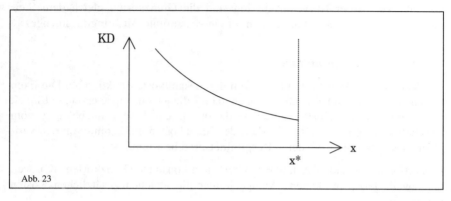

Abb. 23

## 4. Die Grenzkosten

### a) Der Begriff "Grenzkosten"

Die Grenzkosten spielen in der Kostenlehre eine wichtige Rolle. Grenzkosten sind die Grundlage für kurzfristige betriebswirtschaftliche Entscheidungsprobleme, z. B. für Wahl des Produktionsverfahrens, für Preispolitik und Sortimentpolitik (Kapitel 3).

Unter **Grenzkosten** versteht man die Mehrkosten, die bei der Produktion der letzten zusätzlichen Produktionseinheit anfallen. Wird die in Produktionseinheiten gemessene Beschäftigung einer Unternehmung um eine Einheit vermehrt, so steigen dadurch die Gesamtkosten um einen bestimmen Geldbetrag; dieser Betrag ist gleich den Grenzkosten.

*Beispiel*

| Produktionsmenge (X) | Gesamtkosten (K) | Grenzkosten (K') |
|---|---|---|
| 10 000 | 10 000,00 DM |  |
| 10 001 | 10 001,00 DM | 1,00 DM |
| 10 002 | 10 001,50 DM | 0,50 DM |

Produktion und Kosten

Mathematisch betrachtet sind die Grenzkosten (K') die 1. Ableitung der Gesamtkostenkurve. In der Kurvendiskussion sind die Grenzkosten gleich dem Steigungsmaß der Gesamtkostenfunktion für eine bestimmte Ausbringungsmenge.

**b) Die Grenzkostenfunktion**

Der Verlauf der Grenzkosten hängt von der Gesamtkostenfunktion ab. Die fixen Gesamtkosten haben keine Grenzkosten, da für die jeweils letzte erzeugte Einheit keine zusätzlichen Kosten anfallen, da die fixen Kosten unabhängig vom Beschäftigungsgrad sind. Der Verlauf der Grenzkosten wird somit von den variablen Gesamtkosten bzw. deren Reagibilitätsgrad bestimmt.

Proportional steigende Gesamtkosten bewirken konstante Grenzkosten (K'), weil die jeweils letzte produzierte Menge immer die gleichen zusätzlichen Kosten verursacht.

*Beispiel*

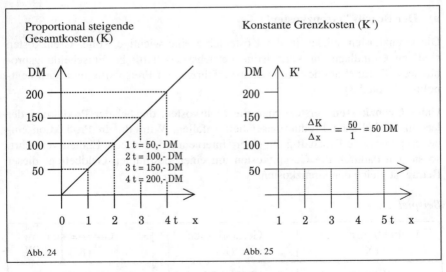

Abb. 24    Abb. 25

Unterproportional steigende Gesamtkosten führen zu degressiven Grenzkosten, da die letzte produzierte Einheit geringere zusätzliche Kosten verursacht als die davor produzierten Einheiten.

Produktion und Kosten

*Beispiel*

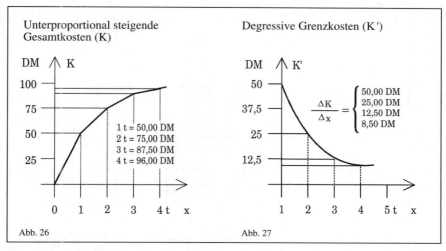

Abb. 26

Abb. 27

Überproportional steigende Gesamtkosten verursachen progressive Grenzkosten. Die zusätzlich produzierten Einheiten kosten immer mehr als die zuvor produzierten Mengen.

*Beispiel*

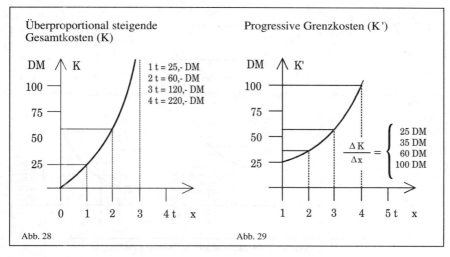

Abb. 28

Abb. 29

33

# Produktion und Kosten

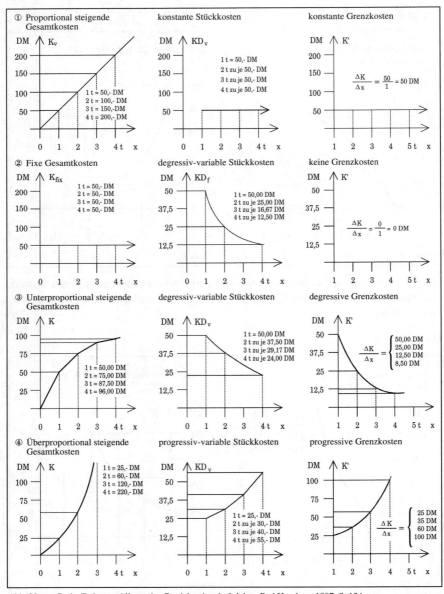

Abb. 30 aus: Preitz/Dahmen: Allgemeine Betriebswirtschaftslehre. Bad Homburg 1987, S. 134.

Produktion und Kosten

## 5. Die Kostenfunktion nach dem Ertragsgesetz

Da in den Abituraufgaben von speziellen Kostenfunktionen, insbesondere der sogenannten s-förmigen Gesamtkostenkurve ausgegangen wird, erfolgt an dieser Stelle eine ausführliche Behandlung der s-förmigen Gesamtkostenkurve. Die s-förmige Gesamtkostenkurve basiert auf dem **Ertragsgesetz**.

### Exkurs zum Ertragsgesetz

Das Ertragsgesetz, auch das Gesetz vom abnehmenden Ertragszuwachs in der Landwirtschaft, ist ein Begriff der volkswirtschaftlichen Theorie. Das Ertragsgesetz besagt in seiner allgemeinsten Form, daß auf einer bestimmten Bodenfläche unter konstantem Einsatz von Saatgut, Düngemitteln und bei konstanter Technik die schrittweise Vermehrung der eingesetzten menschlichen Arbeitsleistungen schließlich zu immer geringeren Ertragszuwächsen führen muß. Das Ertragsgesetz wurde für die Landwirtschaft überprüft und durch empirische Untersuchungen bestätigt. Der Gesamtertrag steigt zunächst überproportional zur zunehmenden Menge des eingesetzten variablen Faktors (Arbeit), bis eine optimale Kombination der Faktoren erreicht wird. Von da ab wächst der Gesamtertrag zwar noch absolut, aber unterproportional, bis zu seinem Maximum und nimmt dann sogar ab. Später wurde das Ertragsgesetz in die Produktionstheorie übernommen, d. h. auf die industrielle Produktion übertragen. Es wurde von den Klassikern der Ökonomie gelehrt, durch eine Umkehrung der Ertragsfunktion ließe sich der Verlauf der Gesamtkostenkurve ableiten. Die Übertragung des Ertragsgesetzes auf die moderne industrielle Produktion hat eher dogmatischen Charakter und kann nicht exakt bewiesen werden.[3]

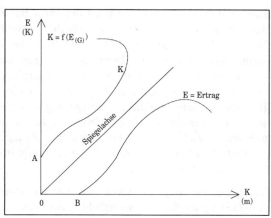

Abb. 31 aus: G. Wöhe: Allgemeine Betriebswirtschaftslehre. München 1973, 1974, S. 347.

35

Produktion und Kosten

Es wird sich in den folgenden Ausführungen zeigen, daß die "ertragsgesetzlichen" Kostenverläufe im Grunde genommen nur eine Kombination degressiver und progressiver Gesamtkostenverläufe darstellen.

a) **Die s-förmige Gesamtkostenkurve**

Die s-förmige Gesamtkostenkurve ist mathematisch betrachtet eine Funktion 3. Grades.

$$K = ax^3 + bx^2 + cx + d$$

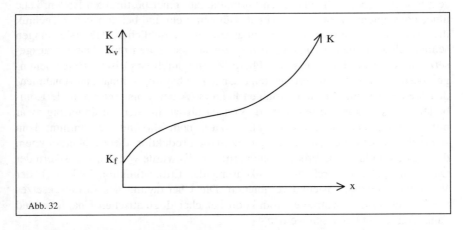

Abb. 32

Läuft die Produktion an, nehmen die variablen Kosten rasch zu. Wird die Produktion weiter erhöht, machen sich die Vorteile der Massenproduktion (z. B. Mengenrabatte beim Einkauf der Rohstoffe) bemerkbar. Die Kostenkurve steigt nicht mehr so steil, sie flacht ab, d .h. das Steigungsmaß der Gesamtkosten nimmt ab, die Gesamtkosten steigen unterproportional. Nach Ablauf der degressiven Phase beginnt eine Zone, in der die Gesamtkosten proportional steigen. Bei einer weiteren Produktionssteigerung wird die Ausbringungsmenge erreicht, ab der die variablen Kosten wieder rascher steigen. Der Betrieb kommt durch höheren Verschleiß bei Maschinen und Anlagen sowie steigende Ausschußproduktion durch überanstrengte Arbeitskräfte in die Zone der Überlastung. Die Gesamtkosten steigen progressiv.

Viele Ökonomen gehen davon aus, daß der s-förmige Gesamtkostenverlauf eine Annäherung an die Kostenverläufe in der Praxis darstellt.

Produktion und Kosten

## b) Durchschnittskosten und Durchschnittskostenfunktion beim s-förmigen Gesamtkostenverlauf

Die **Durchschnittskosten** oder **Stückkosten** werden errechnet, indem man die jeweiligen Kosten durch die produzierte Menge (x) dividiert.

Man unterscheidet die gesamten Stückkosten oder die **totalen Durchschnittskosten** (KD), die sich aus der Gesamtkostenfunktion wie folgt ergeben:

$$K = ax^3 + bx^2 + cx + d$$

$$KD = \frac{K}{x}$$

$$KD = ax^2 + bx + c + \frac{d}{x}$$

Die **fixen Stückkosten** (KD f) ergeben sich, indem die fixen Gesamtkosten durch die produzierte Menge geteilt werden.

$$KD_f = \frac{K_{fix}}{x}$$

$$K_{fix} = d$$

$$KD_f = \frac{d}{x}$$

Die **variablen Stückkosten** oder **variablen Durchschnittskosten** (KDv) werden wie folgt berechnet:

$$KD_v = \frac{K_v}{x}$$

$$K_v = ax^3 + bx^2 + cx$$

$$KD_v = ax^2 + bx + c$$

Bei der angenommenen s-förmigen Gesamtkostenfunktion zeigen die Durchschnittskostenfunktionen folgende Verläufe:

37

Produktion und Kosten

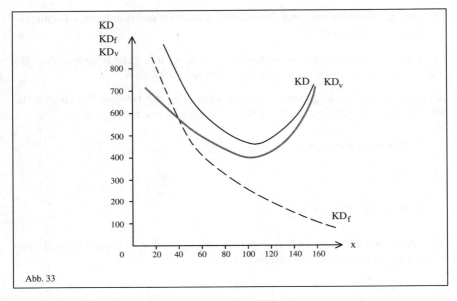

Abb. 33

Die fixen Stückkosten bzw. fixen Durchschnittskosten nehmen ab, da sich ein feststehender Betrag auf immer mehr Produktionseinheiten verteilt. Je mehr produziert wird, desto weniger fallen die fixen Stückkosten ins Gewicht.

Die totalen Durchschnittskosten fallen zunächst, da die fixen Durchschnittskosten fallen und die variablen Kosten sich anfangs in der degressiven Phase befinden. Die gesamten Stückkosten erreichen ein Minimum und steigen dann wieder an, weil die variablen Kosten in die progressive Phase eintreten und die Kostendegression durch die fixen Stückkosten überkompensieren.

Die variablen Stückkosten oder variablen Durchschnittskosten fallen zunächst, weil die variablen Kosten beim s-förmigen Gesamtkostenverlauf anfangs unterproportional steigen. Nach einem Minimum steigen die variablen Stückkosten wieder an, weil die variablen Kosten ab einer bestimmten Ausbringungsmenge in ihre progressive Zone geraten. Die variablen Durchschnittskosten steigen steiler an als die totalen Durchschnittskosten, weil bei ihnen der dämpfende Effekt der fallenden fixen Kosten wegfällt.

Der Abstand zwischen den totalen Stückkosten und den variablen Stückkosten verringert sich immer mehr, da die Differenz zwischen diesen Kosten aus den fixen Stückkosten besteht. Mit zunehmender Ausbringungsmenge werden die fixen Stückkosten immer geringer, so daß sich auch der Abstand zwischen den totalen und variablen Stückkosten mit steigender Ausbringungsmenge immer mehr reduziert.

### c) Grenzkosten und Grenzkostenfunktion beim s-förmigen Gesamtkostenverlauf

Die Grenzkosten stellen die zusätzlichen Kosten dar, die durch die letzte produzierte Einheit verursacht wurden. Die Entwicklung der Grenzkosten in Abhängigkeit von der Ausbringungsmenge wird durch die Grenzkostenfunktion (K') dargestellt. Mathematisch betrachtet ist die Grenzkostenfunktion die 1. Ableitung der Gesamtkostenfunktion, da die Grenzkosten das Steigungsmaß der Gesamtkostenkurve widerspiegeln:

$K = ax^3 + bx^2 + cx + d$

$K' = 3ax^2 + 2bx + c$

*Graphische Darstellung der Grenzkostenfunktion*

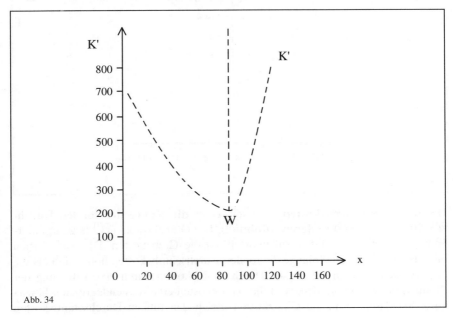

Abb. 34

Produktion und Kosten

Da sich die fixen Kosten mit der Ausbringungsmenge nicht ändern, sind die Grenzkosten nur abhängig von den variablen Kosten. Die Grenzkosten fallen zunächst, weil sich die variablen Kosten anfangs in der degressiven Phase befinden. **Die Grenzkosten erreichen ihr Minimum im Wendepunkt der Gesamtkostenkurve (W).** Wenn die variablen Kosten in die Progressionszone eintreten, steigen die Grenzkosten wieder an.

*Zusammenhang zwischen Grenzkostenkurve (K') und der Kurve der totalen Durchschnittskosten (KD)*

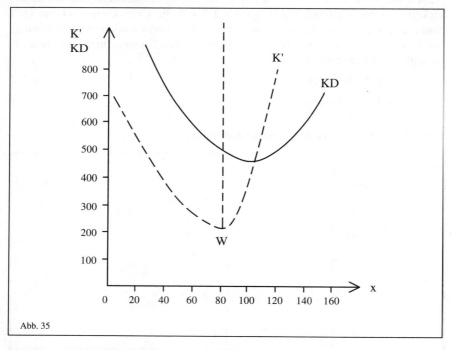

Abb. 35

**Die Kurve der Grenzkosten (K') schneidet die Kurve der totalen Durchschnittskosten (KD) in deren Minimum.** Die Grenzkostenkurve beginnt unterhalb der Kurve der totalen Stückkosten, da die Grenzkosten die fixen Kosten nicht berücksichtigen. Solange die totalen Durchschnittskosten höher sind als die Grenzkosten, können die totalen Durchschnittskosten durch eine Erhöhung der Produktion gesenkt werden, weil die fixen Kosten eine Kostendegression bewirken. Erst dann, wenn die Grenzkosten gleich den totalen Durchschnittskosten

Produktion und Kosten

sind (K' = KD), kann eine Verminderung der Durchschnittskosten durch eine Steigerung der Produktionsmenge nicht mehr erreicht werden, weil die Kostenprogression der variablen Kosten nun voll durchschlägt und die Kostendegression durch die fixen Kosten übertrifft.

*Zusammenhang zwischen Grenkostenkurve (K') und Kurve der variablen Durchschnittskosten (KDv)*

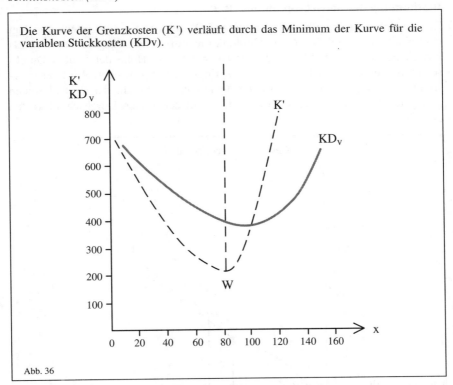

Abb. 36

### d) Kritische Kostenpunkte und ihre betriebswirtschaftliche Bedeutung

Besondere Bedeutung bei betriebswirtschaftlichen Entscheidungen z. B. im Hinblick darauf, ob die Produktion zu einem bestimmten gegebenen Marktpreis fortgesetzt oder eingestellt wird, haben die sogenannten kritischen Kostenpunkte: das **Betriebsoptimum** und das **Betriebsminimum**.

Produktion und Kosten

**Das Betriebsoptimum oder Kostenoptimum befindet sich dort, wo die totalen Durchschnittskosten ihr Minimum erreichen.** Das Betriebsoptimum liegt – anders ausgedrückt – dort, wo die Grenzkostenkurve die Kurve der totalen Durchschnittskosten schneidet, nämlich in deren Minimum. Im Betriebsoptimum wird die Kapazität kostenoptimal ausgenutzt, was allerdings nicht mit gewinnmaximal identisch ist.

**Bestimmung des Betriebsoptimums (BO)**

Zur Bestimmung des Betriebsoptimums (BO) aus der Gesamtkostenkurve legt man einen Fahrstrahl (T) an die Gesamtkostenkurve. Der Tangens des Winkels zwischen dem Fahrstrahl und der Abszisse gibt die Höhe der totalen Durchschnittskosten bei einer bestimmten Ausbringungsmenge wieder. Wird der Fahrstrahl zur Tangente an die Gesamtkostenkurve, so erreicht der Winkel seinen geringsten Wert, d. h. hier wird das Minimum der totalen Durchschnittskosten erreicht.

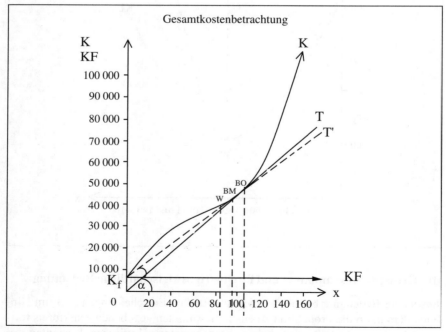

Abb. 37 aus: Preitz/Dahmen: Allgemeine Betriebswirtschaftslehre. Bad Homburg 1987, S. 161.
(Die Skizze wurde mit anderen Bezeichnungen versehen.)

Produktion und Kosten

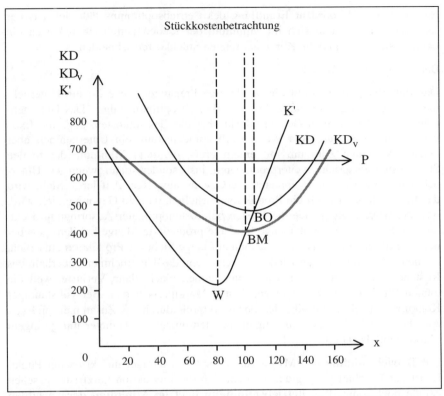

Abb. 38 aus: Preitz/Dahmen: Allgemeine Betriebswirtschaftslehre. Bad Homburg 1987, S. 161.
(Die Skizze wurde mit anderen Bezeichnungen versehen.)

Mathematisch läßt sich das Betriebsoptimum aus dem Minimum der totalen Durchschnittskosten (KD) ermitteln. Das Minimum wird dann erreicht, wenn die 1. Ableitung = 0 gesetzt wird und die 2. Ableitung > 0 ist.

$$KD = ax^2 + bx + c + \frac{d}{x}$$

$$KD' = 2ax + b - \frac{d}{x^2}$$

$KD' = 0 \wedge KD'' > 0$

## Produktion und Kosten

Eine weitere Methode zur Ermittlung des Betriebsoptimums läßt sich aus der Tatsache ableiten, daß sich im Minimum der totalen Durchschnittskosten die Grenzkostenkurve und die Kurve der totalen Stückkosten schneiden.

Betriebsoptimum: $KD = K'$

Das Betriebsoptimum stellt die langfristige Preisuntergrenze für ein Unternehmen dar. Der Marktpreis kann bis zum Betriebsoptimum fallen. Das Unternehmen erzielt dann keinen Gewinn, deckt aber die Gesamtkosten, d. h. alle fixen und variablen Kosten. Aus Wettbewerbsgründen kann ein Unternehmen über einen bestimmten Zeitraum mit einem Preis, der dem Minimum der totalen Stückkosten entspricht, weiterproduzieren, insbesondere dann, wenn das Unternehmen weitere Produkte anbietet, die Gewinn abwerfen. Auf lange Sicht wird das Unternehmen jedoch die Produktion einstellen, da kein Gewinn erzielt wird, weil der Marktpreis gerade die Kosten bei kostenoptimaler Ausbringung deckt. Steigt oder fällt die Absatzmenge bzw. die produzierte Menge bei dem gegebenen Marktpreis, muß das Unternehmen auf lange Sicht die Produktion einstellen, da die totalen Stückkosten wieder steigen, wenn das Unternehmen außerhalb des Kostenoptimums produziert. Das Unternehmen macht dann Verluste, weil die totalen Stückkosten über dem gegebenen Marktpreis liegen. Bei vollständiger Konkurrenz (Polypol) ergibt sich der Marktpreis durch das Zusammenspiel von Angebot und Nachfrage und fungiert für den einzelnen Anbieter mit geringem Marktanteil als Datum.

Das **Betriebsminimum** (BM) gilt als besonders wichtiger und kritischer Punkt. Es ist der Beschäftigungsgrad, bei dem sich die Produktion kurzfristig gesehen gerade noch lohnt. **Das Betriebsminimum liegt im Minimum der variablen Durchschnittskosten bzw. Stückkosten.**

Das Betriebsminimum läßt sich graphisch aus dem Gesamtkostenverlauf ähnlich ermitteln wie das Betriebsoptimum (vgl. Abb. 37 und 38). Ausgangspunkt des Fahrstrahles ist jedoch nicht der Nullpunkt sondern K f (Gesamtkosten – fixe Kosten = variable Gesamtkosten). Legt man von K f aus einen Fahrstrahl (T') an die Gesamtkostenkurve, so gibt der Tangens des Winkels zwischen T' und KF die Höhe der variablen Stückkosten bei einer bestimmten Ausbringungsmenge an. Den geringsten Wert erreicht der Winkel dann, wenn T' die variablen Gesamtkosten berührt. Im Berührpunkt befindet sich das Minimum der variablen Stückkosten, das Betriebsminimum.

Produktion und Kosten

Mathematisch kann das Minimum der variablen Durchschnittskosten ermittelt werden, indem die 1. Ableitung gleich Null gesetzt wird und die zweite Ableitung von $KD_v > 0$ ist.

$$KD_v = ax^2 + bx + c$$

$$KD_v' = 2ax + b$$

$$KD_v' = 0 \wedge KD_v'' > 0$$

Da die Grenzkosten die Kurve der variablen Durchschnittskosten in deren Minimum schneiden, kann man das Betriebsminimum auch errechnen, indem man Grenzkosten gleich variable Durchschnittskosten setzt:

$$KD_v = K'$$

Sinkt der Marktpreis bis zum Betriebsminimum, bedeutet das, daß die variablen Durchschnittskosten verdient werden. Die Aufträge liefern allerdings keinen Beitrag mehr zur Deckung der fixen Kosten. Es fällt ein Verlust in Höhe der fixen Kosten an, der auch dann entstünde, wenn der Betrieb nicht produzieren würde. Wenn der Marktpreis im Betriebsminimum liegt, d. h. die produktionstechnisch minimal erzielbaren variablen Stückkosten gerade noch deckt, wird die kurzfristige Preisuntergrenze erreicht. Wenn es aus Wettbewerbsgründen notwendig erscheint, kann das Unternehmen vorübergehend im Betriebsminimum produzieren, vor allem dann, wenn es nicht nur ein Produkt herstellt und andere Produkte zur Deckung der fixen Kosten beitragen. Fällt allerdings der Marktpreis unter den Wert der minimalen variablen Durchschnittskosten, wird der Betrieb stillgelegt, weil nicht einmal mehr die gesamten variablen Kosten über die Verkaufserlöse gedeckt werden können.

Produktion und Kosten

### e) Zusammenfassende graphische Darstellung der Gesamtkosten-, Stückkosten- und Grenzkostenfunktionen

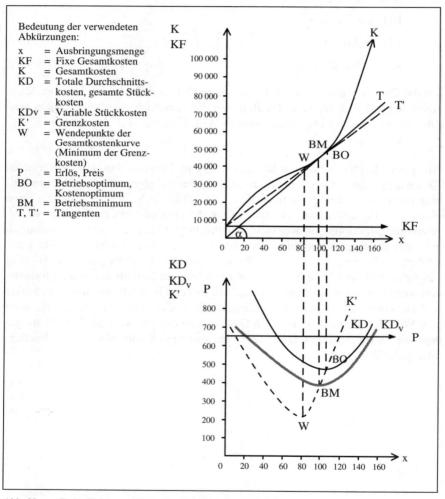

Abb. 39 aus: Preitz/Dahmen: Allgemeine Betriebswirtschaftslehre. Bad Homburg 1987, S. 161.
(Die Skizze wurde mit anderen Bezeichnungen versehen.)

Produktion und Kosten

## Lernziel-Kontrollfragen

11. Erklären Sie den Unterschied zwischen Fertigungstypen und Organisationstypen der Fertigung!

12. Vergleichen Sie die Organisationstypen der Fertigung hinsichtlich der folgenden Merkmale: innerbetriebliche Transportwege, Zwischenlager, Flexibilität, Fertigungstyp, Zahl der Arbeitskräfte!

13. Was versteht man unter Lean Produktion? Welche Vorteile bringt sie gegenüber der herkömmlichen Fließfertigung?

14. Erklären Sie, wie sich Aufwendungen und Kosten betriebswirtschaftlich unterscheiden!

15. Nach welchen Kriterien kann man die Kosten differenzieren? Nennen Sie je drei Beispiele für die einzelnen Kostenarten!

16. Was sind Grenzkosten? Wie kann man sie aus der Gesamtkostenfunktion ermitteln?

17. Wie verlaufen die Gesamtkosten, wenn die Grenzkosten konstant sind bzw. ständig steigen oder fallen?

18. Zeichnen Sie in ein Koordinatensystem, ausgehend vom s-förmigen Kostenverlauf, die totalen Stückkosten, die variablen Durchschnittskosten und die Grenzkosten sowie die kritischen Kostenpunkte ein! Erklären Sie die Kostenverläufe!

19. Erklären Sie, warum das Gewinnmaximum nicht mit dem Betriebsoptimum zusammenfällt!

20. Die Gesamtkosten (K) sind durch die folgende Funktion

$$K = x^3 - 9x^2 + 30x + 16$$

gegeben.

a) Ermitteln Sie in einer Tabelle die gesamten Stückkosten, die variablen Stückkosten und die Grenzkosten im Bereich von $0 \leq x \leq 6$!

b) Ermitteln Sie die kurzfristige Preisuntergrenze für dieses Produkt!

47

Produktion und Kosten

21. Das Produktionsprogramm eines Unternehmens enthält folgende Artikel:

|  | Absatzpreis (P) | totale Stück-kosten (KD) | variable Stückkosten (KD v) |
|---|---|---|---|
| Produkt A | 12,00 DM | 9,00 DM | 7,00 DM |
| Produkt B | 14,00 DM | 10,00 DM | 9,00 DM |
| Produkt C |  | 12,00 DM | 10,00 DM |

a) Wie hoch ist der Stückgewinn bei den Produkten A und B?

b) Welchen Deckungsbeitrag (Beitrag zur Deckung der fixen Kosten) liefern die Produkte A und B?

c) Erläutern Sie, welche Preispolitik das Unternehmen bei Gut C betreiben könnte!

22. Stellen Sie graphisch den Einfluß auf eine linear verlaufende Gesamtkostenkurve und die Grenzkosten dar, wenn

a) durch eine materialsparende Konstruktionsverbesserung die variablen Kosten proportional gesenkt werden können,

b) die Grundgebühren für Telefon steigen,

c) aufgrund notwendiger Qualitätsverbesserungen der Erzeugnisse an Stelle von angelernten Akkordarbeitern Facharbeiter mit leistungsabhängigen Löhnen beschäftigt werden müssen.

23. Ein Betrieb hat die Wahl zwischen zwei funktionsgleichen Maschinen A und B. A verursacht 2000 DM fixe Kosten pro Periode und 40,00 DM variable Kosten pro Stück. Bei B belaufen sich die fixen Kosten auf 4000 DM, die variablen Stückkosten betragen 30,00 DM.

Welche Maschine produziert kostengünstiger?

24. Die Herkules Maschinenfabrik GmbH steht vor der Entscheidung, ob sie einen von ihr geführten Typ weiterführen soll. Die variablen Stückkosten betragen 760 DM pro Maschine. Der Absatzpreis liegt gegenwärtig bei 800 DM. Es wird erwartet, daß sich in den nächsten sechs Monaten 1000 Stück absetzen lassen und erst dann mit einer Preissteigerung zu rechnen ist. Bei vorübergehender Stillegung der Produktion lassen sich 60000 DM pro Monat einsparen. Bei der Wiederaufnahme der Produktion werden ca. 160000 DM Rüstkosten anfallen.

Welche Entscheidung wird das Unternehmen treffen?

# III. Markt und Absatz

## 1. Die Begriffe "Markt" und "Marketing"

Im Wirtschaftslexikon wird der Begriff "Markt" definiert: "Der ökonomische Ort des Tausches, an dem sich durch Zusammentreffen von Angebot und Nachfrage die Preisbildung vollzieht. Der Markt ist unentbehrliche Institution für den Leistungsaustauschprozeß ..."[4].

**Marketing** (engl.: auf den Markt bringen) ist ein amerikanischer Begriff der Absatzwirtschaft. Man hat diesen Begriff übernommen, da Amerika als Mutterland des Marketing gilt.

Es gibt in der einschlägigen Fachliteratur die unterschiedlichsten Definitionen von "Marketing", die zum einen das in der Theorie zu behandelnde Problemfeld abstecken und den Begriff mit verschiedenen Inhalten versehen.

Marketing wird häufig gleichbedeutend mit **Absatzpolitik** verwendet. Der Absatz wird neben der Beschaffung, Produktion und Finanzierung als Teilfunktion eines Betriebes gesehen. Absatz umfaßt alle Aktivitäten der Unternehmung, die dazu dienen, die betrieblichen Leistungen an den Abnehmer zu bringen. Marketing umfaßt somit sowohl die Planung des gesamten absatzpolitischen Instrumentariums (Marktforschung, Werbung, Preispolitik, Sortimentgestaltung, Service etc.) als auch den Vertrieb, d. h. die technische Abwicklung des Absatzes. Marketing im engeren Sinne bedeutet **Absatzvorbereitung**, vor allem durch Marktforschung, Werbung und Preispolitik. In der Praxis zeigt sich dies, indem eine eigene Marketingabteilung neben der Vertriebsabteilung existiert.

In letzter Zeit hat sich auch der Begriff des **"Social Marketing"** eingebürgert. Darunter versteht man die Gestaltung von Austauschprozessen jeglicher Art, die sich nicht nur auf den Unternehmensbereich beschränkt, sondern auch andere soziale Gebilde (Kirchen, Parteien, Gewerkschaften) betrifft. Gerade in den letzten Jahren konnte der aufmerksame Beobachter in diesem Bereich den zunehmenden Einfluß des Marketings bemerken.

Für viele aber ist Marketing mehr als nur die mehr oder wenig weit gefaßte Auflistung betriebswirtschaftlicher Funktionen im Absatzbereich. Marketing ist für sie ein **marktbezogener Denk- und Führungsstil.** Marketing ist demnach eine unternehmerische Grundeinstellung, die nicht mehr dem Produktionsbereich, sondern dem Absatzbereich mit seiner Formung des Marktes den Vorrang gibt

49

# Markt und Absatz

**(Marketingkonzept).** Diese Konzeption äußert sich in dem Glaubenssatz, Produkte würden verkauft und nicht gekauft. Der Absatzplan wird zum wichtigen Bestimmungsfaktor für die übrigen Teilpläne der Unternehmung. Die Produktion, Beschaffung und Finanzierung werden auf die Absatzmöglichkeiten abgestimmt. Die Unternehmensführung erfolgt vom Markt her.

Während früher das Geschick vieler Unternehmen in erster Linie durch Ingenieure (Erfinder) maßgeblich bestimmt wurde (z. B. W. v. Siemens, Porsche, Daimler u. a.) und in der Zeit nach dem Zweiten Weltkrieg die Finanziers (Rothschild, Rockefeller) und Steuerfachleute eine besonders wichtige Rolle spielten, wird seit einigen Jahren der Marketingpolitik die zentrale Bedeutung zugewiesen. In den 50er Jahren lag der Schwerpunkt der Unternehmenspolitik auf dem Produktionsbereich. Die Unternehmenspolitik war damals betont produktionsorientiert, bedacht auf Rationalisierung und Kostensenkung, weil nach dem Zweiten Weltkrieg ein allgemein bestehender Nachfrageüberhang vorhanden war **(Verkäufermarkt).** Aus dem Verkäufermarkt der 50er Jahre entwickelte sich ein **Käufermarkt** mit teilweise sehr qualitäts- und preisbewußter Nachfrage und Sättigungstendenzen auf Teilmärkten. Durch bessere technische Möglichkeiten und verstärkte in- und ausländische Konkurrenz wurden zudem die Qualitäts- und Produktionsunterschiede immer geringer. Aus dieser Situation heraus erklärt sich ein anderes Unternehmenskonzept: das Marketingkonzept. Es gilt nicht nur für den Bereich der Konsumgüterindustrie, wo die Vermarktung immer neuer Produkte besonders wichtig ist, sondern zunehmend auch für die Investitionsgüterindustrie und Dienstleistungen sowie für Organisationen außerhalb des unternehmerischen Bereiches.

Es gibt auch viele kritische Stimmen, die im Marketing zunehmend ein Instrument sehen, mit dessen Hilfe das Verhalten der Käufer manipuliert werden soll. Durch Tricks und Kniffe sollen die Konsumenten dazu bewegt werden, mehr oder weniger Nützliches zu kaufen. Im Kampf um die Absatzmärkte verlegen sich Unternehmen mehr und mehr auf eine "psychologische Kriegsführung". In der Tat ist heute das Marketing nicht mehr als rein betriebswirtschaftliche Absatztheorie konzipiert, sondern es fließen verstärkt psychologische und soziologische Elemente mit hinein, mit denen versucht wird, den Konsumenten mit immer subtileren Werbetaktiken und Methoden zu lenken.

Markt und Absatz

## 2. Betriebswirtschaftliche Zielvorstellungen im Absatzbereich

Wirtschaften bedeutet – auch auf den Absatzbereich bezogen – Planen und Handeln in bezug auf Ziele und Mitteleinsatz. Der Mitteleinsatz im Absatzbereich sind die absatzpolitischen Instrumente. Um das absatzpolitische Instrumentarium möglichst effektiv einsetzen zu können, bedarf es einer Festlegung der Zielvorstellungen des Betriebes im Absatzbereich. Es werden hier kurz die wichtigsten der möglichen Zielvorstellungen vorgestellt. Welchen Zielen das Unternehmen letzten Endes Priorität einräumt, hängt von einzelnen Unternehmerpersönlichkeiten, dem jeweiligen Management und deren Unternehmensphilosophie ab. In der Regel verfolgen Unternehmen im Absatzbereich nicht ein Ziel, sondern ein Zielbündel.

Wie in den anderen Unternehmensbereichen spielt im Bereich Absatz die **Gewinnmaximierung** die zentrale Rolle. Die Marketingpolitik soll für die Absatzmenge sorgen, bei der der Gewinn bei produktionstechnisch gegebenen Kosten ein Maximum erreicht.

Die Fähigkeit einer Unternehmung, überdurchschnittliche Erträge zu erwirtschaften, hängt davon ab, wie stark die Wettbewerbskräfte am Markt sind. Ein Ziel kann darin liegen, durch **Umsatzsteigerung** die eigene Wettbewerbsposition zu stärken und die Konkurrenten vom Markt zu drängen.

Vor neuen Anbietern, die auf den Markt kommen, kann sich ein etabliertes Unternehmen durch den Aufbau hoher Eintrittsbarrieren schützen. Als Eintrittsbarrieren können nicht nur juristische Schranken fungieren (wie früher bei Apotheken), sondern auch ökonomische Gegebenheiten. Ein Unternehmen mit hohem Umsatzanteil kann zu niedrigeren Kosten produzieren (Betriebsgrößenersparnisse) als ein kleines Unternehmen. Durch eine aggressive Preispolitik wird der Eindringling abgeschreckt, weil er entweder gleich "groß" ins Geschäft einsteigen oder einen Kostennachteil hinnehmen muß. Eintrittsbarrieren können auch darin bestehen, daß mit Hilfe der Marketingpolitik eine starke Bindung der Käufer an den bisherigen Anbieter geschaffen wird. Das Markenbewußtsein der Kunden erzeugt Marktwiderstände, die sich von "Newcomern" nur schwer überwinden lassen. Ein derartiges Marketingkonzept zielt auf Erringen von **Autonomie** und **Marktmacht** ab. Langfristig dient dieses Ziel auch der Erreichung des Gewinnmaximums.

Eine weitere Zielvorstellung im Absatzbereich kann darin liegen, den Kundenbedürfnissen – im positiven Sinne – durch **Gewinnung von Kundenzufriedenheit** Rechnung zu tragen. Wenn ein Unternehmen in diesem Sinne kundenorientiert

51

Markt und Absatz

sein will, erfordert dies intensive Marktuntersuchungen. Zwischen Kundenzu-friedenheit und Gewinnmaximierung kann ein Zielkonflikt bestehen. Konflikte können aber nicht nur zwischen Kunden und Unternehmung auftreten. Die Erfül-lung der Bedürfnisse bei einem Nachfrager kann zur Verschlechterung der Situa-tion eines anderen führen. Beispielsweise kann Autolärm andere stören, auch verursachen Autos verstopfte Straßen und Luftverschmutzung; wirksame Wasch-mittel verschlechtern die Qualität des Wassers. Es besteht die Gefahr, daß das Marketing nicht zwischen den kurzfristigen Interessen und einer langfristigen Wohlfahrt der Konsumenten differenzieren kann. Ökologie und Ökonomie scheinen auch hier im Widerspruch zueinander zu stehen.

Es gibt aber bereits eine Marketingkonzeption, die die langfristig auftretenden (negativen) Wirkungen berücksichtigt, man bezeichnet sie als **gesellschafts-freundliches Marketing.** Das gesellschaftsfreundliche Marketing soll die Be-dürfnisse und Wünsche der Abnehmer feststellen und unter Bewahrung und Ver-besserung der Lebensqualität der Gesamtgesellschaft die Bedürfnisbefriedigung gestalten. Zweifel an der Umsetzung dieser hehren Zielsetzungen in die Praxis bleiben dennoch.

Manchmal wird auf den Vertrieb eines ertragsschwachen Produktes nicht ver-zichtet, weil ein Unternehmen die Arbeitnehmer eines bestimmten Betriebs-zweiges weiterbeschäftigen will. Das Marketing dient hier der **Sicherung der Arbeitsplätze** und dem volkswirtschaftlichen Vollbeschäftigungsziel. Um treue Kunden nicht zu verlieren, ist das Marketing gelegentlich bei ertragsschwachen Produkten auf **Erhaltung und Entwicklung von Marktbeziehungen** gerichtet. Ein Konflikt mit dem Ziel Gewinnmaximierung ist in beiden Fällen vorpro-grammiert.

Die Marktpolitik, insbesondere die Preispolitik, soll das Unternehmen im **Stre-ben nach Liquidität** unterstützen. Über die Höhe der Umsatzerlöse berührt das Liquiditätsstreben den Absatzbereich. Die Hauptverantwortung bei der Sicherung der Liquidität sollte aber bei der Finanzabteilung liegen.

### Mögliche Zielvorstellungen im Bereich der Absatzpolitik

- Gewinnmaximierung
- Umsatzsteigerung
- Autonomie- und Marktmacht
- Gewinnung von Kundenzufriedenheit
- Gesellschaftsfreundliches Marketing

Markt und Absatz

- Sicherung der Arbeitsplätze
- Erhaltung und Entwicklung von Marktbeziehungen
- Liquiditätsstreben

## 3. Die Marktforschung als Grundlage der Absatzpolitik

Das breite Feld der Marktforschung soll kurz abgehandelt werden, weil die Marktforschung die Grundlage für die Erstellung von Marketingkonzepten bildet. Die moderne Marktforschung greift heute immer mehr auf Verhaltensinformationen aus der Psychologie und Soziologie zurück, so daß eine umfassende Darstellung den Rahmen dieser Ausführungen sprengen würde.

Die ersten Ansätze zu einer Marktforschung finden sich vor ca. 300 Jahren. Mit der Entwicklung der Wahrscheinlichkeitsrechnung lieferten Chevalier de Mère und Bernoulli eine Begründung der Stichprobenauswahl für repräsentative Bevölkerungsumfragen.

Seit dem 18. Jahrhundert kennt man die Verwendung von Fragebogen. Aus dem Jahr 1787 stammen "Erhebungen über das Haushaltsbudget der arbeitenden Klassen in England" von D. Davis. Im 19. und 20. Jahrhundert verstärkte sich der Einfluß der Psychologie und Soziologie vor allem im Bereich der Methodenentwicklung. 1986 wurden in der BRD schätzungsweise für ca. 700 Millionen DM Marktuntersuchungen durchgeführt. Marktforschungsinstitute gibt es in Deutschland seit 1930. Die Mehrheit der größeren Institute, von denen 1986/87 im Handbuch für Marktforschungsunternehmen 160 verzeichnet waren, wurden zwischen 1950 und 1970 gegründet.

Die Marktforschung hat zum Ziel, die auf den Absatz wirkenden Einflüsse (Tatsachen, Meinungen, Motive) festzustellen und klarzulegen und die mutmaßliche Entwicklung des Absatzes im voraus zu bestimmen. Dazu ist eine **Marktanalyse** notwendig, die sich mit der Struktur des Marktes (Zielgruppen, Konkurrenz) beschäftigt und eine **Marktbeobachtung,** die die laufende Entwicklung und Veränderungen des Marktes festhält.

### a) Bereiche der Marktforschung

Die Marktforschung befaßt sich mit folgenden Bereichen:

- Zielgruppenanalyse
- Konkurrenzforschung
- Trendanalyse
- Werbeforschung

53

Markt und Absatz

Angesichts der stark differenzierten Kundenwünsche bringen die meisten Unternehmen kein einheitliches Leistungsangebot auf den Markt. Es wird vielmehr versucht, die Nachfrage in Zielgruppen zu segmentieren, um diesen ein speziell auf ihre Bedürfnisse zugeschnittenes Produktpaket oder Dienstleistungssortiment anzubieten. Dazu ist eine **Zielgruppenanalyse** notwendig. Die Zielgruppe sollte intern möglichst gleiche Merkmale aufweisen, sich klar von anderen Zielgruppen unterscheiden lassen und zahlenmäßig so groß sein, daß sich ihre gesonderte "Bearbeitung" wirtschaftlich lohnt.

Zielgruppen lassen sich nach bestimmten Merkmalen bilden:
– sozio-ökonomische Merkmale (Einkommen, Beruf, Ausbildung usw.)
– demographische Merkmale (Geschlecht, Alter, Religion usw.)
– psychographische Merkmale (Konsummotive, Lifestyle, Gewohnheiten, Einstellungen, Weltanschauung usw.)

*Beispiel*

Zielgruppen für Damenzigaretten[5]

Mit FONOY sollen verheiratete Hausfrauen "den Alltag vergessen".
(Die Werbung wurde auf die hauptberufliche Hausfrau zwischen 30 und 45 Jahren zugeschnitten)

MERCEDES – "eine liebliche Zigarette für zärtliche Momente"

KIM – "für Männerhände viel zu chic", "für die junge unternehmenslustige Frau"
(Die Werbung wurde auf die emanzipierte Frau zwischen 25 und 30 Jahren zugeschnitten)

CANDIDA – "ganz von heute"

EVE – "ein Hauch von EVE steht jeder Frau"
Die Werbung wurde auf die Großstädterinnen zwischen 25 und 40 Jahren mit einem Haushaltseinkommen von 1500 DM und mehr (1974) – das sind 1,7 Mio. Frauen – abgestellt.

Die **Konkurrenzforschung** beschäftigt sich mit den Fragen, welche Firmen bereits die gleichen Erzeugnisse verkaufen, welche Marktanteile die Konkurrenten besitzen und welcher Absatzmethoden sie sich bedienen. Ferner soll die Konkurrenzforschung über jene Unternehmen informieren, die gegenwärtig noch nicht am Markt auftreten, dort aber künftig in Erscheinung treten könnten. Das gilt zum Beispiel für ausländische Hersteller, die nach dem Wegfall von Zollschranken auf dem inländischen Markt auftauchen könnten.

Markt und Absatz

Die **Trendanalyse** beschäftigt sich mit Entwicklungstendenzen auf dem Markt, die wesentlich von Nachfragetrends bestimmt werden, z. B.:

– Veränderungen in der demographischen Struktur der Bevölkerung: Wachsender Anteil der älteren Personen an der Gesamtbevölkerung, steigende Zahl von Haushaltsneugründungen, Zunahme der Singlehaushalte

– Veränderungen der sozio-ökonomischen Strukturen: Bedeutung spezifischer Käuferschichten wie YUPPIES (Young Urban Professionals), DINKS (Double Income, No Kids) oder MAMUS (männliche Akademiker mit Universitätsabschluß; geprägt von Carl Amery); steigendes Einkommen; Trend zu höherer Ausbildung

– Eintritt eines Wertewandels: Konsumenteninteressen außerhalb der traditionellen Konsummuster wie Umweltbewußtsein, Gesundheitsbewußtsein, stärkere Betonung der zwischenmenschlichen Beziehungen und Selbstverwirklichung; Aussteigermentalität

– Gesamtwirtschaftliche Entwicklungen: Wachstum des Sozialproduktes, Branchenentwicklung, Nachfrageverschiebungen.

Die **Werbeforschung** wird insbesondere dann eingesetzt bzw. verstärkt, wenn festzustellen ist, daß ein hoher Prozentsatz der potentiellen Verbraucher das Produkt nicht kennt bzw. noch nicht gekauft hat oder die Umsatzzahlen zurückgehen. Die Werbeforschung soll Informationen darüber liefern, mit welchen Werbemitteln und Argumenten die Käuferschichten am besten anzusprechen sind. Die Werbeforschung soll herausfinden, welche Typen von Werbemaßnahmen bei bestimmten Produktarten am erfolgreichsten sind (Beispiel: Kann durch furchterregende Werbeappelle erreicht werden, daß die Verbraucher keine Sprays mit Treibgasen verwenden? Kann durch Betonung des Umweltfreundlichkeit und des sparsamen Energieverbrauches die Nachfrage nach Autos angekurbelt werden?). Außerdem beschäftigt sich die Werbeforschung damit, wie mit Werbemaßnahmen die Langeweileschranke überwunden werden kann. So wurde festgestellt, daß die Aufnahme von Informationen in hohem Maße selektiv ist. Von Werbefilmen, denen Personen im Fernsehen ausgesetzt waren, haben nur ein Drittel eine Werbebotschaft mit meßbarer Wirkung hinterlassen. Diese Werbebotschaften wurden wieder nur von der Hälfte der Zuschauer verstanden. Weniger als 5 % der Zuschauer konnten sich 24 Stunden später an die Werbebotschaft erinnern. Die Werbeforschung soll Auskunft darüber geben, wie oft eine Anzeige geschaltet werden muß, um einerseits beachtet und erinnert zu werden und um andererseits kein Desinteresse aufkommen zu lassen, weil sie schon allzu bekannt ist.

# Markt und Absatz

## b) Methoden der Marktforschung

Auf die Methoden der Marktforschung soll hier nur kurz eingegangen werden. Während sich die **Sekundärforschung** (desk-research) mit der Auswertung statistischen Datenmaterials beschäftigt, sammelt die **Primärforschung** (field-research) die Informationen unmittelbar am Entstehungsort durch Befragungen, Beobachtungen und Experimente. Die Bedeutung der Sekundärforschung wird in Zukunft mit der Verfügbarkeit externer Datenbanken steigen. Schon heute bieten sie im "Online-Betrieb" einen schnellen Zugriff auf zahlreiche Informationen wie Branchendaten, gesamtwirtschaftliche und internationale Entwicklungen, Ausschreibungen etc. Die Sekundärforschung greift zusätzlich auf Daten zurück, die betriebsintern bereits früher erhoben wurden, z. B. Kundenkarteien, Außendienstberichte, Umsatzstatistiken, Daten aus der Kosten- und Leistungsrechnung.

Grundlage der Primärerhebung ist die **Stichprobe.** Die Stichprobe sollte möglichst repräsentativ für die Grundgesamtheit sein, also ein verkleinertes Abbild der Wirklichkeit darstellen. Häufig greift man auch zu nicht-repräsentativen Auswahlverfahren, insbesondere bei der Auswahl aufs Geratewohl (Passantenbefragung in einer Fußgängerzone) oder der Quotenauswahl (Passantenbefragung mit Vorgaben, z. B. 50 % Jugendliche unter 18 Jahren). Beim Schluß auf die Zielgruppe (Grundgesamtheit) ist bei dieser Methode Vorsicht geboten.

Bei **Befragungen** unterscheidet man das "persönliche" und "schriftliche" Interview. Beim persönlichen Interview kann der Interviewer – ungewollt – durch sein Auftreten die Antworten beeinflussen (Interviewer-Bias). Außerdem ist diese Form der Erhebung sehr kostspielig. Das meist über die Post zugestellte schriftliche Interview hat den Vorteil, daß seine Kosten niedriger liegen und ein Interviewer-Bias nicht auftritt. Nachteilig sind allerdings die geringen Rücklaufquoten.

Als Beispiel für die **Beobachtung** als Methode der Primärerhebung können die Kundenlaufstudien angeführt werden. Durch Beobachtung der Käufer in einem Einkaufszentrum wird ermittelt, welchen Weg die Käufer durch die Geschäfte nehmen. Durch die Beobachtung kann das tatsächliche Verhalten der Kunden registriert werden, die Marktforschung ist hier nicht auf die Auskunftsbereitschaft der einzelnen Personen angewiesen.

Bei den Experimenten unterscheidet man **Laborexperiment** und **Feldexperiment.** Das Laborexperiment findet unter "künstlichen" Rahmenbedingungen statt. Die bekanntesten Arten des Laborexperiments sind die Verfahren der Projektion und Assoziation. Bei der Assoziation werden den Testpersonen "Stimuluswörter" oder unvollständige Sätze genannt, auf die sie mit Wörtern oder Satzenden antworten müssen. Auf die Testpersonen wird ein Zeitdruck ausgeübt, damit die Antworten möglichst spontan ausfallen. Beim Verfahren der Projektion sollen die Testpersonen z. B. in die Rolle einer Comic-Strip-Figur schlüpfen und deren Sprechblasen ausfüllen. Hieraus sollen dann Rückschlüsse auf die Testperson gezogen werden. Hauptanwendungsgebiet des Laborexperiments ist die Werbeforschung.

*Beispiel: Auto-Image-Analyse durch Assoziationstests[6]*

Folgende Automarken sind zuzuordnen: Opel Rekord, Golf, Mercedes, R4, Fiat 124, Peugeot 504, Alpha Romeo GT, R16, Citroën DS 21, Citroën 2CV, Austin Mini.

a) Welche Berufsgruppe fährt welches Auto?
   Versicherungsverkäufer, Krankenschwester, Unternehmer, Fabrikarbeiter, Universitätsprofessor, Buchhalter, Rechtsanwalt, Berufssportler, Sekretärin, Arzt, Mannequin, Student, Politiker, Schauspieler, Ladenbesitzer, Sozialarbeiterin.

b) Welcher Personentyp paßt auf welches Auto?
   Gesetzter Mann mittleren Alters; verwöhnte Studentin; hartgekochter Geschäftsmann; perfekte Hausfrau; dünner, nervöser und temperamentvoller Mann; lebhafter Typ, der gutes Essen und scharfe Getränke liebt; ein rasch entschiedenen, energisches Karrieremädchen; ein hat arbeitender Familienvater; ein junger gescheiter Typ, der gerade anfängt.

c) Welches Auto paßt auf welche Beschreibung ?
   Ein starker, schneller Wagen; ein idealer Wagen für lange Reisen; ein kleiner netter Wagen, komfortabel und nicht auffallend; ein konservativer, kräftiger, zuverlässiger Wagen; ein richtiger Bulldozer; der Wagen der Zukunft, ultra modern; ein Qualitätswagen, teuer, wurde gebaut und zu halten; ein Leichtgewicht, sieht dürftig aus; ein Schiff, plump aber gut konstruiert; ein sicherer, solider Wagen, auf den man sich verlassen kann.

d) Welches Auto ist das beste?
   Am zuverlässigsten, am stärksten, beste Konstruktion, am auffälligsten, am familienfreundlichsten, am konservativsten, am schönsten, am häßlichsten, für Männer, für Frauen, am wertlosesten, am wertvollsten.

Die bedeutendsten Formen des **Feldexperiments,** das unter "natürlichen Rahmenbedingungen" stattfindet, sind **Markttest** und **Panelerhebung.** Ein Markttest liegt vor, wenn auf einem genau abgegrenzten Testmarkt ein neues Produkt probeweise verkauft wird, um die Marktaufnahmebereitschaft zu erkunden. Häufig werden im Rahmen von Markttests auch Werbekampagnen durchgeführt, um den Werbeerfolg zu testen. Bei Paneluntersuchungen wird ein bestimmter Personenkreis über einen längeren Zeitraum über einen bestimmten Gegenstand befragt.

Markt und Absatz

Beim **Haushaltspanel** werden Hausfrauen gegen Honorar gebeten, alle Einkäufe (Art, Menge, Preis) sowie die Umstände, die zu den Einkäufen führen (Wochentag, Uhrzeit, Geschäftstyp), in Haushaltsbüchern zu verzeichnen. In gewissen Zeitabständen werten die Marktforschungsinstitute diese Eintragungen aus und verkaufen Informationen über bevorzugte Einkaufstage, Kaufverhalten in einzelnen Bundesländern, beliebte Marken, Packungsgrößen, bevorzugten Geschäftstypen, Geschmacksrichtungen usw. Problematisch bei Paneluntersuchungen sind die sogenannte Panel-Sterblichkeit, das Schwinden des Interesses der Testpersonen am Führen von Aufzeichnungen, und der Panel-Effekt, d. h. der Einfluß des Führens der Aufzeichnungen auf das Einkaufsverhalten. Außerdem enthalten Paneldaten häufig bewußte Falschangaben aus Schamgefühl oder Imponiergehabe der Befragten. Zunehmend werden die Haushaltspanels durch **Scannererhebungen** ergänzt. In zahlreichen Einzelhandelsgeschäften gibt es spezielle Kassenterminals, die die eingekauften Waren über einen Strichcode auf den Produktverpackungen mittels Scanner erfassen.

### 4. Das absatzpolitische Instrumentarium im Überblick

Ein Marketingkonzept zu entwickeln, bedeutet zu entscheiden, welche absatzpolitischen Instrumente in welcher Kombination eingesetzt werden (**Marketing-Mix**). MÜLLER-HAGEDORN[7] verwendet unten stehende Übersicht (Abb. 40) und unterscheidet dabei vier Instrumentalbereiche:

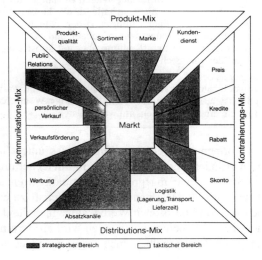

Abb. 40

Markt und Absatz

Diese Übersicht hat den Vorteil, daß sie leicht zu überschauen ist, da MÜLLER-HAGEDORN nur vier Oberbegriffe verwendet. Die Zusammenstellung zeigt auch auf, daß hinter jedem Oberbegriff eine Reihe von absatzpolitischen Instrumenten steht.

Eine sehr differenzierte Auflistung absatzpolitischer Instrumente bringen NIE-SCHLAG – DICHTL – HÖRSCHGEN[8]:

| | | |
|---|---|---|
| 1. | Betriebsgröße | |
| 2. | Standort | Leistungsbereitschaft |
| 3. | Absatzmethode | |
| 4. | Betriebs- und Lieferbereitschaft | |

| | | |
|---|---|---|
| 5. | Produktpolitik | |
| 6. | Sortimentspolitik | Leistungssubstanz |
| 7. | Garantieleistungen | |
| 8. | Kundendienst | |

| | | |
|---|---|---|
| 9. | Preispolitik | |
| 10. | Rabattpolitik | Abgeltung von Leistungsbereit- |
| 11. | Lieferungs- und Zahlungsbedingungen | schaft und Leistungssubstanz |
| 12. | Kreditgewährung | |

| | | |
|---|---|---|
| 13. | Werbung | Information über Leistungsbe- |
| 14. | Verkaufsförderung | reitschaft, Leistungssubstanz und |
| 15. | Public Relations | deren Abgeltung |

Der Vorteil dieser Zusammenstellung liegt in ihrer Vollständigkeit und der klaren Bezeichnung der einzelnen Instrumente. Allerdings ist diese Übersicht nicht leicht einprägbar, da sie sehr detailliert ist und die vier verwendeten Oberbegriffe nicht ohne weiteres auf die untergeordneten absatzpolitischen Maßnahmen schließen lassen.

WÖHE[9] benutzt folgende Gliederung der absatzpolitischen Instrumente:

1. Preispolitik:
   a) Aktive Preispolitik durch Setzung des Preises unter Berücksichtigung des Verhaltens der Nachfrager und Konkurrenten.
   b) Mengenpolitik durch Anpassung mit der Produktionsmenge an den Preis, der sich durch Angebot und Nachfrage am Markt gebildet hat.

Markt und Absatz

2. Präferenzpolitik:
   a) Produkt- und Sortimentgestaltung
   b) Kundendienst (Service) und Konditionen
   c) Werbung
   d) Absatzmethoden (Absatzformen, Absatzwege)

Sie werden sich fragen, welchen Sinn und Zweck solche Übersichten bzw. Gliederungen haben. Sie erleichtern das Einprägen der absatzpolitischen Instrumente und helfen bei der Erstellung eines Marketing-Konzeptes. Um ein sinnvolles Marketing-Konzept im Sinne eines Marketing-Mix entwickeln zu können, wie in Abituraufgaben gefordert, sollte man ein vielfältiges Instrumentarium parat haben. Die Übersichten dienen dabei als Lerngerüst. Welche der Darstellungen Sie auswählen und sich einprägen, bleibt Ihnen überlassen.

Ich werde in den weiteren Ausführungen im großen und ganzen auf WÖHES Gliederung der absatzpolitischen Instrumente zurückgreifen.

## 5. Preistheoretische Grundbegriffe

Bevor die Preispolitik als Instrument der Absatzpolitik erläutert wird, müssen einige preistheoretische Grundbegriffe erklärt werden. Bei der Entscheidung für eine bestimme Preispolitik sind zahlreiche Faktoren zu beachten. Zum einen lautet die Frage, wie die Käufer in ihrem Kaufverhalten auf die Preisforderungen reagieren werden. Das theoretische Instrument zur Darstellung des Nachfrageverhaltens in Abhängigkeit vom Preis ist die **Preis-Absatz-Funktion**. Die Stärke der Reaktion der Nachfrager wird durch die Preiselastizität der Nachfrage angegeben. Der zweite wesentliche Faktor bei der Preispolitik ist das Verhalten der Konkurrenten am Markt.

### a)  Marktformen und Verhaltensweisen der Marktpartner

**Marktformen**

In der Theorie sind die denkbaren Konkurrenzsituationen, in denen sich ein Anbieter befinden kann, im sogenannten Marktformenschema klassifiziert worden. Nach der Anzahl der Anbieter und Nachfrager unterscheidet man die folgenden **Marktformen** (Marktformenschema):

Markt und Absatz

| Anzahl der Anbieter \ Anzahl der Nachfrager | viele | wenige | einer |
|---|---|---|---|
| viele | Polypol | Nachfrage-oligopol | Nachfrage-monopol |
| wenige | Angebots-oligopol | Zweiseitiges Oligopol | Beschränktes Nachfrage-monopol |
| einer | Angebots-monopol | Beschränktes Angebots-monopol | Zweiseitiges Monopol |

Abb. 41: Die Bezeichnungen wurden aus griechischen Wörtern zusammengesetzt (monos = allein, oligos = wenig, polys = viel, polein = verkaufen).

**Angebotsmonopole** bilden die staatlichen Monopole Bundesbahn, Bundespost und Telekom. Bis zum 15. Januar 1983 gab es das Zündholzmonopol, das einzige Monopol Deutschlands mit Beteiligung von Privatfirmen. Dieses Monopol geht auf den legendären schwedischen "Zündholzkönig" Ivar Kreuger zurück. Kreuger besaß in den dreißiger Jahren einen verschachtelten Mischkonzern aus rund 150 Firmen in 40 Ländern. Schon 1926 kontrollierte die Kreuger-Gruppe bereits 65 % der deutschen Zündholzproduktion. Das Deutsche Reich brauchte zur Zeit der Weltwirtschaftskrise dringend Geld. Kreuger ließ ausrichten, er sei bereit, die leeren Staatskassen zu füllen – vorausgesetzt, er erhalte die Genehmigung, auf dem deutschen Zündholzmarkt als alleiniger Anbieter auftreten zu können. Ende 1929 gab Kreuger dem Deutschen Reich eine Anleihe über 150 Millionen Dollar. Als Gegenleistung für die sehr günstigen Konditionen sicherte er sich das Zündholzmonopol. Es endete erst nach über 53 Jahren am 15. Januar 1983, als die letzte Rate nach Schweden überwiesen wurde.

Als Beispiel für **beschränkte Angebotsmonopole** kann man den Markt für medizinische Spezialgeräte anführen. Ein **zweiseitiges Monopol** entsteht, wenn eine Automobilfirma für bestimmte Fertigteile einen einzigen Hersteller beauftragt. **Beschränkte Nachfragemonopole** finden sich auf dem Markt für schwere Güterlokomotiven und in der Rüstungsindustrie. Wenige Anbieter stehen den Nachfragern Bundesbahn bzw. Bundeswehr gegenüber.

61

Markt und Absatz

**Angebotsoligopole** treten auf dem Mineralölmarkt und im Flugzeugbau auf, wo nur wenige Anbieter einer Vielzahl bzw. größeren Zahl von Abnehmern gegenüberstehen. Der Automobilmarkt wird häufig ebenfalls in die Angebotsoligopole eingereiht. Das trifft sicherlich zu, wenn man nur von den inländischen Anbietern ausgeht. **Nachfrageoligopole** ergeben sich relativ selten. Als Beispiel gilt der Molkereimarkt. Wenige Nachfrager in Gestalt der Großmolkereien stehen hier vielen Anbietern sprich Milcherzeugern gegenüber.

Vollständige Konkurrenz bzw. **Polypole** gibt es beispielsweise am Aktienmarkt, auf Wochenmärkten und im Textil- und Bekleidungssektor.

Nach dem Grad der Vollkommenheit der Märkte untergliedert man folgende Marktformen:

*Vollkommener Markt*

Der vollkommene Markt zeichnet sich durch folgende Merkmale aus:
- **Homogenität der angebotenen Güter;** es handelt sich um gleichartige Güter; es bestehen keine Qualitätsunterschiede zu den Konkurrenzprodukten.
- Vollkommene **Markttransparenz** (Marktübersicht) aller Marktteilnehmer. Jeder Nachfrage ist über alle Preise und Preisdifferenzen zwischen den Anbietern informiert.
- Es gibt keine Präferenzen in räumlicher, sachlicher oder persönlicher Hinsicht. Die alleinige Triebfeder des Handelns der Konsumenten ist die **Nutzenmaximierung.** Sie kaufen die Produkte dort, wo sie am billigsten sind und nehmen dafür einen längeren Weg mit Zeitverlusten in Kauf. Die Person des Verkäufers – Sympathie oder Antipathie, die sich beim Verkaufsgespräch entwickeln kann – spielt bei der Kaufentscheidung keine Rolle. Auch auf der Anbieterseite treten keinerlei Präferenzen auf. Das Handeln aller Anbieter beruht allein auf dem Prinzip der **Gewinnmaximierung.**
- Die Anpassungsprozesse vollziehen sich unendlich schnell. Nachfrager und Konkurrenten reagieren sofort auf preispolitische Maßnahmen eines Anbieters.

*Unvollkommener Markt*

Fehlt eines der oben genannten Merkmale so spricht man von unvollkommenen Märkten.

Mit Ausnahme des Wertpapiermarktes, der den Bedingungen des vollkommenen Marktes am nächsten kommt, handelt es sich in der Praxis um unvollkommene Märkte. Der vollkommene Markt ist somit ein rein theoretisches Konstrukt, um

Markt und Absatz

bestimmte Sachverhalte aus der Preistheorie besser erklären zu können. In den nachfolgenden Abschnitten wird bei der Entwicklung preistheoretischer Modelle auf die Bedingungen des vollkommenen Marktes zurückgegriffen.

Das Marktformenschema ist eine Möglichkeit, theoretisch denkbare Marktkonstellationen zusammenzustellen. Allerdings bedarf es einer kritischen Betrachtung, weil in der Praxis eine Einordnung einzelner Märkte in das gegebene Schema schwer fällt. Die verwendeten Begriffe "viele", "wenige" sind Tendenzbegriffe und lassen keine klare Abgrenzung zu. Außerdem ist die relative Größe der Anbieter und Nachfrager zu berücksichtigen. Es macht einen erheblichen Unterschied, ob wenige oder viele gleich große Anbieter existieren, oder ob unter den wenigen bzw. vielen Anbietern ein einzelner große Marktanteile auf sich konzentriert.

Von der absoluten Zahl der Anbieter her ist der Lebensmitteleinzelhandel ein Polypol. Berücksichtigt man die relative Größe der Anbieter mit den Umsatzgiganten Metro, Rewe, Aldi, Asko und Tengelmann, ergibt sich ein anderes Bild (Abb. 42):

Abb. 42

Außerdem besteht das Problem der Marktabgrenzung. Grenzt man Märkte räumlich ab, ergeben sich Gebietsmonopole (z. B. bei Energieversorgungsunternehmen wie Isar-Amper-Werke, Iller-Lech-Werke, Ostbayerische Energieversorgung etc.). Nimmt man wie beispielsweise bei der Automobilindustrie die ausländischen Anbieter auf dem inländischen Markt hinzu, zeichnet sich eine andere Marktform ab. Das Problem der Marktabgrenzung ergibt sich auch in sachlicher

63

Markt und Absatz

Hinsicht. Bei der Bestimmung der Marktform müßte vielfach die Substitutions-konkurrenz miteinbezogen werden, wenn für den Verbraucher Möglichkeiten bestehen, auf Ersatzprodukte auszuweichen.

Entscheidend für den Erfolg der Preispolitik ist deshalb nicht die Zahl der Markt-teilnehmer, sondern vielmehr die Verhaltensweisen der Marktpartner.

## Verhalten der Marktpartner

Es wird zwischen monopolistischen und konkurrenzgebundenen Verhaltens-weisen unterschieden.

Eine **monopolistische Verhaltensweise** liegt dann vor, unabhängig von der Marktform, wenn ein Unternehmen erwartet, daß sein Absatz nicht vom Verhal-ten der Konkurrenten abhängt, sondern lediglich vom Verhalten der Nachfrager und der eigenen Preispolitik. Ein Angebotsoligopol verhält sich wie ein Mono-pol, wenn zwischen den Anbietern Preisabsprachen (Kartelle) bestehen. Ange-botsoligopole können Absatzmärkte auch räumlich aufteilen und damit Gebiets-monopole entstehen lassen. Monopolistische Verhaltensweisen tauchen oft bei Herstellern von Markenartikeln auf. Ist das Markenbewußtsein der Käufer stark ausgeprägt, werden geringe Preisbewegungen kaum Einfluß auf das Verhalten der Kunden bzw. Konkurrenz haben, da der Konsument den Artikel als Gut eige-ner Art betrachtet. Das Markenbewußtsein der Kunden verschafft dem Anbieter eine monopolartige Stellung, zumindest aber einen monopolistischen Preisspiel-raum.

Ein Anbieter verhält sich konkurrenzgebunden, wenn der Absatz nicht nur von den eigenen preispolitischen Entscheidungen, sondern auch vom Verhalten der Konkurrenten und Nachfrager bestimmt wird.

**Polypolistisches konkurrenzgebundenes Verhalten** liegt dann vor, wenn ein Betrieb erwartet, daß seine preispolitischen Entscheidungen die Konkurrenten nicht zu Preisänderungen bewegen können. Diese Überlegung trifft bei Anbietern mit geringen Marktanteilen zu, unabhängig davon, ob sie sich in einem Polypol oder Angebotsoligopol befinden.

Erwartet der Betrieb dagegen, daß seine Preispolitik bei den Konkurrenten Reak-tionen hervorruft, spricht man von **oligopolistischer konkurrenzgebundener Verhaltensweise:** Wird ein homogenes Gut von zwei Unternehmen mit relativ großen Marktanteilen angeboten, und ein Unternehmen senkt den Preis, so wird der Konkurrent ebenfalls reagieren, um nicht zu große Umsatzeinbußen ein-stecken zu müssen. Erhöht ein Anbieter den Preis, wird der Konkurrent aus ver-

64

ständlichen Gründen nicht mitziehen. Diese Verhaltensweise führt häufig zu dem viel zitierten "mörderischen Wettbewerb" der Oligopole. Die Angebotsoligopole suchen deshalb "Schutz" in Preiskartellen, die in der BRD grundsätzlich verboten sind. Oligopolistische Verhaltensweisen treten auch bei Markenartikeln auf, die vom Käufer nicht so stark als Gut eigener Art anerkannt werden. Der monopolitische Spielraum ist hier sehr eng. Überschreiten die Preisbewegungen bestimmte Ober- bzw. Untergrenzen, sind Reaktionen der Konkurrenz miteinzukalkulieren.

### b) Preiselastizität der Nachfrage und externe Konsumeffekte

Das theoretische Instrument zur Darstellung des Nachfrageverhaltens in Abhängigkeit vom Preis ist die **Preis-Absatz-Funktion (Nachfragekurve)**. Die Reaktion der Nachfrager auf alternative Preise eines Gutes wird im Verlauf der Preis-Absatz-Funktion zum Ausdruck gebracht, wobei in den meisten Fällen von einer negativ geneigten Preis-Absatz-Funktion ausgegangen werden kann, weil mit Preiserhöhungen im Regelfall Verringerungen der Absatzmenge einhergehen. Die Stärke der Reaktion der Nachfrager auf Preisveränderungen wird mit Hilfe der **Preiselastizität der Nachfrage** angegeben.

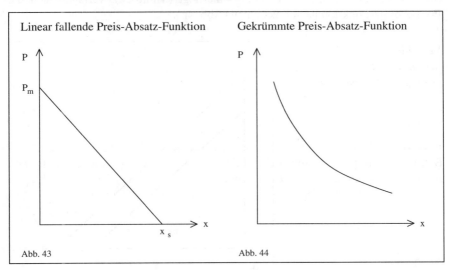

Abb. 43   Abb. 44

$P_m$ ist der **Prohibitivpreis**, d. h. der Preis, bei dem die Absatzmenge Null beträgt. Dieser Preis ist für die Nachfrager zu hoch, sie verzichten auf den Erwerb

## Markt und Absatz

des Produktes. Xs ist die **Sättigungsmenge.** Bei einem Preis von Null, das wäre beim Verschenken des Produktes, ist nur eine bestimmte Höchstmenge, die Sättigungsmenge, absetzbar.

Die Preis-Absatz-Funktion gilt nur unter der sogenannten ceteris-paribus- (lat.: unter sonst gleichen Umständen) Klausel. Das bedeutet, daß nur die Wirkungen der Preisveränderungen auf die Absatzmenge berücksichtigt werden. Alle anderen ökonomischen Größen, die die Absatzmenge ebenfalls beeinflussen, bleiben unverändert. Eine Preis-Absatz-Funktion bezieht sich somit auf ein konstantes Einkommen, eine gegebene Bedürfnisstruktur und gegebene Preise aller Güter. Ändert sich eine dieser als konstant vorausgesetzten Größen, so verschiebt sich die Preis-Absatz-Funktion. Steigt beispielsweise das Einkommen der Konsumenten – alle anderen Bedingungen bleiben gleich – so wird die Nachfragekurve nach rechts oben verschoben (Abb. 45). Da die Haushalte über mehr Einkommen verfügen, werden sie bei jedem Preis eine größere Menge des Produkts abnehmen können. Der Prohibitivpreis, sofern vorhanden, steigt. Ändert sich die Bedürfnisstruktur dahingehend, daß das angebotene Produkt von breiten Käuferschichten weniger geschätzt wird, weil es umweltschädigende Substanzen enthält (FCKW in Sprays) oder Modetrends unterliegt (Minirock), verlagert sich die Preis-Absatz-Funktion nach links unten (Abb. 46).

*Verschiebung der Preis-Absatz-Funktion bei gestiegenem Einkommen*

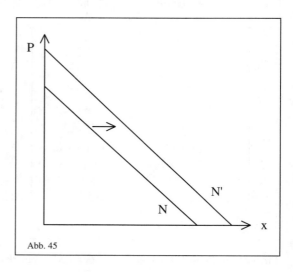

Abb. 45

Markt und Absatz

*Verschiebung der Preis-Absatz-Funktion bei veränderter Bedürfnisstruktur*

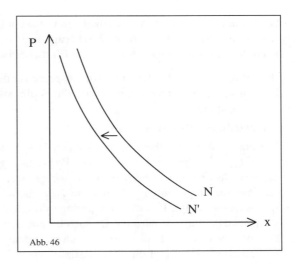

Abb. 46

Eine wesentliche Rolle für die Preispolitik spielt die **Preiselastizität der Nachfrage,** d. h. die Stärke der Reaktion der Nachfrager auf Preisbewegungen. Die Preiselastizität (e) wird definiert als Verhältnis der prozentualen Mengenänderung zu der sie bewirkenden prozentualen Preisänderung.

$$e = -\frac{\text{Prozentuale Mengenänderung}}{\text{Prozentuale Preisänderung}}$$

Die Preiselastizität ist, mathematisch betrachtet, eine negative Größe, weil Preiserhöhungen im Normalfall zu Einbußen in der Absatzmenge führen und Preissenkungen die Absatzmenge vergrößern.

Beträgt die Preiserhöhung beispielsweise 5 %, und bewirkt sie dann einen 10 %igen Absatzrückgang, so ergibt sich für die Elastizität ein Wert von (–) 2. Ist die Elastizität > 1, so spricht man von **elastischer Nachfrage.** Die Absatzänderung ist dann größer als die ursächliche Preisänderung. Relativ geringe Preisbewegungen nach oben oder unten können bei elastischer Nachfrage große Absatzänderungen auslösen. Bedingt eine 5 %ige Preiserhöhung nur eine Absatzeinbuße von 2 %, so ist die Elastizität < 1 (hier 2/5). Die **Nachfrage ist unelastisch,** d. h. die Mengenreaktionen der Nachfrager auf die Preisbewegungen sind gering. Eine geringe Elastizität der Nachfrage ist bei lebenswichtigen

67

## Markt und Absatz

Gütern aber auch bei Markenartikeln mit ausgeprägtem Markenbewußtsein der Käufer anzutreffen. Eine **starre Nachfrage** liegt vor, wenn auf Preisänderungen keine Mengenänderungen erfolgen, die Elastizität ist Null.

Bedeutung der verschiedenen Elastizitätsgrade für die Preispolitik:
Der Umsatz eines Unternehmens wird durch die Absatzmenge und die Höhe des Preises bestimmt.

Umsatzerlöse = Preis x Absatzmenge

Umsatzsteigerungen über Preissenkungen lassen sich nur bei einer elastischen Nachfrage, d. h. bei e > 1 erzielen. Die Preissenkung bewirkt zunächst einen Einnahmeverlust bei der bisherigen Absatzmenge, weil der Stückpreis sinkt. Infolge der Preissenkung kaufen jedoch neue zusätzliche Abnehmer das Produkt, die Absatzmenge steigt. Bewirkt eine geringe Preissenkung eine prozentual größere Mengensteigerung, so wird die Umsatzeinbuße durch die Preissenkung über den Umsatzzuwachs durch die steigende Absatzmenge überkompensiert. Der Gesamtumsatz steigt. Liegt die Preiselastizität unter 1 (e < 1), so bewirkt die Preissenkung nur einen relativ geringen Anstieg der Absatzmenge. Die Umsatzeinbußen bei den bisher verkauften Mengen durch die Preissenkung sind stärker als der Umsatzgewinn durch eine Ausweitung der Absatzmenge. Die Umsatzerlöse sind rückläufig.

*Beispiel*
Angenommen bei einem Stückpreis von 5 DM können 400 Stück abgesetzt werden, so beträgt der Umsatz 2000 DM. Ob eine Preissenkung zu steigenden Umsatzzahlen führt oder nicht, hängt von der Elastizität der Nachfrage ab.
Bewirkt eine Preissenkung um 1 DM eine Absatzsteigerung um 200 Stück, beträgt die Elastizität (–)5/2 (Absatz + 50 %; Preis –20 %). Es stellt sich ein Umsatz von 2400 DM ein. Verursacht die Preissenkung um 1 DM dagegen nur eine Zunahme der Absatzmenge um 40 Stück, liegt die Elastizität bei (–) 1/2. Der Umsatz beträgt dann 1760 DM. Die Preissenkung hatte eine Umsatzeinbuße von 240 DM zur Folge, da die Elastizität der Nachfrage < 1 ist.

Man kann die Elastizität eines bestimmten Punktes in der Preis-Absatz-Funktion feststellen **(Punktelastizität),** indem man – wenn eine linear fallende Nachfragekurve vorliegt – den Kurvenabschnitt, der unterhalb des betrachteten Preises liegt (AC), durch den Kurvenabschnitt, der oberhalb des betrachteten Preises liegt (AB), dividiert. Die Preiselastizität ist immer eine Punktelastizität, d. h. sie gilt nur für einen bestimmten Punkt der Preis-Absatz-Funktion. An jedem Punkt der Nachfragekurve weist die Elastizität einen anderen Wert auf.

Markt und Absatz

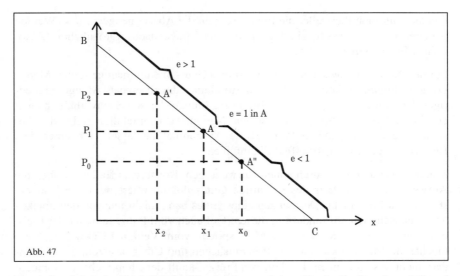

Abb. 47

Es ergibt sich beim Preis P1 die Elastizität von 1 (e = 1), da die Strecken AC und AB gleich lang sind. Liegt der Preis über P1, ist die Elastizität größer 1. Unterschreitet der Preis P1, nimmt die Elastizität einen Wert kleiner 1 an.

Ökonomisch bedeutet dies, daß bei einem hohen Ausgangspreis kleine Preissenkungen einen starken Nachfragezuwachs erbringen. Der Umsatz steigt, da e > 1 ist. Ist der Preis ohnehin relativ niedrig, bewirken Preissenkungen nur geringe Absatzsteigerungen, weil sich der Markt langsam der Sättigungsgrenze nähert. Der Umsatz sinkt, wenn e < 1 wird.

Mit der **Kreuzpreiselastizität** mißt man die Wirkung der Preisveränderung eines Gutes auf die Absatzmenge eines anderen Gutes. Die Kreuzpreiselastizität des Gutes B in bezug auf das Gut A kann wie folgt definiert werden (Voraussetzung: Der Preis des Gutes A bleibt konstant):

$$e_{A/B} = \frac{\text{Prozentuale Mengenänderung des Gutes A}}{\text{Prozentuale Preisänderung des Gutes B}}$$

Eine positive Kreuzpreiselastizität ergibt sich bei **Substitutionsgütern** (Tee/Kaffee; Wein/Bier). Steigt der Kaffeepreis, so wird Tee im Vergleich zu Kaffee relativ billig, die Absatzmenge bei Tee steigt. Bei **Komplementärgütern** (Auto/Autozubehör; Kaffee/Kaffeesahne) wird die Kreuzpreiselastizität negativ. Erhö-

# Markt und Absatz

hen die Automobilhersteller die Preise, so geht die Absatzmenge zurück. Werden weniger Autos verkauft, sinkt auch die Nachfrage nach Autozubehör (Autoradios, Fußmatten etc.).

Für die Beziehung zwischen dem Preis eines Gutes und der nachgefragten Menge gilt gewöhnlich: Je höher der Preis, desto kleiner die absetzbare Menge, je niedriger der Preis, desto größer die absetzbare Menge. Diesen Sachverhalt spiegelt der Verlauf der Nachfragekurve wider. Nur in Ausnahmefällen steigt die Absatzmenge mit steigendem Preis. Diese Ausnahmefälle lassen sich unter dem Begriff **"externe Konsumeffekte"** einreihen.

Möchte der einzelne durch einen aufwendigen Konsum auffallen, wobei die Aufwendigkeit am Preis des gekauften Gutes dokumentiert wird, kauft er bei steigendem Preis mehr. Der Nutzen eines Gutes hängt nicht nur von den objektiven Eigenschaften ab, sondern in diesem Fall auch vom Preis. Je höher der Preis, desto größer wird der Nutzen. Man spricht vom **Veblen-Effekt.** Der Snob möchte sich aus der Gemeinschaft herausheben und Güter besitzen, die sich andere nicht leisten können. Bei höheren Preisen kauft der Snob mehr, weil andere weniger kaufen können. Dieses Phänomen bezeichnet man als **Snob-Effekt.** Snob- und Veblen-Effekt treten vor allem bei teuren Markenartikeln auf (Boss, Lacôste, Chevignon, Armani, Revox, Harley Davidson, Ferrari). Würde man die Preise unter einen bestimmten Wert senken, wäre der Konsum dieser Artikel für eine breite Käuferschicht nicht mehr erstrebenswert. Preissenkungen hätten Umsatzeinbußen zur Folge. Bei einer Politik der "hohen Preise" ist dagegen mit einer Umsatzsteigerung zu rechnen, vor allem dann, wenn allgemeine Einkommenssteigerungen zu beobachten sind. Beim Mitläufer dienen Meinungsführer (Stars aus Sport, Unterhaltung, Politik) mit meist hohem Einkommen als Vorbild. Trotz Preiserhöhungen nimmt die Nachfrage zu, weil die Meinungsführer mehr kaufen und die Mitläufer nachziehen (**Mitläufer- oder Bandwagon-Effekt**). Weit verbreitet ist auch ein Käuferverhalten, das von einem hohen Preis automatisch auf eine hohe Qualität schließt (Preis als Qualitätsmaßstab) und bei Preiserhöhungen zu mehr Nachfrage führt.

## 6. Die Preispolitik eines Monopolisten auf vollkommenem Markt

Der Monopolist befindet sich in der besonderen Situation, daß er als alleiniger Anbieter eines Produktes einer Vielzahl von Nachfragern gegenübersteht. Bei der Preissetzung muß er das Verhalten der Konkurrenz nicht berücksichtigen. Die Absatzmenge hängt alleine von der preispolitischen Entscheidung des Monopo-

Markt und Absatz

listen und dem Verhalten der Nachfrager ab. Beim vollkommenen Markt kennt der Monopolist die Preis-Absatz-Funktion. Es herrscht völlige Markttransparenz. Zur Vereinfachung wird eine lineare Preis-Absatz-Funktion angenommen.

## a) Die Ermittlung der Erlösfunktion aus der Preis-Absatz-Funktion

Der französische Nationalökonom, Mathematiker und Philosoph *Augustin Antoine Cournot* (1801–1877) gilt als der Begründer der mathematischen Schule der Nationalökonomie. Er untersuchte u. a. die Preisbildung im Monopol **(Cournotscher Punkt)** und Oligopol. Cournot verwendete folgendes Beispiel zur Entwicklung seines Modells zur Preisbildung im Monopol:

"Setzen wir, der einfachen Darstellung halber, voraus, daß ein Mensch im Besitz einer Mineralquelle sei, der man Heilwirkung zuschreibt, welche keine andere bietet. Er könnte zweifellos den Literpreis dieses Wasser auf 100 Franken festsetzen, aber er würde sehr bald an der geringen Nachfrage merken, daß das nicht der richtige Weg sei, aus seinem Besitz viel herauszuholen. Er wird also den Literpreis nach und nach ermäßigen bis zu dem Betrag, der ihm den größtmöglichen Gewinn bringt. Das heißt wenn f · (p) das Gesetz der Nachfrage darstellt, so wird er nach verschiedenen Versuchen mit dem Preis p endigen, der das Produkt p · f (p) zum Maximum macht ... "[10]

### Gesamterlös und Gesamterlösfunktion

Was der Monopolist aus seinem "Besitz herausholt", ist die abgesetzte Menge (x) multipliziert mit dem Preis pro Mengeneinheit (p). Dieses Produkt bezeichnet man als **Gesamterlös (E)** oder **Umsatz (U)**.

$$U = p \cdot x$$

Da die Absatzmenge vom gesetzten Preis abhängt, der Zusammenhang wird in der Preis-Absatz-Funktion wiedergegeben, kann auch die folgende Schreibweise verwendet werden:

$$U = p \cdot f (p)$$

Da Cournot in seinem Beispiel annahm, daß keine Kosten entstehen würden, entspricht in diesem Spezialfall der Umsatz dem Gewinn des Eigentümers. Cournot sah das Problem darin, jenen Preis zu bestimmen, der die Einnahmen (Umsatz) – sprich den Gewinn – des Mineralquellenbesitzers maximiert.

Die **Gesamterlösfunkion** des Monopolisten läßt sich bei gegebener Preis-Absatz-Funktion wie folgt beschreiben: Beim Prohibitivpreis (Pm) ist der Umsatz Null, weil die Nachfrager nicht bereit sind, das Produkt zu kaufen. Preissenkun-

71

# Markt und Absatz

gen bewirken dann ein Ansteigen der abgesetzten Menge. Der Umsatz wächst. Wird ein bestimmter Preis unterschritten, sinkt der Umsatz wieder. Bei einem Preis von Null ist der Umsatz logischerweise ebenfalls Null.

Ob die Umsatzerlöse bei Preissenkungen steigen oder fallen, hängt von der Stärke der Reaktion der Nachfrager auf die Preissenkung ab, die sich in der Preiselastizität der Nachfrage widerspiegelt. Im Bereich der Preis-Absatz-Funktion, in dem die Elastizität > 1 ist, steigt der Umsatz bei einer Preissenkung. Die Umsatzsteigerung über den Mengenzuwachs ist größer als die Umsatzeinbuße durch den verminderten Preis bei der bisher abgesetzten Menge. In dem Punkt der Preis-Absatz-Funktion, in dem die Elastitzität den Wert 1 annimmt, wird das Umsatzmaximum erreicht. Weitere Preisminderungen führen dann zu einem Rückgang der Gesamterlöse, weil bei einer Elastizität < 1 der Mengenzuwachs nur noch gering ist. Die über den Mengenzuwachs erreichten Umsatzsteigerungen werden nun durch die von den Preissenkungen bewirkten Umsatzeinbußen überdeckt.

Der Zusammenhang zwischen Preis-Absatz-Funktion und Umsatzkurve oder Gesamterlösfunktion (E) kann graphisch wie in nebenstehender Abbildung verdeutlicht werden.

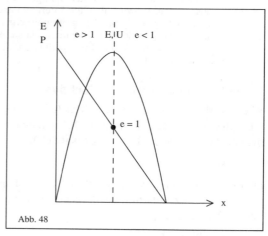

Abb. 48

## Grenzerlös und Grenzerlösfunktion

Als **Grenzerlös** bezeichnet man den Erlöszuwachs, der durch den Verkauf der letzten Mengeneinheit eintritt. Der Grenzerlös ist bei jeder Absatzmenge verschieden. Die funktionale Abhängigkeit zwischen Absatzmenge und Grenzerlös wird als Grenzerlösfunktion abgebildet. Die Grenzerlösfunktion gibt das Steigungsmaß der esamterlösfunktion bzw. Umsatzkurve an. Die Grenzerlösfunktion ist – mathematisch betrachtet – die 1. Ableitung der Gesamterlösfunktion.

Markt und Absatz

*Beispiel*

| Absatzmenge (x) | Preis je Mengen-einheit (p) | Umsatz U = p · x | Grenzerlös U', E' |
|---|---|---|---|
| 100 Stück | 10,00 DM | 1 000,00 DM |  |
| 101 Stück | 9,95 DM | 1 004,95 DM | 4,95 DM |
| 102 Stück | 9,89 DM | 1 008,78 DM | 3,83 DM |

Der Grenzerlös beträgt in diesem Beispiel beim Absatz von 101 Stück 4,95 DM. Die letzte verkaufte Einheit bringt eine Umsatzsteigerung (Erlöszuwachs) von 4,95 DM. Es wurde hier angenommen, daß der Preis um 0,05 DM gesenkt werden muß, um eine Einheit mehr verkaufen zu können. Die letzte Einheit wird für 9,95 DM abgesetzt; sie bringt also einen Umsatzzuwachs in gleicher Höhe. Es ist allerdings zu bedenken, daß auch die vorher verkauften 100 Stück nun für 9,95 DM verkauft werden müssen (vollkommener Markt). Durch die Preissenkung entsteht eine Umsatzeinbuße von 100 x 0,05 DM = 5,00 DM. Diesem Umsatzverlust steht der Umsatzgewinn von 9,95 DM gegenüber. Der Grenzerlös durch die letzte verkaufte Einheit beträgt somit 4,95 DM. Soll der Absatz um eine weitere Einheit ausgedehnt werden, muß der Preis im obigen Beispiel nochmals um 0,06 DM herabgesetzt werden. Der Grenzerlös beträgt dann 3,83 DM.

Die Grenzerlösfunktion läßt sich aus der jeweils gegebenen Preis-Absatz-Funktion ableiten:

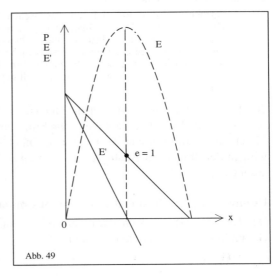

Abb. 49

# Markt und Absatz

Der Grenzerlös ist immer niedriger als der jeweilige Preis, da bei den vorher verkauften Einheiten infolge der Preissenkung eine Erlöseinbuße eintritt. Im Bereich der Preis-Absatz-Funktion, in dem die Elastizität > 1 ist, sind die Grenzerlöse positiv. Das bedeutet, daß die Mehrerlöse über die zusätzlich verkauften Mengen größer sind als die Erlösminderungen aufgrund der Preissenkungen. Der Gesamterlös steigt. Bei einer Elastizität von 1 wird der Grenzerlös Null. Die Erlöseinbußen decken sich mit den Erlöszuwächsen. Der Gesamterlös erreicht sein Maximum. Über weitere Preissenkungen läßt sich der Umsatz nicht mehr steigern. Im Bereich der Preis-Absatz-Funktion, in dem die Elastizität < 1 ist, werden die Grenzerlöse negativ. Die Erlösschmälerungen durch den Preisrückgang übersteigen die zusätzlichen Erlöse, die durch eine größere Absatzmenge erzielt werden können. Der Gesamtumsatz geht zurück.

Unter der sehr restriktiven Annahme, daß dem Monopolisten keine Produktionskosten entstehen (vgl. Beispiel von Cournot), wird das Gewinnmaximum bei dem Preis erzielt, bei dem der Umsatz sein Maximum erreicht. Bei diesem Preis ist der Grenzerlös Null. Die Preiselastizität der Nachfrage ist 1.

## b) Die Ermittlung des Gewinnmaximums beim Monopolisten (Cournotscher Punkt)

Cournot führt sein Beispiel fort:

> "Gehen wir zum Beispiel eines Menschen über, der das Geheimnis besäße, ein künstliches Mineralwasser auf pharmazeutischem Wege herzustellen, wofür Rohstoffe und Arbeitsaufwand bezahlt werden müssen. Hier wird der Hersteller nicht mehr die Funktion p · f (p) zum Maximum bringen, sondern die Funktion p · f (p) – ϕ (x), wobei ϕ (x) die Kosten bezeichnet, welche die Herstellung einer Anzahl von x Litern verursacht ..."[10]

Das Umsatzmaximum ist nicht mehr identisch mit dem Gewinnmaximum, wenn Kosten bei der Produktion anfallen. Zur Ermittlung des Gewinnmaximums beim Monopolisten müssen nun Kostengrößen eingeführt werden. Zur Vereinfachung wird in den folgenden Ausführungen von einer linearen Gesamtkostenfunktion ausgegangen.

## Rechnerische Ermittlung des Gewinnmaximums beim Monopolisten

Der Gewinn (G) läßt sich ermitteln, indem vom Gesamterlös E (Umsatz) die Gesamtkosten (K) subtrahiert werden.

$$G = E - K$$

Bei Annahme einer linearen Kostenfunktion (ax + d) läßt sich die Gewinnfunktion wie folgt definieren:

G = p · x – (ax + d)

Stellt man die Absatzmenge als Funktion des Preises dar, so ergibt sich diese Gewinnfunktion:

G = p · f (p) – (a · f (p) + d)

Rechnerisch läßt sich das Gewinnmaximum feststellen, indem die 1. Ableitung der Gewinnfunktion (G ') gleich Null gesetzt wird und gleichzeitig die 2. Ableitung (G") an der ermittelten Stelle kleiner Null ist.

Bedingung für das Gewinnmaximum:

G' = 0 und G" < 0

## Graphische Ermittlung des Gewinnmaximums beim Monopolisten

Graphisch betrachtet ist das Gewinnmaximum dort, wo die größte Differenz zwischen der Gesamterlöskurve (Umsatzkurve) und der Gesamtkostenkurve liegt.

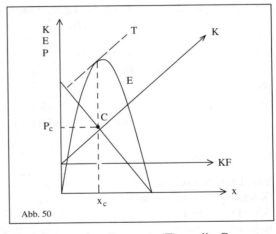

Abb. 50

Die größte Differenz wird dort erreicht, wo eine Tangente (T) an die Gesamterlöskurve (E) parallel zur Gesamtkostenkurve (K) verläuft, denn hier ist die Steigung der Gesamterlöskurve gleich der Steigung der Gesamtkostenkurve. Fällt man das Lot auf die Preis-Absatz-Funktion, markiert diese Stelle einen Punkt, den man als **Cournotschen Punkt** bezeichnet. An der Preis-Absatz-Funktion kann man den **Cournotschen Preis** (PC) und die **Cournotsche Menge** (XC) ablesen. Setzt der Monopolist diesen Cournotschen Preis, erreicht er dadurch

# Markt und Absatz

eine Absatzmenge, die ihm bei gegebener Gesamtkostenstruktur den maximalen Gewinn garantiert. Der Monopolist kann diesen Preis festsetzen, da er in der Preispolitik keine Rücksicht auf Konkurrenten nehmen muß.

## Ermittlung des Gewinnmaximums des Monopolisten mit Hilfe der Marginalanalyse

Die **Marginalanalyse** ist eine Methode der modernen Wirtschaftstheorie, bei der die Effekte einer geringfügigen Änderung einer oder mehrerer Variablen auf die Ausgangslage untersucht werden. Die Marginalanalyse bezieht sich in unserem Fall auf die Betrachtung von Grenzkosten und Grenzerlösen.

Die Grenzerlöse bezeichnen die zusätzlichen Erlöse aus der letzten verkauften Mengeneinheit. Die Grenzkosten sind die Kosten, die bei der Produktion dieser letzten Einheit zusätzlich anfallen. Die Ausdehnung der Produktion lohnt sich so lange, wie die zusätzlichen Erlöse für die letzte abgesetzte Einheit höher sind als die zusätzlichen Kosten, die für die Produktion dieser Einheit anfallen. Das Gewinnmaximum wird erreicht, wenn die Grenzkosten gleich dem Grenzerlös sind. Bei einer weiteren Ausweitung der Produktion steigen die Kosten stärker als die Erlöse, der Gesamtgewinn schrumpft.

*Bedingung für das Gewinnmaximum*

Grenzkosten = Grenzerlös
(K')            (E')

Mathematisch betrachtet sind die Grenzkosten die 1. Ableitung der Gesamtkostenfunktion, die Grenzerlöse die 1. Ableitung der Gesamterlösfunktion (Umsatzkurve).

$K' = E'$   oder   $K' - E' = 0$

Graphisch läßt sich das Gewinnmaximum (Cournotscher Punkt) wie in nebenstehender Abbildung herleiten:

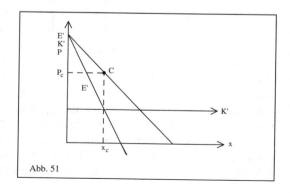

Abb. 51

Markt und Absatz

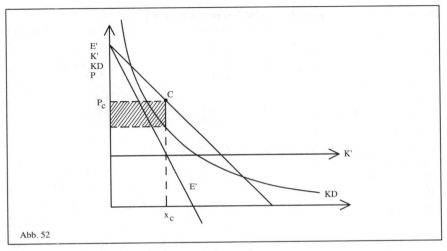

Abb. 52

Bei linearem Gesamtkostenverlauf ist die 1. Ableitung eine Gerade. Die variablen Kosten für jede zusätzlich produzierte Einheit bleiben konstant. Die fixen Kosten fallen aus der Grenzkostenbetrachtung heraus, da sie in gleicher Höhe anfallen, egal ob oder wieviel produziert wird. Projiziert man den Schnittpunkt zwischen Grenzerlösfunktion und Grenzkostenfunktion auf die Preis-Absatz-Funktion, so erhält man den Cournotschen Punkt (C). Der Cournotsche Punkt zeigt den Cournotschen Preis (PC), bei dem die Cournotsche, d. h. die gewinnmaximale Absatzmenge (XC) erreicht wird.

Zeichnet man zusätzlich die Durchschnittskostenkurve oder Stückkostenkurve (KD) ein, so ergibt die Differenz zwischen dem Cournotschen Preis und den bei der Cournotschen Menge anfallenden Stückkosten den Stückgewinn. Multipliziert man den Stückgewinn mit der Cournotschen Absatzmenge, so erhält man den Geamtgewinn bzw. den Monopolgewinn (vgl. schraffierte Fläche in Abb. 52).

c) **Das Verhalten des Monopolisten bei Veränderungen der Kostenstruktur**

Unter Kostenstruktur soll die Zusammensetzung der Gesamtkosten aus fixen und variablen Kosten verstanden werden. Die Annahme einer linearen Kostenfunktion wird beibehalten. Die Auswirkungen von Veränderungen der fixen oder variablen Kosten auf die Cournotsche Menge bzw. den Cournotschen Preis sollen zunächst graphisch veranschaulicht werden.

Markt und Absatz

**Die fixen Kosten steigen, die variablen bleiben konstant:**

Steigen die fixen Kosten (KF 2), so verändert sich die Lage des Cournotschen Punktes nicht. Der Monopolgewinn jedoch verringert sich durch die erhöhten fixen Kosten, da der Abstand zwischen der Gesamterlöskurve und der neuen Gesamtkostenfunktion (K 2) geringer wird.

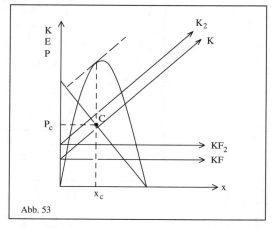
Abb. 53

Zu dem gleichen Ergebnis kommt man mit Hilfe der Marginalanalyse. Ein Ansteigen der fixen Kosten verändert den Verlauf bzw. die Lage der Grenzkostenkurve nicht. Die Grenzkosten bleiben konstant. Da auch die Grenzerlösfunktion gleich bleibt, verschiebt sich der Cournotsche Punkt nicht. Allerdings liegt die neue Stückkostenkurve (KD 2) über der alten Stückkostenkurve, da die gestiegenen fixen Kosten die Stückkosten in die Höhe treiben. Die Differenz zwischen Cournotschem Preis und den Stückkosten verringert sich, der Monopolgewinn schrumpft.

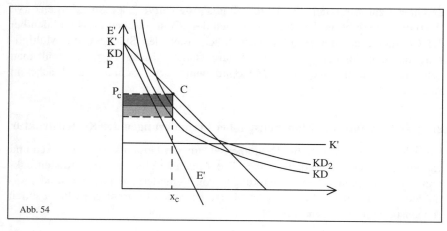
Abb. 54

Markt und Absatz

**Die variablen Kosten steigen, die fixen bleiben konstant:**

Die Erhöhung der variablen Kosten verursacht eine Drehung der Gesamtkostenkurve nach oben (K 2). Die Steigung der Gesamtkostenkurve verändert sich. Damit wandert auch der Cournotsche Punkt. Das Gewinnmaximum wird bei einem höheren Preis und einer geringeren Absatzmenge erzielt. Der Monopolgewinn schmilzt.

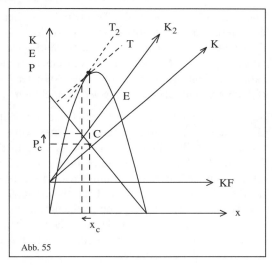

Abb. 55

In der Marginalanalyse läßt sich das Wandern des Cournotschen Punktes ebenfalls aufzeigen. Der Anstieg der variablen Kosten verursacht eine Verschiebung der Grenzkostenkurve (K' 2) nach oben. Es ergibt sich ein neuer Schnittpunkt mit der Grenzerlösfunktion. Damit verlagert sich der Cournotsche Punkt auf der Preis-Absatz-Funktion. Der Cournotsche Preis steigt, die Cournotsche Menge sinkt. Da die Stückkosten durch eine Erhöhung der variablen Kosten steigen, verringert sich der Monopolgewinn.

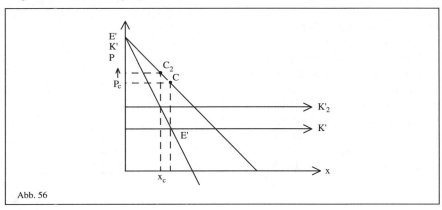

Abb. 56

Markt und Absatz

### 7. Die Absatzpolitik im Polypol auf vollkommenem Markt

Das Polypol beschreibt eine Marktform, bei der viele Anbieter und Nachfrager auftreten. Der Monopolist kann – innerhalb gewisser Grenzen – den Preis setzen, da er alleiniger Anbieter auf dem Markt ist. Bei vollständiger Konkurrenz (Polypol) ist der Marktanteil des einzelnen Anbieters so gering, daß er den Absatzpreis nicht bestimmen kann. Der Anbieter im Polypol muß den **Marktpreis (Gleichgewichtspreis)** als gegeben hinnehmen.

Verlangt er einen Preis über dem Gleichgewichtspreis, so verliert er unter den Bedingungen des vollkommenen Marktes sofort alle Kunden. Es herrscht vollkommene Markttransparenz, das bedeutet, alle Kunden kennen den niedrigeren Preis der Konkurrenz und kaufen dort ein, weil ihr Handeln allein vom Prinzip der Nutzenmaximierung bestimmt wird. Es existieren weder räumliche, zeitliche noch persönliche Präferenzen. Unterbietet ein Anbieter den Gleichgewichtspreis, so wächst ihm sofort die gesamte Nachfrage zu, da sich die Anpassungsprozesse auf dem vollkommenen Markt unendlich schnell vollziehen. Da seine Kapazitäten eng begrenzt sind, kann er die gesamte Nachfrage nicht befriedigen. Die Kunden wandern wieder ab.

Zunächst soll kurz erläutert werden, wie der Gleichgewichtspreis, der im Polypol von den Anbietern als Datum hingenommen werden muß, zustandekommt.

### a) Das Zustandekommen des Gleichgewichtspreises

In der Marktwirtschaft ergibt sich der Preis durch das Zusammenspiel von Angebot und Nachfrage auf dem Markt.

Die **gesamtwirtschaftliche Nachfragekurve** verläuft von links oben nach rechts unten. Bei einem hohen Preis können sich nur wenige Nachfrager das Produkt leisten, die nachgefragte Menge ist entsprechend gering. Wird der Preis des angebotenen Gutes geringer, nimmt die Zahl der Nachfrager und damit die nachgefragte Menge zu (Abb. 57).

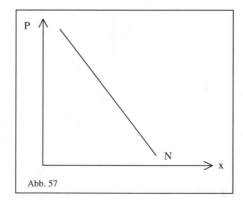

Abb. 57

80

Markt und Absatz

Die **gesamtwirtschaftliche Angebotskurve** verläuft von links unten nach rechts oben (Abb. 58). Je höher der Preis, desto mehr Anbieter sind in der Lage, das Produkt gewinnbringend anzubieten. Bei niedrigeren Preisen wird die Anzahl der Anbieter und damit die angebotene Menge geringer, da unrentabel produzierende Betriebe bei niedrigeren Preisen Verluste einfahren und die Produktion einstellen.

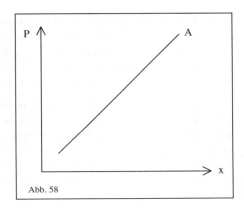
Abb. 58

Graphisch erhält man den Gleichgewichtspreis ($P^*$), indem man die gesamtwirtschaftliche Nachfragekurve mit der gesamtwirtschaftlichen Angebotskurve zum Schnitt bringt. Der Schnittpunkt gibt den Preis an, bei dem Angebot und Nachfrage gleich groß sind. Dieser Gleichgewichtspreis wird sich nach einer bestimmten Zeit durch das freie Spiel der Marktkräfte einpendeln.

Liegt der Marktpreis ($P_2$) über dem Gleichgewichtspreis ($P^*$), kann er sich nicht lange halten. Beim Preis $P_2$ ist das Angebot größer als die Nachfrage. Es herrscht ein Angebotsüberhang. Um nicht auf den produzierten Waren sitzen zu bleiben, werden sich die Anbieter gegenseitig unterbieten. Der Preis fällt. Es treten neue Nachfrager auf, Anbieter mit hohen Kosten verschwinden vom Markt.

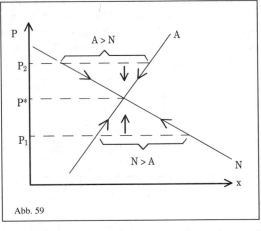
Abb. 59

Der Marktpreis sinkt soweit, bis der Angebotsüberhang abgebaut ist und angebotene und nachgefragte Menge gleich groß sind. Liegt der Marktpreis ($P_1$) unter dem Gleichgewichtspreis, so ist auch dieser Preis nicht stabil. Bei einem Preis von P1 herrscht ein Nachfrageüberhang, die Nachfrage übersteigt das Angebot. Die Konkurrenz der Nachfrager um die knappen Güter treibt den Preis

# Markt und Absatz

nach oben. Beim Steigen des Preises wird das Anbieten für neue Anbieter attraktiv, während einkommensschwächere Kunden aufgrund des höheren Preises auf den Erwerb verzichten müssen. Der Nachfrageüberhang wird abgebaut. Es pendelt sich allmählich der Marktpreis ein, bei dem Angebot und Nachfrage gleich groß sind. Das ist der Gleichgewichtspreis (vgl. Abb. 59) Angebots- und Nachfragekurve gelten nur unter der ceteris-paribus-Klausel, d. h. unter sonst gleichen Umständen. Der Preis wird als die einzige Einflußgröße auf die angebotene bzw. nachgefragte Menge betrachtet. Alle anderen Einflußfaktoren bleiben konstant. Ändern sich andere Größen, die auf die Nachfrage (verfügbares Einkommen, Bedürfnisstruktur etc.) oder das Angebot (Produktionsverfahren, Innovationen, Rohstoffverknappung etc.) einwirken, so verschieben sich die Kurven.

Steigt das verfügbare Einkommen der Haushalte durch eine Senkung der direkten Steuern oder Lohnerhöhungen, so wird die Nachfragekurve (N) nach rechts oben verschoben (N'). Zum alten Gleichgewichtspreis (P*) herrscht nun ein Nachfrageüberhang, da die Nachfrager bereit sind, bei jedem gegebenen Preis eine größere Menge nachzufragen. Es entsteht ein Preisdruck nach oben durch die Konkurrenz der Nachfrager. Mit dem steigenden Marktpreis erweitert sich das Angebot, während einige Nachfrager bei einem höheren Preis abspringen. Im Schnittpunkt der neuen Nachfragekurve (N') mit der Angebotskurve (A) liegt der neue, höhere Gleichgewichtspreis (P**). Die Gleichgewichtsmenge vergrößert sich auf $X^{**}$ (vgl. Abb. 60).

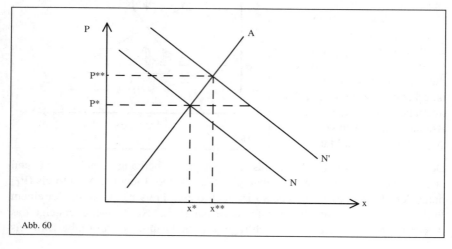

Abb. 60

Markt und Absatz

Wird beispielsweise durch den technischen Fortschritt ein kostengünstigeres Produktionsverfahren erfunden, bei dem der Rohstoffverbrauch sinkt, so verschiebt sich die Angebotskurve (A) nach rechts unten (A').

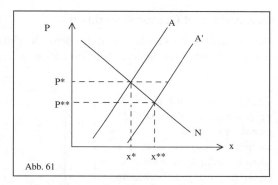

Abb. 61

Die Anbieter sind nun in der Lage, die gleichen Mengen zu einem günstigeren Preis zu verkaufen bzw. zu jedem beliebigen Preis eine größere Menge anzubieten. Der alte Gleichgewichtspreis (P*) ist nicht mehr stabil. Zu diesem Marktpreis herrscht nun ein Angebotsüberhang. Die Konkurrenz der Anbieter wird zu einem Preisdruck nach unten führen. Der Gleichgewichtspreis (P**) sinkt, bis der Angebotsüberhang abgebaut ist (vgl. Abb. 61).

## b) Die Erlösfunktionen

### Gesamterlös und Gesamterlösfunktion

Der Marktpreis (Gleichgewichtspreis), der sich durch das freie Spiel von Angebot und Nachfrage bildet, stellt für den Anbieter im Polypol bei vollkommenem Markt ein Datum dar.

Der Gesamterlös (Umsatz: E) ergibt sich aus dem Produkt von Absatzmenge und Preis, wobei der Preis als Marktpreis konstant ist:

$$E = p \cdot x$$

Es läßt sich folgender Verlauf der Gesamterlösfunktion ableiten: Die Gesamterlösfunktion ist linear. Bei einer Absatzmenge von Null ist der Umsatz Null. Je höher die abgesetzte Menge, desto größer wird der Umsatz.

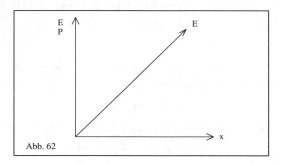

Abb. 62

83

Markt und Absatz

**Grenzerlös und Grenzerlösfunktion**

Der Grenzerlös (E') ist identisch mit dem Marktpreis. Der konstante Preis ist der Erlös, der immer für die jeweils letzte verkaufte Einheit erzielt wird:

E' = p

Die Grenzerlösfunktion (E') zeigt folgenden Verlauf: Der Grenzerlös bleibt konstant; die Grenzerlösfunktion ist eine Gerade parallel zur Abszisse (Abb. 63). Für jede verkaufte Einheit ergibt sich ein Grenzerlös in Höhe des Stückpreises. Steigt oder fällt der Marktpreis, dann verlagert sich die Grenzerlösfunktion nach oben bzw. unten.

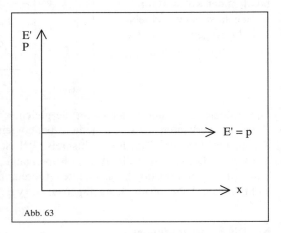

Abb. 63

### c) Die Ermittlung der gewinnmaximalen Absatzmenge bei einem s-förmigen Gesamtkostenverlauf

Der Anbieter bei vollständiger Konkurrenz kann keine aktive Preispolitik betreiben. Er verhält sich als **Mengenanpasser**, d. h. er versucht die Absatzmenge zu erreichen, bei der sein maximaler Gewinn liegt. Die folgenden Ausführungen beziehen sich auf eine s-förmige Gesamtkostenfunktion.

**Rechnerische Ermittlung der gewinnmaximalen Absatzmenge**

Die Gesamterlösfunktion lautet:

$E = p \cdot x$

Die Kostenfunktion bei einem s-förmigen Gesamtkostenverlauf läßt sich z. B. wie folgt beschreiben:

$K = ax^3 + bx^2 + cx + d$

Die Gewinnfunktion (G) wird durch E − K beschrieben:

$G = p \cdot x - ax^3 - bx^2 - cx - d$

Markt und Absatz

Da der Marktpreis (p) gegeben ist, handelt es sich um eine Gleichung mit einer Unbekannten x (Absatzmenge). Die errechenbare Absatzmenge ist die Stückzahl, bei der der Anbieter im Polypol sein Gewinnmaximum erzielt.

**Graphische Ermittlung der gewinnmaximalen Absatzmenge**

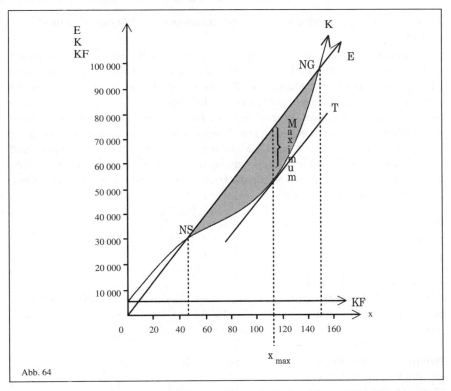

Abb. 64

Die Schnittpunkte zwischen der Gesamtkostenfunktion (K) und der Gesamterlösfunktion (E) bezeichnet man als **Nutzenschwelle** oder **break-even-point** (NS) bzw. als **Nutzengrenze** (NG). Die Nutzenschwelle markiert den Eintritt in die Gewinnzone, d. h. die Erlöse übersteigen hier erstmals die Gesamtkosten. Die Gewinnzone (Gewinnlinse) reicht bis zur Nutzengrenze. Bei größeren Ausbringungsmengen treten Verluste auf, weil die Gesamtkosten wieder über den Erlösen liegen. Innerhalb der Gewinnzone befindet sich das Gewinnmaximum dort, wo der Abstand zwischen der Gesamterlösfunktion und der Gesamtkostenkurve

Markt und Absatz

am größten ist. Graphisch wird das Gewinnmaximum ermittelt, indem die parallel verschobene Gesamterlösfunktion zur Tangente (T) an die Gesamtkostenkurve wird. Die Tangente an die Gesamtkostenkurve weist die gleiche Steigung auf wie die Erlösgerade. Durch Fällen des Lots auf die Abszisse läßt sich die gewinnmaximale Absatzmenge ablesen.

**Ermittlung der gewinnmaximalen Absatzmenge mit Hilfe der Marginalanalyse**

Die gewinnmaximale Absatzmenge wird dort erreicht, wo die Grenzkosten gleich dem Grenzerlös sind. Der Grenzerlös im Polypol ist identisch mit dem Marktpreis. Solange der Marktpreis über den Grenzkosten liegt, übersteigt der Erlöszuwachs, den die letzte verkaufte Einheit bringt, die zusätzlichen Kosten, die die Produktion dieser Einheit auslöst. Der Gesamtgewinn läßt sich durch einen höheren Absatz weiter steigern. Das Gewinnmaximum wird erst erreicht, wenn der Grenzerlös gleich den Grenzkosten ist. Bei einer weiteren Ausdehnung der Absatzmenge übersteigen die Grenzkosten den Preis bzw. Grenzerlös. Jede zusätzlich verkaufte Einheit kostet dann in der Herstellung mehr als sie einbringt. Der Gesamtgewinnn reduziert sich.

Bedingung für die gewinnmaximale Absatzmenge:

$E' = K'$   oder   $p = K'$

Die Grenzerlösfunktion ($E'$) ist eine Parallele zur Abszisse. Der Schnittpunkt zwischen Grenzkostenkurve ($K'$) und Grenzerlösfunktion ($E'$) zeigt die gewinnmaximale Absatzmenge ($x\ max$) an (Abb. 65).

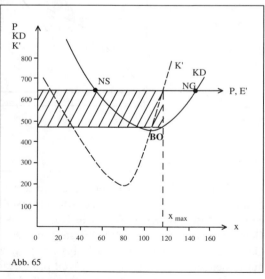

Abb. 65

Abb. 64 und 65 aus: Preitz /Dahmen: Allgemeine Betriebswirtschaftslehre. Bad Homburg 1987, S. 161. (Die Skizze wurde mit anderen Bezeichnungen versehen.)

Markt und Absatz

Der Stückgewinn wird in der Abb. 65 durch den Abstand zwischen Grenzerlös (p) und Stückkosten (KD) dargestellt. Die schraffierte Fläche repräsentiert den maximalen Gesamtgewinn, der sich aus der Multiplikation des Stückgewinnes mit der gewinnmaximalen Absatzmenge ergibt.

Gesamtgewinn = Stückgewinn x Absatzmenge

oder

Gesamtgewinn = (p − KD) x Absatzmenge

Die Schnittpunkte von Stückkostenfunktion (KD) und Grenzerlösfunktion (E', P) bedeuten die Nutzenschwelle (NS) bzw. die Nutzengrenze (NG). Die Fläche zwischen E' und KD markiert die Gewinnzone. Das Gewinnmaximum wird aber nicht dort erreicht, wo die Stückkosten (KD) am geringsten sind. Das **Stückkostenminimum** (Kostenoptimum, Betriebsoptimum, BO) liegt noch vor dem Gewinnmaximum. Bei einer Ausweitung der Produktionsmenge über das Stückkostenminimum hinaus steigen zwar die Stückkosten wieder, aber die Kosten für eine zusätzlich produzierte Mengeneinheit, die Grenzkosten, befinden sich immer noch unter dem erzielten Marktpreis. Jede verkaufte Einheit liefert einen weiteren Beitrag zur Erhöhung des Gesamtgewinnes. Der Gesamtgewinn steigt, obwohl der Stückgewinn bereits sinkt.

## 8. Die Preispolitik auf unvollkommenen Märkten

Die Absatzpolitik zielt darauf ab, jene Absatzmenge zu bestimmen, die dem Unternehmen den maximalen Gewinn, das Nutzenmaximum, sichert. Die möglichen Maßnahmen der Unternehmung zur Verwirklichung des Nutzenmaximums hängen von der Marktform ab. Wir haben das Verhalten des Monopolisten und Polypolisten modellhaft betrachtet. Der Monopolist hat eine gegebenen Preis-Absatz-Funktion, weil er die gesamte Nachfrage auf sich vereinigt. Er betreibt eine aktive Preispolitik, indem er den Preis so setzt, daß er die Absatzmenge erreicht, bei der sein Gewinnmaximum eintritt. Der Anbieter im Polypol muß dagegen einen bestimmten Marktpreis (Gleichgewichtspreis) akzeptieren. Er verhält sich passiv als Mengenanpasser, d. h. er versucht die Menge abzusetzen, bei der beim gegebenen Marktpreis ein maximaler Gewinn entsteht. Allerdings gelten die Darlegungen in den vorherigen Abschnitten nur unter den Bedingungen des vollkommenen Marktes. Die Realität ist komplexer. Die ökonomische Wirklichkeit spielt sich auf unvollkommenen Märkten ab.

Markt und Absatz

## a) Die Merkmale unvollkommener Märkte

*Beispiel*
In einem Vorort besteht ein Gemischtwarengeschäft ("Tante-Emma-Laden") mit einem reichhaltigen Sortiment, das trotz der Supermärkte und Kaufhäuser der nahe gelegenen Stadt ganz gut existieren kann. Man kauft in diesem Geschäft, obwohl viele Artikel erheblich teuerer sind als im Supermarkt.

**Unvollkommene Märkte** weisen ein System von räumlichen, zeitlichen, sachlichen und persönlichen Präferenzen auf. Im Beispiel ziehen die Käufer die räumliche Nähe des kleinen Gemischtwarenladens vor und nehmen dafür höhere Preise in Kauf. Andere kaufen dort ein, weil sie die persönliche Atmosphäre des kleinen Lädchens der Anonymität eines Supermarktes oder Verbrauchermarktes vorziehen. Man kennt den freundlichen Ladeninhaber, der berät und bedient, und die anderen Kunden, mit denen man ab und zu ein Pläuschchen abhält. Der Laden liegt bequem, übernimmt teilweise die Funktion eines Kommunikationszentrums, und man will nicht, daß auch noch das letzte Geschäft in der Nähe verschwindet. Unvollkommene Märkte zeichnen sich auch durch eine mangelnde Markttransparenz aus. Die Käufer sind nur wenig über Preise und Qualität der Produkte der einzelnen Anbieter informiert. Sie nehmen Preisdifferenzen nicht wahr. Schließlich handelt es sich auf unvollkommenen Märkten um inhomogene Güter. In Wirklichkeit existieren nämlich erhebliche Qualitätsunterschiede bei den angebotenen Gütern. Außerdem gibt es auf allen Märkten gewisse Reaktionszeiten. Die Marktteilnehmer reagieren auf Preisbewegungen, wenn überhaupt, erst mit einer mehr oder weniger großen zeitlichen Verzögerung.

Unter den Bedingungen eines unvollkommenen Marktes funktionieren die Modellbetrachtungen zur Preisbildung nicht mehr. Der Monopolist kann seine Preise nicht beliebig setzen, der Polypolist muß den Marktpreis nicht als Datum hinnehmen.

## b) Absatzpolitische Strategien im unvollkommenen Polypol

Der Polypolist auf einem unvollkommenen Markt besitzt einen **monopolistischen Absatzbereich**. Innerhalb bestimmter Preisgrenzen kann er eine aktive Preispolitik betreiben, ohne bei Preiserhöhungen befürchten zu müssen, daß seine Kunden zur Konkurrenz abwandern. Den monopolistischen Bereich bezeichnet man auch als **Präferenzbereich.** Der Anbieter im Polypol kann sich aufgrund räumlicher, sachlicher oder persönlicher Präferenzen der Käufer im

Markt und Absatz

Präferenzbereich wie ein Monopolist verhalten. Der entscheidende Unterschied zum Monopol besteht darin, daß auf atomistischen Märkten Konkurrenten existieren, mit denen der Anbieter den Gesamtmarkt teilen muß.

*Beispiel: Monopolistischer Absatzbereich (Präferenzbereich)*
Die Absatzpolitik des Polypolisten auf unvollkommenen Märkten wird darauf abzielen, den monopolistischer Spielraum zu erhalten bzw. zu erweitern. Dies kann durch Produktdifferenzierung, aggressive Werbung oder Zusatzleistungen (z. B. im Servicebereich) geschehen. Gelingt es beim Kunden ein Markenbewußtsein zu erzeugen, entsteht ein relativ großer monopolistischer Bereich. Anstelle der Preispolitik tritt die Präferenzpolitik, meist in Form der Reklamepolitik.

Preissenkungen als Mittel der Absatzförderung ergeben nämlich bei Markenartikeln wenig Sinn, da externe Konsumeffekte auftreten (vgl. Kapitel 3, Abschnitt b).

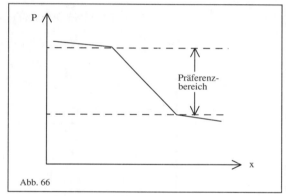

Abb. 66

### c) Die Preispolitik im Oligopol

**Die geknickte Preis-Absatz-Funktion des Oligopolisten**

Auch dem Oligopolisten erschließen sich Möglichkeiten einer aktiven Preispolitik. Er muß aber beachten, daß die Konkurrenz auf preispolitische Maßnahmen reagieren wird. Er hat in seine preispolitischen Überlegungen sowohl das Verhalten der Nachfrager als auch das der Konkurrenten einzubeziehen. Bei Preiserhöhungen zieht die Konkurrenz normalerweise nicht mit. Wird der Preis von p auf $p_1$ erhöht, so zeigt sich auf der geknickten Preis-Absatz-Funktion ein starker Rückgang der Absatzmenge. Die Kunden wandern zur Konkurrenz ab. Bei einer Preissenkung dagegen setzen die Konkurrenten die Preise ebenfalls herab, damit sie möglichst wenig Kunden verlieren. Eine Preissenkung von p auf $p_0$ führt auf

89

Markt und Absatz

der geknickten Preis-Absatz-Funktion nur zu einem geringen Anstieg der Absatzmenge. Dieses Verhalten bedingt "den mörderischen Wettbewerb" im Oligopol.

Auf unvollkommenen Märkten kann sich im Oligopol ein **Marktverdrängungswettbewerb** entwickeln. Ein Oligopolist mit hohem Marktanteil verzichtet kurzfristig auf die Realisierung des Gewinnmaximums, um die Konkurrenz über Kampfpreise auszuschalten. Er muß aber damit rechnen, daß die Konkurrenten Gegenmaßnahmen ergreifen, um ihre Marktanteile zu verteidigen. Den "ruinösen Wettbewerb" gewinnt auf lange Sicht der wirtschaftlich Stärkere im Oligopol. Es besteht die Gefahr, daß der Kampf um die wirtschaftliche Macht zur Monopolstellung des Stärkeren führt.

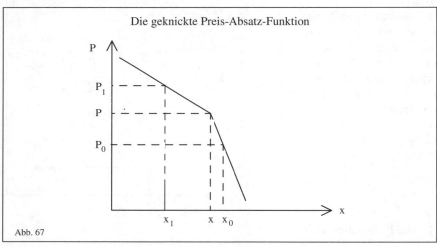

Abb. 67

Im Oligopol übernimmt oft ein Unternehmen mit einem relativ großen Marktanteil die **Preisführerschaft**. Der Preisführer setzt einen für ihn gewinnmaximalen Preis, wobei er neben dem Verhalten der Nachfrager auch die Absatzmenge seiner kleineren Konkurrenten beachten muß. Die kleinen Anbieter passen sich mit ihrer Menge an den vom Preisführer bestimmten Preis an. Sie betreiben selbst keine aktive Preispolitik, sondern verhalten sich als Mengenanpasser.

Oligopolisten entwickeln häufig Strategien zur Verhinderung eines "ruinösen Wettbewerbs". Sie versuchen, sich monopolistische Bereiche zu schaffen. Dies kann beispielsweise durch Entwicklung von Markenartikeln mit Hilfe aggressiver Werbung erfolgen. So entstehen künstliche Präferenzen der Konsumenten für

Markt und Absatz

bestimmte "Marken", obwohl es sich meist um homogene Güter mit nur geringen qualitativen Unterschieden (Waschpulver, Seifen, Margarine, Zigaretten, Kaffee usw.) handelt. Die Reklamekonkurrenz löst den Preiswettbewerb ab.

Schließlich kann sich bei Oligopolisten mit gleich großen Marktanteilen ein **Parallelverhalten** einstellen. Die Unternehmen sind weniger darauf bedacht, ihre Mitanbieter vom Markt zu verdrängen, vielmehr versuchen sie, Kampfsituationen durch Absprachen zu vermeiden. Kommt es zu Preisabsprachen, spricht man von einem **Preiskartell**. Preiskartelle sind in der BRD grundsätzlich verboten. Das Hauptproblem für die Kartellbehörde besteht jedoch darin, unerlaubte Preisabsprachen nachzuweisen. Oligopole können sich zur Beschränkung des Wettbewerbes auch auf eine regionale Aufteilung der Märkte **(Gebietskartell)** oder eine **qualitative Marktsegmentierung** einigen. Der Lebensmittelriese Metro tritt beispielsweise überwiegend in Süddeutschland auf, während der Rivale Asko seine Aktivitäten hauptsächlich auf den nördlichen Teil der BRD beschränkt. Eine regionale Aufteilung der Märkte kann vermutet werden. Eine qualitative Marktsegmentierung liegt z. B. dann vor, wenn sich ein Großunternehmen auf den Lebensmittelsektor konzentriert, das andere auf den Genußmittelmarkt.

#### d) Preisdifferenzierung als Mittel der Absatzpolitik

**Preisdifferenzierung** liegt immer dann vor, wenn ein Unternehmen Güter gleicher Art zu verschiedenen Preisen verkauft. Oft hängt die Preisdifferenzierung eng mit einer Produktdifferenzierung zusammen. Von echter Preisdifferenzierung spricht man dann, wenn die Preisunterschiede bei den verschiedenen Qualitätsstufen größer sind als die Kostenunterschiede. Bei der Preisdifferenzierung nutzen die Unternehmen die Präferenzen der Nachfrager und die mangelnde Markttransparenz aus. Der Markt wird in Teilmärkte zerlegt, wo gleiche bzw. sehr ähnliche Güter zu verschiedenen Preisen angeboten werden. Ziel der Absatzpolitik ist eine Erhöhung des Gewinnes durch Abschöpfen von **Konsumentenrenten.** Die Voraussetzung für die Preisdifferenzierung bildet das Bestehen unvollkommener Märkte. Außerdem muß das Angebot auf eine – wenigstens teilweise – von links oben nach rechts unten fallende Nachfragekurve treffen. Somit läßt sich eine Politik der Preisdifferenzierung nur bei Monopolen, bei unvollkommenen Polypolen mit monopolistischen Bereichen einzelner Anbieter und bei Oligopolen verwirklichen.

Markt und Absatz

### Vertikale Preisdifferenzierung

Eine vertikale Preisdifferenzierung und Marktaufteilung ist dann realisierbar, wenn auf den Teilmärkten Käufer aller Preisschichten auftreten.

Eine vertikale Preisdifferenzierung kann beispielsweise zwischen Inlands- und Auslandsmärkten durchgeführt werden, wenn die Preiselastizitäten der inländischen und ausländischen Nachfrage unterschiedlich sind. Die Nachfragekurven verlaufen dann verschieden steil, da ihr Verlauf u. a. von der Höhe des Einkommens, den Preisen für die anderen angebotenen Güter und der Bedürfnisstruktur im jeweiligen Land abhängt.

In Abb. 68 wird der Gesamtmarkt in die Teilmärkte A und B, die unterschiedliche Preis-Absatz-Funktionen (PAF A, PAF B) aufweisen, gespalten. Der Anbieter erzielt den maximalen Gesamtgewinn, wenn er auf beiden Märkten den Cournotschen Punkt anpeilt (K ' = E ' A; K ' = E ' B). Der Cournotsche Preis auf Markt A (P A) liegt über dem auf Markt B (P B). Die Grenzkostenfunktion gilt für beide Märkte, da es sich um gleiche Produkte und Produktionsverfahren handelt.

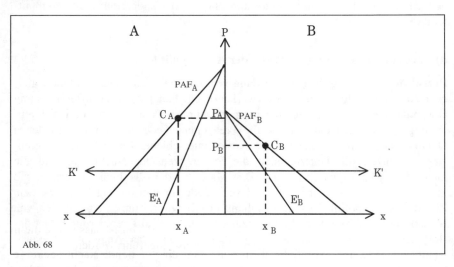
Abb. 68

### Horizontale Preisdifferenzierung

Eine horizontale Marktaufspaltung bietet sich an, wenn der Gesamtmarkt mit einer gegebenen Preiselastizität der Nachfrage in verschiedene Käuferschichten zerlegt werden kann. Die Käuferschichten unterscheiden sich dadurch, daß sie

Markt und Absatz

für das angebotene Gut einen höheren oder niedrigeren Preis zu zahlen bereit sind. Die Preisvorstellungen hängen von der unterschiedlichen Wertschätzung ab, die die Käufer einem Gut entgegenbringen. Für jeden Teilmarkt bzw. für jede Käuferschicht wird ein entsprechender Preis festgesetzt.

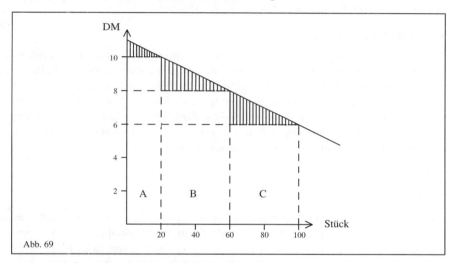
Abb. 69

Abb. 69 zeigt, wie eine horizontale Differenzierung den Gesamterlös erhöht. Wird ein einheitlicher Preis von 6 DM je Stück verlangt, können 100 Stück des betreffenden Gutes abgesetzt werden. Bei einer Aufspaltung des Marktes lassen sich 20 Stück zu 10 DM, 40 Stück zu 8 DM und 40 Stück zu 6 DM verkaufen. Die Preisdifferenzierung bewirkt eine Zunahme der Gesamterlöse, da die Absatzmenge gleich bleibt. Da die Stückkosten immer in gleicher Höhe anfallen, egal zu welchem Preis verkauft werden kann, steigt der Gesamtgewinn. Die horizontale Preisdifferenzierung trägt zum Abschöpfen der Konsumentenrenten bei. Die schraffierte Fläche kennzeichnet die verbleibende Konsumentenrente. Als Beispiele für horizontale Preisdifferenzierung können die unterschiedlichen Flugtarife der Fluggesellschaften für Businessclass und Touristclass sowie die in 1. und 2. Klasse gestaffelten Bundesbahnfahrpreise angeführt werden.

### Zeitliche Preisdifferenzierung

Wenn für gleiche Güter zu verschiedenen Nachfragezeitpunkten unterschiedliche Preise verlangt werden, liegt eine zeitliche Preisdifferenzierung vor. Zeitliche Preisdifferenzierungen treten vor allem bei Saisonartikeln (Heizöl, Kohle, Sai-

# Markt und Absatz

sonzuschläge bei Hotelübernachtungen) auf. Verbilligte Telefongebühren nach 18.00 Uhr oder der günstigere Nachtstromtarif fallen ebenfalls unter zeitliche Preisdifferenzierung. Wo witterungsbedingte oder durch das Konsumverhalten ausgelöste Nachfrageschwankungen auftreten, bewirkt die zeitliche Staffelung der Preise eine gleichmäßigere Kapazitätsauslastung.

**Sachliche Preisdifferenzierung**

Eine Differenzierung der Preise geschieht manchmal auch nach dem Verwendungzweck. Um die Verwendungsarten abzugrenzen, werden oft geringfügige Veränderungen in Aussehen und Geschmack der Güter vorgenommen. So wird Salz durch bestimmte Beimengungen entweder als Speise-, Vieh- oder Industriesalz zu unterschiedlichen Preisen angeboten. Sachliche Preisdifferenzierung tritt auch bei Industrie- und Haushaltsstrom auf, weil die verschiedenen Verwendungszwecke unterschiedliche Elastizitätsgrade aufweisen.

## 9. Staatliche Preispolitik

Der Staat greift mit verschiedenen Maßnahmen, wie z. B. Steuern, Subventionen oder Kartellgesetzgebung, direkt oder indirekt in die Preispolitik der Unternehmen ein. In den folgenden Abschnitten wird kurz erläutert, wie sich die staatliche Festsetzung von Höchst- und Mindestpreisen auf das Marktgeschehen auswirkt.

### a) Staatlich festgelegte Höchstpreise

**Die Auswirkungen staatlicher Höchstpreise im Polypol**

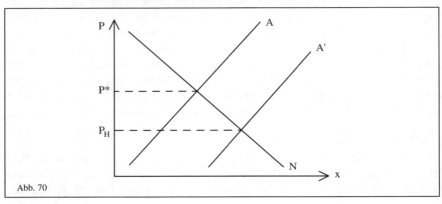

Abb. 70

Markt und Absatz

Liegt der staatlich festgesetzte Höchstpreis (p H) als "Sozialpreis" unter dem Gleichgewichtspreis (p*), entsteht ein Nachfrageüberhang. Es entwickelt sich ein **Verkäufermarkt**. Aufgrund des Nachfrageüberhanges bilden sich vor den Geschäften Warteschlangen, die Lieferzeiten verlängern sich. Oft wird von staatlicher Seite versucht, durch Rationierung oder Ausgabe von Bezugsscheinen einen Ausgleich zu finden. Da aber viele Nachfrager bereit und auch in der Lage sind, einen höheren Preis als den staatlichen Höchstpreis zu zahlen, wird ein Schwarzmarkt mit höheren Preisen, die sich den Marktpreisen nähern, entstehen. Es besteht auch die Möglichkeit, durch eine staatliche Subventionierung der Anbieter die Angebotsmenge zu vergrößern (Verschiebung der Angebotskurve nach rechts, A') und dafür zu sorgen, daß der Höchstpreis einem staatlich manipulierten Gleichgewichtspreis entspricht. Die Nachfragelücke schließt sich.

Ziel staatlicher Höchstpreise ist der Verbraucherschutz. Durch freies Spiel von Angebot und Nachfrage würde sich auf bestimmten Märkten ein sehr hoher Gleichgewichtspreis einstellen, der sozial nicht verträglich wäre.

b) **Staatliche Mindestpreise**

**Auswirkungen staatlicher Mindestpreise im Polypol**

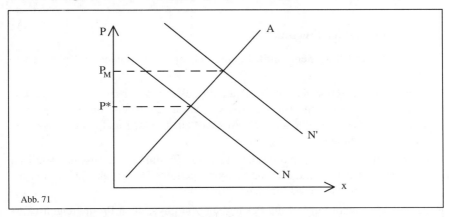

Abb. 71

Ein staatlich garantierter Mindestpreis (p M) dient dem Schutz der Anbieter bestimmter Produkte, deshalb liegt er meist über dem Gleichgewichtspreis (p*). Es ergibt sich ein **Käufermarkt** mit Angebotsüberhang. Das Angebot übersteigt bei dem festgelegten Mindestpreis die Nachfrage. Staatliche Mindestpreise (Garantiepreise) tauchen oft bei landwirtschaftlichen Produkten in hochindustrialisierten

Markt und Absatz

Staaten auf. Um ein Marktgleichgewicht zu erreichen, werden den Anbietern häufig Produktionsbeschränkungen (Quoten) auferlegt. Stillegungsprämien fungieren als weiteres Mittel zur Einschränkung des Angebotes. In einigen Fällen entschließen sich die staatlichen Behörden zum Aufkauf der überschüssigen Produktion (N'), die dann eingelagert wird ("Butterberg", "Milchsee"). Sind die Lagerkosten zu hoch oder die Produkte leicht verderblich, erfolgt die Vernichtung der Überschüsse.

## 10. Präferenzpolitik

WÖHE faßt unter dem Begriff Präferenzpolitik alle absatzpolitischen Maßnahmen zusammen, die das Ziel haben, Absatzwiderstände am Markt nicht oder nicht allein mit Hilfe der Preispolitik zu überwinden. Mit Hilfe intensiver Werbung, der Gestaltung der Produkte und des Sortiments, der Gewährung günstiger Zahlungs- und Lieferbedingungen und zusätzlicher Serviceleistungen sollen die Nachfrager Präferenzen für das angebotene Produkt gegenüber dem vom Konkurrenzbetrieb herausgebrachten Produkt entwickeln. Die in einem eigenen Kapitel behandelte Kommunikationspolitik gehört streng genommen ebenfalls zur Präferenzpolitik.

### a) Produkt- und Sortimentpolitik

Die Produkt- und Sortimentpolitik befaßt sich mit den folgenden Teilentscheidungen:

- Es wird die Zugehörigkeit bestimmter Produkte zum Absatz- bzw. Produktionsprogramm festgelegt. Bei der Analyse der angebotenen Sortimente geht es darum, einzelne Produkte aus dem Angebot zu streichen und neue in das Sortiment aufzunehmen.

- Die qualitativen Eigenschaften der einzelnen Produkte sind bis ins Detail zu bestimmen. Zur Produktgestaltung gehört auch das Design, das heißt die Entscheidung über Material, Form und Farbe.

- Es geht aber nicht nur um die Festlegung von physischen Produkteigenschaften, sondern auch um rein ökonomische Eigenschaften. Es muß festgesetzt werden, ob Herstellermarkenartikel, Handelsmarkenartikel oder "no-name-products" vertrieben werden. Außerdem spielt die Verpackung und ihre Aufmachung eine wichtige Rolle. Hier stehen Produktpolitik und Werbung in engem Zusammenhang.

Der große Vorteil der Produktpolitik liegt darin, daß die Konkurrenten auf Produktvariationen nicht so unmittelbar wie auf Preissenkungen reagieren können, da sich ein technischer Vorgang nicht so leicht nachvollziehen läßt wie eine Preisveränderung.

**Produktforschung**

Die Aufgabe der Produktforschung ist die Entwicklung neuer Produkte und die Weiterentwicklung, d. h. die technische und gestalterische Vervollkommnung der schon vorhandenen Erzeugnisse. Bei der Frage, ob ein einzelnes Produkt eliminiert oder geändert werden soll, analysiert man die Absatz- und Umsatzentwicklung der Vergangenheit.

Der **Lebenszyklus** eines Produktes ist ein Beschreibungsmodell für die Absatz-, Umsatz- und Gewinnentwicklung eines Produktes während seiner Lebensdauer am Markt. Viele Produkte weisen zwar einen typischen Lebenszyklus auf. Die Lebenszyklen unterscheiden sich jedoch erheblich. Je nach Art des Produktes sind die Produktlebenszyklen das Ergebnis wirtschaftlicher und technischer Trends sowie des Anbieter- und Nachfragerverhaltens.

**Produktlebenszyklus**[11]

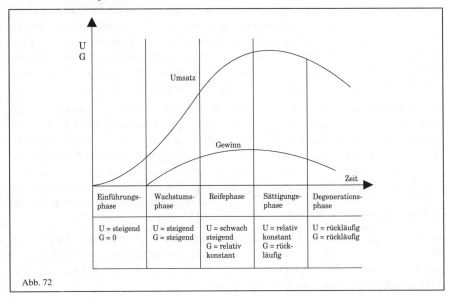

Abb. 72

# Markt und Absatz

In der **Einführungsphase** sind auf der Verbraucherseite erhebliche Widerstände zu überwinden. Der Umsatz ist relativ gering, weil zunächst nur die Konsumpioniere bereit sind, das Gut zu erwerben. In der Einführungsphase ist es besonders wichtig, das Produkt bekannt zu machen. Eine umfassende Werbekampagne empfiehlt sich in dieser Phase, weil die Langzeitwirkung der Werbung ("carry-over-effect") genutzt werden kann. Will ein Unternehmen einen Massenmarkt schaffen, betreibt es in der Einführungsphase eine Niedrigpreispolitik, um die potentielle Konkurrenz durch geringe Gewinnspannen abzuschrecken (**Penetrationsstrategie**). Japanische Unternehmen haben ihre Welterfolge nicht zuletzt durch eine aggressive Preispolitik erzielt, was ihnen den Vorwurf von Preisdumping eingebracht hat. Dumping (engl. to dump: verschleudern) bedeutet, daß Länder ihre Güter im Ausland zu niedrigeren Preisen verkaufen als im Inland, um die Konkurrenz zu verdrängen. Eine Alternative zur Penetrationsstrategie ist die **Skimmingstrategie** (engl. to skim: abschöpfen), bei der gleich in der Einführungsphase hohe Preise verlangt werden, um angesichts der anfänglich hohen Stückkosten möglichst schnell in die Gewinnzone zu gelangen. In der Einführungsphase schlagen auch erhebliche Vertriebsaufwendungen zu Buche, weil das Produkt erst im Markt verankert werden muß. Aufgrund hoher Stückkosten und niedriger Einführungspreise treten normalerweise Markteintrittsverluste auf.

In der **Wachstumsphase** ist eine starke Nachfrage und große Umsatzsteigerung zu beobachten. Es setzen Imitationseffekte bei den Konsumenten ein, die den Absatz beschleunigen. Gleichzeitig versuchen die Konkurrenten, das Produkt nachzuahmen. Der Wettbewerb wird in dieser Phase meist über Preise und Konditionen ausgetragen, die hohe Einführungswerbung kann zurückgefahren werden. Die Stückkosten sinken, das Produkt wirft steigenden Gewinn ab.

In der **Reifephase** ist das Produkt nach WÖHE zur "Selbstverständlichkeit" geworden. Der Personaleinsatz im Vertrieb (Verkaufsförderung, Sales Promotion) wird intensiviert. Außerdem setzt in diesem Stadium eine verstärkte Produktdifferenzierung ein, um den unterschiedlichen Ansprüchen der Verbraucher, die sich jetzt herauskristallisieren, gerecht zu werden. Gemeinsam mit der Produktdifferenzierung kommt der Verpackungspolitik eine zunehmende Bedeutung zu. Spätestens zu diesem Zeitpunkt sollte bereits ein neues Produkt aufgebaut werden, da Umsatz und Gewinn nur noch leicht steigen.

In der **Sättigungphase** stagniert die Nachfrage, Gewinn und Umsatz gehen zurück. Das Marktpotential ist ausgeschöpft. Den Absatz bestimmt nun weitgehend der Ersatzbedarf. Die Gewinnlage hängt davon ab, wieviele Konkurrenten es verstanden haben, sich am Markt zu etablieren.

Markt und Absatz

In der **Degenerationsphase** sinken Umsatz und Gewinn rapide. Das Produkt muß aufgegeben und durch ein neues abgelöst werden.

Empirische Untersuchungen haben versucht zu überprüfen, ob sich das Lebenszykluskonzept in der Realität wiederfindet. Die Befunde sind sehr unterschiedlich. Bei 754 Arzneimitteln hat COX (Product Life Cycles as Marketing Models, in: Journal of Business 40, Oct. 1967) sechs verschiedene Produktlebenszykluskurven gefunden. Auffällig war, daß der häufigste festgestellte Lebenszyklustyp einen zweiten Zyklus einschloß. Dies kann damit erklärt werden, daß in der Sättigungsphase technologische Produktveränderungen und expansive Werbemaßnahmen eine Erneuerung des Lebenszyklus bewirkt haben.

## Produktgestaltung

Der Verkauf von Produkten ist nicht nur eine Frage des Preises, sondern auch der äußeren Gestaltung und Aufmachung. Der Käufer ist meist bereit, für die besondere Produktgestaltung einen höheren Preis zu zahlen, als zusätzliche Kosten angefallen sind.

Als Gestaltungselemente der Aufmachung kommen Form, Farbe, Größe, Beschriftung, Gewicht, Material und Verpackung in Frage. Eine wichtige Aufgabe der Produktgestaltung ist, die Produktaufmachung häufig zu verändern, denn das fördert den Absatz zusätzlich. Bei Produkten, die der Mode unterliegen (Kleidung, Schuhe, Schmuck), wird die Aufmachung schon nach wenigen Monaten neu gestaltet. Die Produkte veralten nach relativ kurzer Zeit. Die Konsumenten kaufen neue Produkte, obwohl die vorhandenen noch verwendet werden könnten. Bei Autos und Möbeln findet regelmäßig ein Modellwechsel statt. Die alten Modelle laufen aus, sind technisch und von der äußeren Aufmachung her überholt. Durch – manchmal bewußte – Qualitätsminderung, wird die Lebensdauer vieler Produkte künstlich verkürzt. Der "geplante Verschleiß" tritt vor allem dann auf, wenn sich Sättigungstendenzen bemerkbar machen.

Die verstärkte Verbreitung der Selbstbedienung hat nicht nur bewirkt, daß immer mehr Waren vorverpackt angeboten werden, sondern auch, daß die Verpackung eine besondere Funktion im Rahmen der Präferenzpolitik zu erfüllen hat. Bei Selbstbedienung ist die richtige Produktaufmachung durch Verpackung unerläßlich, weil sich die Produkte praktisch selber verkaufen müssen. Die "Verpackungsflut" hat die Müllberge anschwellen lassen, so daß der Gesetzgeber eine Eingriffsnotwendigkeit sah. Ein neues Verpackungsgesetz, das am 1. April 1992 in Kraft getreten ist, versucht der Verpackungsflut Herr zu werden.

Markt und Absatz

Auch die Wahl des Produktnamens (Wort, Bild, Symbol) gehört zur Produktgestaltung. Die Wahl des Produktnamens soll bewirken, daß sich der Markenname in den Köpfen der Kunden einprägt und zum Qualitätsbegriff wird (z. B. Persil von Henkel, Golf von VW, Nusini von Milka, Prodomo von Dallmayr, die Krönung von Jakobs etc.). Im Extremfall geht der Markenbegriff in den allgemeinen Sprachgebrauch ein (Tempo für Papiertaschentücher, Uhu für Klebstoff, Tesafilm für Klebebandstreifen, Zewa-wisch-und-weg für Papierküchentuch).

*Beispiele*

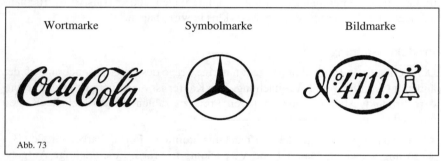

Abb. 73

Durch Eintragung beim Patentamt in München können die Warenzeichen geschützt werden.

## Sortimentgestaltung

Während der Produktionsbetrieb die Gestaltung der Produkte als absatzpolitisches Instrument einsetzen kann, ergibt sich beim Handelsbetrieb die Möglichkeit durch die Gestaltung des Sortiments den Absatz zu beeinflussen.

Das Sortiment muß den Wünschen der Verbraucher angepaßt werden. Das Unternehmen hat die Wahl zwischen einem tiefen oder einem flachen Sortiment bzw. einem breiten oder schmalen Sortiment. Ein **tiefes Sortiment** beinhaltet Waren in vielen Preislagen, Qualitäten, Formen und Marken. Ein **flaches Sortiment** bietet von den einzelnen Warengattungen nur wenige Preislagen und Qualitäten an. Ein **breites Sortiment** führt viele verschiedene Warengattungen, ein **schmales Sortiment** beschränkt sich auf wenige Artikel.

Die Sortimentpolitik hängt auch von der Betriebsform ab. Sie wird daher im Kaufhaus (breit, flach) anders sein als im Fachgeschäft (tief, schmal). Die Gestaltung des Sortiments erfordert Kompromisse zwischen der Kostenwirksamkeit und Kapitalbindung einerseits und der Verkaufswirksamkeit andererseits. Ein

Markt und Absatz

Sortiment, das nur wenige Artikel umfaßt, ist kostengünstiger; ein großes Sortiment dagegen verkaufsgünstiger. Der Aufbau eines breiten und tiefen Sortiments scheitert meist an dem damit verbundenen Kapitalbedarf.

Um ein bestehendes Sortiment oder Produktionsprogramm zu beurteilen und Entscheidungen über die künftige Ausgestaltung treffen zu können, empfiehlt es sich verschiedene Kennzahlen heranzuziehen (**Sortimentsstrukturanalyse**):

*Umsatzstruktur*
Inwieweit konzentriert sich der Umsatz auf Teile des Produktionsprogrammes? Bei SB-Verbrauchermärkten konnte man feststellen, daß etwas 20 % des Sortiments 80 % des Umsatzes bringen.

*Deckungsbeitragsstruktur*
Welchen Deckungsbeitrag steuern die einzelnen Produkte bei, d. h. wie stark übersteigen die Umsätze der einzelnen Produkte deren variable Kosten? Steuern nur wenige Produkte einen großen Teil zum Deckungsbeitrag bei?

*Altersstruktur*
Die Altersstruktur bzw. Alterspyramide gibt an, in welcher Phase des Lebenszyklus sich die einzelnen Produkte befinden. Werden große Teile des Umsatzes mit Produkten erzielt, die sich bereits seit vielen Jahren im Sortiment befinden, kann das darauf hinweisen, daß das Programm zu veralten droht und dringend Produktinnovationen erforderlich sind.

Bei einer ungünstigen Umsatz- und Deckungsbeitragsstruktur muß das Ziel der Sortimentgestaltung eine **Diversifikation,** die Aufnahme neuer Produkte in das Sortiment, sein. Die Diversifikation dient der Risikostreuung. Umgekehrt müssen Sortimente aus Kostengründen von Zeit zu Zeit bereinigt werden. Ein "Abspecken" wird oft notwendig, da die Rücknahme nicht mehr marktgängiger Produkte in der Regel hinter der Einführung neuer Produkte zurückbleibt.

Im Idealfall handelt es sich bei einem neuen Produkt, das ins Sortiment aufgenommen wird, um eine **Innovation.** Eine Innovation ist ein Produkt, in dem die Konsumenten gegenüber dem bisherigen Angebot eine deutlich andersartige Problemlösung sehen. Innovationen hängen vom technischen Fortschritt ab. Echte Innovationen gibt es relativ selten (z. B. Farbfernsehgeräte, HDTV-Fernsehen, Videogeräte, CD-Player, PCs, Microwellenherde), weil sie enorme Forschungs- und Entwicklungskosten verursachen. Von Scheininnovationen spricht man, wenn beim Verbraucher der Eindruck erweckt wird, es handele sich um eine Marktneuheit. Dies kann durch ein neuartiges Design (quadratische Form bei Ritter Sport-Schokolade), Änderung einer Produkteigenschaft (z. B. Ge-

Markt und Absatz

schmack bei "Cola light") oder eine andere Verpackung geschehen. Eine Imitation (Me-too-Produkt) liegt vor, wenn eine Unternehmung ein bereits auf dem Markt vorhandenes Produkt kopiert. Es handelt sich zwar um eine Betriebsneuheit, aber nicht um eine Marktneuheit. Der Vorteil der Dubletten liegt darin, daß die Risiken und Kosten in der Forschung und bei der Markteinführung gering gehalten werden können. Es besteht allerdings die Gefahr, daß das Unternehmen bei einem zu späten Markteintritt bereits auf einen gesättigten Markt trifft.

Ein weiterer Gesichtspunkt der Sortimentpolitik ist die **Marktsegmentierung.** Das Sortiment wird so aufgebaut, daß verschiedene Zielgruppen (Einkommen-, Altersgruppen) mit speziellen Produktwünschen angesprochen werden. Ein typisches Beispiel ist das von den Automobilherstellern angebotene Sortiment mit Klein-, Mittelklassewagen, Limousinen, Cabrios, Sportwagen etc. Damit wenden sich die Automobilhersteller gleichzeitig an verschiedene Käufergruppen, und es wird ermöglicht, einen einmal gewonnenen Kunden zu behalten, auch dann, wenn er einen sozialen Aufstieg geschafft hat. Ein Kunde kann so nacheinander verschiedene Marktsegmente durchlaufen.

### b)  Service und Konditionen

Die **Konditionenpolitik** und der Kundendienst haben die Aufgabe, Präferenzen bei den Nachfragern zu wecken. Durch zusätzliche Leistungen, die mit dem Kauf eines Produktes in unmittelbarem Zusammenhang stehen, erzielt der Betrieb eine stärkere Bindung des Käufers an das Produkt durch Aufbau eines Kundenstammes. Vor dem Verkauf bestehen die Serviceleistungen vor allem in der Beratung. Die Beratung bezieht sich häufig auf die Ausarbeitung von Alternativvorschlägen, Wirtschaftlichkeitsberechnungen sowie Garantie- und Kulanzzusagen.

Nach dem Verkauf findet der Kundendienst (After Sales Service) statt. Kundendienstleistungen können sowohl vom Hersteller als auch vom Handel erbracht werden. Typische Herstellerkundendienstleistungen sind Anlagenwartung, Reparatur- und Ersatzteildienst (z. B. bei Herstellern von PCs, Kopiergeräten, Automobilen). Serviceleistungen des Handels beziehen sich meist auf Kreditgewährung, Rückgabe- und Umtauschrecht, Reparatur- und Ersatzteildienst. In den letzten Jahren übernahmen die Hersteller immer mehr Kundendienstaufgaben, weil sie sich davon werbende Wirkung versprechen. Außerdem fungiert der technische Kundendienst als wichtiges Informationsmittel für Forschung und Produktion. Treten bestimmte immer wiederkehrende Reklamationen auf, muß die Entwicklungsabteilung reagieren.

Markt und Absatz

Der Umfang des Kundendienstes hängt in starkem Maße von der jeweiligen Marktsituation ab. Je schärfer der Preiswettbewerb ist, desto größer werden die Anstrengungen der Firmen, sich durch besondere Serviceleistungen von der Konkurrenz abzuheben.

Die Gestaltung der Absatzbedingungen erzeugt Präferenzen. Zu den Konditionen rechnen in erster Linie die Zahlungs- und Kreditbedingungen. Bieten zwei Betriebe ähnliche Güter zum gleichen Preis an, so können die Zahlungsbedingungen für die Entscheidung des Käufers den Ausschlag geben. Ein hoher Skontosatz (Abzug bei Barzahlung) ist für zahlungskräftige Kunden attraktiv und bringt dem Unternehmen einen schnelleren Kapitalumschlag. Weniger zahlungskräftige Abnehmer können durch die Einräumung langer Zahlungsziele geworben werden. Allerdings führt dies zu einem höheren Kapitalbedarf und Risiko.

Ein Mittel im Rahmen der Konditionenpolitik, das immer größere Bedeutung gewinnt, ist der Teilzahlungskredit. Der Abnehmer leistet beim Kauf nur eine Anzahlung, den Restkaufpreis zahlt er in vertraglich festgelegten Raten allmählich ab. Um das Risiko für den Verkäufer zu mindern, werden Ratenverkäufe meist nur unter Eigentumsvorbehalt durchgeführt. Der Vorteil des Teilzahlungskredites liegt für das Unternehmen darin, daß Käufer gewonnen werden, die sich wegen des hohen Kaufpreises das Produkt nicht leisten könnten. Die Finanzierung des Teilzahlungskredites kann in eigener Regie erfolgen oder durch Einschaltung von Spezialkreditinstituten (Teilzahlungsbanken) oder Sparkassen.

Zahlreiche Unternehmen (z. B. Boutiquen, Tankstellen) bieten ihren Kunden "Monatskonten" an. Der Kunde muß so nicht jeden einzelnen Kauf bar bezahlen. Die Unternehmung ihrerseits kann mit einer Umsatzsteigerung rechnen, da psychologische Hemmschwellen beim Kauf wegfallen und viele Kunden bald den Überblick über ihre tatsächlichen Ausgaben verlieren. Die Monatskonten stehen in Konkurrenz zu den Kreditkartenunternehmen, die heute immer stärkere Bedeutung gewinnen.

## c) Absatzmethoden

Unter dem Begriff Absatzmethoden faßt man Entscheidungen über die **Wahl des Vertriebssystems,** der **Absatzform** und der **Absatzwege** zusammen.

Der Vertrieb kann entweder direkt von der Unternehmung aus (werkseigenes, werksgebundes Vertriebssystem) oder durch ausgegliederte Vertriebsorgane (Großhandel, Einzelhandel) erfolgen.

# Markt und Absatz

Der zentrale Verkauf vom Unternehmensstandort, der Aufbau eines Filialnetzes, die Aufstellung von Automaten und der Vertrieb durch Reisende (rechtlich und wirtschaftlich unselbständige Angestellte) sind mögliche **Absatzformen** in einem **werkseigenen Vertriebssystem.** Die Filialen sind sowohl rechtlich wie auch wirtschaftlich von der Unternehmung abhängig. Eine weitere mögliche Absatzform im werkseigenen Vertriebssystem besteht in der Inanspruchnahme betriebsfremder Verkaufsorgane. Der Vertrieb erfolgt dann mit Hilfe von Handelsvertretern, Kommissionären und Maklern. Ein Handelsvertreter ist ein rechtlich selbständiger Gewerbetreibender, der aber wirtschaftlich an den Hersteller gebunden ist. Er bekommt für seine Verkaufsleistung ein bestimmtes (geringes) Fixum (Festgehalt) und eine relativ hohe erfolgsabhängige Provision. Der Kommissionär handelt ebenfalls für die Rechnung seines Auftraggebers, tritt aber im eigenen Namen auf. Der Makler sammelt Angebot und Nachfrage. Nach erfolgreicher Vermittlung schließen die Vertragspartner selbst den Vertrag ab, während der Makler eine Abschlußprovision kassiert. Handelsvertreter, Kommissionäre und Makler tragen im Gegensatz zu den vom Unternehmen ausgegliederten, rechtlich und wirtschaftlich selbständigen Handelsbetrieben kein Preisrisiko.

Ein **werksgebundenes Vertriebssystem** liegt dann vor, wenn die Unternehmung ihre Absatzfunktion ausgliedert und rechtlich selbständige, aber wirtschaftlich gebundene Verkaufsunternehmen gründet. Der Hersteller bedient sich des rechtlich selbständigen Handels, der im eigenen Namen und auf eigene Rechnung verkauft. Durch besondere Vertragsbeziehungen werden die "Vertragshändler" wirtschaftlich eng an den Hersteller gebunden. Ein in jüngster Zeit immer mehr an Bedeutung gewinnendes werksgebundenes Vertriebssystem ist das **Franchise-System.** Hier geht der Händler eine Zusammenarbeit nicht nur über ein Produkt bzw. eine Produktlinie ein, sondern hinsichtlich eines gesamten Marketing-Konzepts (Beispiele: Mc Donald's, Coca-Cola, Wienerwald, Benetton). Gegen ein Entgelt, meist Umsatzbeteiligung, erhält der Franchise-Nehmer (Händler) das Recht, ein bestimmtes Sortiment, unter Verwendung von Namen, Warenzeichen, Ladenausstattung und mit Unterstützung von Werbe- und Verkaufsfördermaßnahmen des Franchise-Gebers (Hersteller) zu vertreiben. Die Franchise-Nehmer führen ihren Betrieb ganz nach den Weisungen und unter Kontrolle des Franchise-Gebers. Auf diese Art kann ein einheitliches Image des Produktes bewahrt bleiben. In den USA wickeln die Franchise-Betriebe bereits ein Drittel des Einzelhandelsumsatzes ab.

Andere Arten der Vertriebsbindung sind z. B. **Ausschließlichkeitsbindung** und **Bezugsbindung.** Bei der Ausschließlichlichkeitsbindung gewährt der Hersteller

Markt und Absatz

seinen Vertragshändlern Gebietsschutz durch alleinige Belieferung in einer bestimmten Region. Eine Bezugsbindung (Vertragshändler-System) liegt dann vor, wenn der Hersteller den Händler verpflichtet, nur bei ihm zu kaufen (Bierlieferungsvertrag zwischen einer Brauerei und einer Gaststätte). Die Unterschiede zwischen den einzelnen Arten der Vertriebsbindung sind oft nur gering, die umfassendsten vertraglichen Bindungen enthält jedoch das Franchise-System.

Gewährt das Unternehmen den Verkaufsniederlassungen rechtliche und wirtschaftliche Selbständigkeit, so ist die Absatzfunktion völlig vom Unternehmen getrennt.

Bei der Wahl des Absatzweges ist zu entscheiden, ob sich das werkseigene oder werksgebundene Vertriebssystem an den Großhandel, den Einzelhandel oder unmittelbar an den Verbraucher wenden soll. Läuft der Vertrieb über den Handel, spricht man von **indirektem Absatzweg**. Der **direkte Absatzweg** führt vom Hersteller unmittelbar zum Verbraucher. Bei direktem Absatz kann die Ware billiger angeboten werden, weil sich der Hersteller die Handelsspanne spart. Der direkte Absatz ist üblich im Bereich der Investitionsgüterindustrie und bei Großabnehmern. Beachtlichen Erfolg beim direkten Absatz konnte AVON-Kosmetik erzielen. "Avon bringt Schönheit direkt ins Haus" wurde zum Werbeslogan. Beim direkten Absatz übernimmt der Betrieb allerdings alle Funktionen, die Groß- und Einzelhandel ausüben, selbst, was unter Umständen erhebliche Kosten verursacht.

Insbesondere bei Konsumgütern und Massenartikeln nehmen die Hersteller die Dienste des Handels in Anspruch. Der Handel übernimmt zunächst die Aufgabe, die Waren räumlich an die Konsumenten heranzubringen. Über sein bereits bestehendes Netz von Läden führt er die Weiterverteilung abnehmernah durch, so daß die Käufer die betreffenden Waren unmittelbar am Wohnort beziehen können **(räumlicher Ausgleich)**. Produktion und Verbrauch stimmen häufig zeitlich nicht überein. Oft erfolgt die Produktion aus produktionstechnischen Gründen kontinuierlich, der Bedarf dagegen unterliegt saisonalen Schwankungen (Spielwaren, Bademoden, Wintermäntel, Skiausrüstung). Der **Ausgleich der zeitlichen Spannungen** geschieht über eine entsprechende Lagerhaltung, die vom Händler übernommen wird. Der Handel ermöglicht dem Hersteller eine Spezialisierung nach produktions- und kostentechnischen Gesichtspunkten. Indem der Handel sein Sortiment so zusammenstellt, daß der Verkäufer die Waren im Laden vorfindet, die er gewöhnlich zusammen zu beschaffen pflegt, sorgt er für einen **qualitativen Ausgleich.** Außerdem entlastet der Handel den Produktionsbetrieb

105

Markt und Absatz

insofern, als er die Aufträge, insbesondere bei Konsumgütern, die vom Haushalt nur in kleinen Mengen verbraucht werden, sammelt und dann große Mengen bestellt (**quantitativer Ausgleich**).

Der Handel übernimmt auch weitgehend die wichtige Funktion der **Information** und **Beratung**. Durch Produktberatung und technische Produkterklärung, die beim Verkauf komplizierter Artikel notwendig sind, ersetzt der Handel sogar einen Teil der Herstellerwerbung.

Gelegentlich erzwingen große Handelsfirmen von kleineren, meist stark abhängigen Lieferanten Sonderkonditionen wie Rabatte, "Eintrittsgelder", Schaufenstermieten etc. Man spricht von **Nachfragemacht.** Der Mißbrauch der Nachfragemacht knebelt nicht nur kleinere Hersteller, sondern sorgt auch dafür, daß umsatzschwächere Händler, die diese Vergünstigungen nicht erzwingen können, gegenüber ihren großen Konkurrenten immer mehr Wettbewerbsnachteile hinnehmen müssen und schließlich vom "Big Brother" geschluckt werden. Die Konzentration und die damit verbundene stärker werdende Nachfragemacht tritt insbesondere im Lebensmitteleinzelhandel zunehmend in Erscheinung.

## 11. Kommunikationspolitik

Strenggenommen gehört die Kommunikationspolitik zu der im Abschnitt 10 behandelten Präferenzpolitik. Angesichts der zunehmenden Bedeutung der Kommunikationspolitik wird ihr jedoch ein eigener Abschnitt gewidmet.

### a) Bereiche der Kommunikationspolitik

Kommunikationspolitik ist der heute verwendete Begriff für ein ganzes Bündel von Werbemaßnahmen. Sie umfaßt nicht nur die klassische Werbung als **Medienwerbung** in Zeitungen, Zeitschriften, Film, Funk, Fernsehen, Bildschirmtextsystemen (Btx), sondern auch die verkaufsfördernden Maßnahmen (**sales promotion**) und die Öffentlichkeitsarbeit (**public relations**).

Die **sales promotion** richtet sich überwiegend an die Verkaufsstellen des Handels. Sie reicht von Probiertischen, Vorführungen, Probepackungen, Preisausschreiben, Displaymaterial, Schaufenstergestaltung bis hin zur Händlerschulung.

Während Medienwerbung und Verkaufsförderung überwiegend produktbezogen arbeiten, zielt die **Öffentlichkeitsarbeit** darauf ab, das Erscheinungsbild der

Markt und Absatz

Unternehmung als Ganzes zu verbessern. Die PR-Arbeit dient der Imagepflege der Unternehmung. Sie richtet sich deshalb nicht nur an die potentiellen Kunden, sondern an das gesamte Umfeld (Staat, Verbraucherverbände, Medien, Aktionäre, Lieferanten, Mitarbeiter). Zu den Maßnahmen der Öffentlichkeitsarbeit zählen: Betriebsbesichtigungen ("Tag der offenen Tür") und Veranstaltungen (Vorträge, Ausstellungen, Jubiläumsfeiern), Berichte und Reportagen in der Presse (Fusionsabsichten, Investitionsvorhaben, Einführung neuer Produkte, Ehrung von Mitarbeitern), Stiftungen (für Kunst, Wissenschaft und Forschung) und Sponsoring. Zu einer wirkungsvollen PR-Arbeit gehört, daß sich das Unternehmen mit einem einheitlichen Erscheinungsbild (Firmengebäude, Briefkopf, Fahrzeugbeschriftungen, Markenzeichen, Arbeitskleidung der Mitarbeiter) präsentiert. Man verwendet hierfür den Begriff **corporate identity.** Er deutet darauf hin, daß die einzelnen Kommunikationsmaßnahmen so aufeinander abzustimmen sind, daß sie dazu beitragen, das gewünschte Bild in der Öffentlichkeit herzustellen.

## b) Planung der Werbemaßnahmen

Den Anfängen moderner Konsumwerbung begegnen wir erst gegen Ende des 19. Jahrhunderts, als in den Industriegesellschaften die Warenproduktion geradezu sprunghaft stieg. War die Werbung anfangs überwiegend **Informationswerbung,** um neue Produkte auf dem Markt bekannt zu machen oder neue Märkte zu erschließen, hat der sich in den 60er Jahren entwickelnde Käufermarkt die **Suggestivwerbung** erblühen lassen. Durch Leitbildwerbung soll dem Käufer suggeriert werden, daß gerade der Besitz eines bestimmten Produktes erstrebenswert ist, weil dadurch sein Ansehen, Wohlbefinden oder Glücksgefühl steigt. Diese Art der Werbung gewinnt insbesondere dort an Bedeutung, wo sich die einzelnen Produkte qualitativ und technisch kaum noch unterscheiden.

### Maßnahmen der Werbeplanung

Zunächst müssen die **Werbeziele** festgelegt werden: Bekanntmachen des Produktes, Weiterreichung von Informationen über das Produkt, Aufbau eines Markenimages. Der **Werbeetat** legt die finanziellen Mittel, die für die Durchführung der Werbekampagne zur Verfügung stehen, fest. Dabei müssen die allgemeine Finanzlage des Unternehmens und der Werbeaufwand der Konkurrenz einbezogen werden. Bei der Auswahl der **Zielgruppe** (Streukreis) geht es darum, den Personenkreis (Hausfrauen, Schüler, Gewerbetreibende, Freiberufliche) zu finden, an den die Werbung zu richten ist. Durch die **Gestaltung der Werbebot-**

107

Markt und Absatz

**schaft** sollen die Werbeziele in konkrete Aussagen umgesetzt werden. Anschließend werden die **Werbemittel** und **Werbeträger** (Streuweg) bestimmt, die die Werbebotschaft an die Zielgruppe herantragen. Gleichzeitig müssen **Werbegebiet** und **Werbezeit** (Streugebiet und Streuzeit) festgelegt werden. Das Streugebiet richtet sich nach der Anzahl der Menschen, die durch die Werbung erreicht werden soll. Für einen Lebensmitteleinzelhändler genügt es, in der Lokalzeitung zu werben, während ein Automobilhersteller überregionale Zeitungen und Zeitschriften als Werbeträger verwenden muß.

### c) Durchführung der Werbeaktion

Unternehmen führen die Werbeaktion entweder selber durch oder beauftragen eine Werbeagentur, die die gesamte Werbung übernimmt.

Die Werbung ist so durchzuführen, daß sie wirksam und wirtschaftlich ist. Die Wirtschaftlichkeit einer Werbeaktion **(Werberendite)** wird in der **Werbeerfolgskontrolle** gemessen. Der Umsatzzuwachs wird ins Verhältnis zu den Aufwendungen der Werbeaktion gesetzt. Es ergibt sich allerdings das Problem der exakten Zurechenbarkeit der Umsatzzahlen auf die einzelnen Werbekampagnen.

Auf die Wirksamkeit der Werbung soll in den folgenden Ausführungen kurz näher eingegangen werden.

Jeden Tag prasseln auf den Verbraucher eine Vielzahl von Werbebotschaften hernieder, nach Schätzungen bis zu 500 pro Tag. Die Fernsehwerbung via Kabel- und Satellitenfernsehen nimmt rapide zu, doch die Werbebotschaft erreicht immer seltener das Publikum. 1991 flimmerten 382000 Spots über den Bildschirm, 25 % mehr als 1990. Gleichwohl sank die Markenerinnerung auf 1/5 des Niveaus von 1979. Eine wachsende Zuschauerzahl reagiert auf die steigende Werbeflut mit reduzierter Aufmerksamkeit oder schaltet während des Werbeblocks mit der Fernbedienung auf andere Sender um. Damit es zu einer Beeinflussung des Verbrauchers durch die Werbung kommt, müssen eine Reihe psychologischer Prozesse ablaufen. Sie seien hier kurz skizziert:

– Auswahlphase: Der Verbraucher wählt bewußt oder unbewußt eine Werbebotschaft aus (Selektionsphase).

– Wahrnehmungsphase: Mit Hilfe seiner Sinnesorgane nimmt der Verbraucher die Werbebotschaft auf, die wahrgenommenen Zeichen oder Bilder werden an die zentralen Instanzen des Gehirns weitergeleitet (Perzeption der Werbebotschaft).

Markt und Absatz

– Weiterverarbeitungsphase: Innerhalb des Gehirns findet eine Weiterverarbeitung der aufgenommenen Zeichen statt. Dies sind in erster Linie Prozesse des Erkennens und Bewertens, d. h. der Inhalt der Werbebotschaft wird mit anderen Produktinformationen verglichen und auf Annehmbarkeit geprüft.

– Speicherungsphase: Vom Kurzzeitgedächtnis kann die aufgenommene Werbeaussage in das Langzeitgedächtnis des menschlichen Gehirns eingespeichert werden. Das Langzeitgedächtnis ist in der Lage, Informationen ein Leben lang zu behalten. Der Mensch ist also fähig, die abgespeicherten Informationen jederzeit abzurufen. Die Speicherung einer Werbebotschaft ist besonders dann wahrscheinlich, wenn ihre Inhalte positiv bewertet und akzeptiert wurden. Derartig gespeicherte Informationen über ein Produkt können eine Handlung auslösen. Der Käufer bevorzugt beim Kauf das umworbene Produkt.

Untersuchungen haben gezeigt, daß eine Werbewirkung über alle Wirkungsstufen hinweg in den seltensten Fällen durch eine einmalige Begegnung mit einer Werbebotschaft erreicht werden kann. Die Wirkung tritt meistens erst nach mehrmaligem Kontakt mit der Werbebotschaft ein. Begründet wird dies mit der Lerntheorie. Diese sagt unter anderem, daß zwischen dem Lernerfolg und der Anzahl der Lernversuche (Wiederholungen) ein funktionaler Zusammenhang besteht: Mit zunehmenden Wiederholungen steigt der Lernerfolg.

Die Werbung hat sich diese Erkenntnisse aus der Psychologie zunutze gemacht. Die **AIDA-Strategie** gibt Anweisungen für eine wirksame Werbung.

**A = Attention:** Die Werbung muß zunächst die Aufmerksamkeit des Verbrauchers auf das Produkt lenken. Dies geschieht häufig durch die Verwendung eines eye-catch. Einen Blickfang bilden z. B. Farben, besondere Anordnung der Werbeaussagen oder Bilder, das Ungewöhnliche, Provozierendes, bekannte Persönlichkeiten (Sportler, Film- und Fernsehstars).

**I = Interest:** Die Aufmerksamkeit muß auf einen (Schein-) Vorteil gelenkt werden. Dadurch wird Interesse geweckt, das auf die jeweilige Zielgruppe (Jugendliche, Raucher, Hausfrauen, Flugreisende, Manager) abgestimmt ist. Eine Interaktion (Wechselwirkung) zwischen Werbebotschaft und Adressaten kommt zustande.

**D = Desire:** Der Konsument fühlt sich emotional angesprochen und rational überzeugt. In ihm entsteht der Wunsch, den Schein- (Vorteil) wahrzunehmen. Die Information wird akzeptiert und im Langzeitgedächtnis gespeichert.

**A = Action:** Der Kaufhandlung des Verbrauchers steht nichts mehr im Wege.

109

Markt und Absatz

Der Werbung wird oft der Vorwurf gemacht, sie manipuliere das Verbraucherverhalten und bediene sich dabei verwerflicher Techniken zur Beeinflussung. Dieser Einwand bezieht sich häufig auf die unterschwellige Werbung. Mit dieser Art der Werbung soll es möglich sein, Menschen zu beeinflussen, ohne daß ihnen das bewußt wird. Die unterschwellige Werbung arbeitet mit extrem kurzen Einblendzeiten von Werbebotschaften (ca. 1/3000 Sek.). Die kurzen Einschaltungen bewirken, daß die Botschaften vom Zuschauer nicht bewußt, sondern nur unbewußt bzw. unterschwellig wahrgenommen werden.

Heute wird angenommen, daß die unterschwellige Werbung zwar zu Reaktionen führen kann, wegen der Mehrdeutigkeit der Reize diese Reaktionen bei verschiedenen Personen aber unterschiedlich sind. Es scheint erwiesen, daß die offenkundige Werbung wirksamer ist als die unterschwellige. Je kürzer die Botschaft nämlich dargeboten wird, um so größer ist die Wahrscheinlichkeit, daß der Konsument sie entweder gar nicht versteht oder verzerrt wahrnimmt.

#### d) Werbemittel und Werbeträger

Auch die richtige Auswahl von Werbemitteln und Werbeträgern entscheidet mit über die Wirkung der Werbung.

Unter **Werbemitteln** versteht man konkrete, haltbar gemachte Werbebotschaften. Zur Konservierung sind bestimmte Sachmittel Papier (für eine Anzeige), Tonband (für einen Hörfunkspot) und Film oder Videokassette (für einen Fernsehspot) notwendig. Die Werbemittel benötigen in jedem Fall einen Träger, der sie an die Umworbenen bringt. Die Übermittlungs- bzw. Transportfunktion üben die **Werbeträger** aus. Werbeträger werden auch **Streumedien** genannt.

Eine Übersicht über die wichtigsten Werbemittel und Werbeträger gibt die folgende Zusammenstellung[12]:

Die in die Werbekostenberechnung 1984 einbezogenen 32 Werbemittelarten, gegliedert nach den 7 Werbemittelbereichen A–G

A. Anzeigen und Beilagenwerbung
   1. Zeitungen
   2. Publikumszeitschriften
   3. Fachzeitschriften
   4. Kundenzeitschriften (Anzeigen)
   5. Anzeigenblätter

Markt und Absatz

6. Konfessionelle Zeitschriften
7. Adreßbücher (Anzeigen)
8. Romanhefte, Comics, Rätselzeitschriften, Zeitungsmagazine (ohne Programmsupplements)
9. Lesezirkel
10. Sonstige Insertionsmöglichkeiten

B. Außenwerbung
11. Anschlagwerbung
12. Verkehrsmittelwerbung
13. Licht- und Schilderwerbung
14. Sonstige Daueraußenwerbung
15. Luftwerbung
16. Kraftfahrzeugbeschriftungen
17. Sportwerbung

C. Fernseh-, Rundfunk-, Film- und BTX-Werbung
18. Fernsehwerbung
19. Rundfunkwerbung
20. Filmtheaterwerbung
21. Bildschrimtext- (BTX-) Werbung

D. Direktwerbung mit graphischen Werbemitteln
22. Direktwerbung mit graphischen Werbemitteln

E. Wertwerbung
23. Werbeartikel
24. Preisausschreiben
25. Kundenzeitschriften (Verkaufserlöse)
26. Warenproben
27. Werbegeschenke
28. Bewirtung

F. Schauwerbung
29. Schaufensterwerbung
30. Verkaufsraumwerbung

G. Werbeveranstaltungen
31. Messen und Ausstellungen
32. Sonstige Werbeveranstaltungen

111

Markt und Absatz

### e)  Neue Strategien in der Medienwerbung

Nachdem der Tabakkonzern REYNOLDS mit seinem Camel-Mann, der sich für
eine Packung Camel meilenweit durch Dschungel und Wüste schlug, auf Platz
vier beim deutschen Zigaretten-Absatz abgerutscht war, mußten sich die Werbe-
strategen etwas einfallen lassen.

In einer Werbeanalyse stellte man fest, daß der "Camel-Mann", der zum Symbol
des Austeigertums avancierte, nicht mehr dem Zeitgeist der 90er Jahre entsprach.
"Die Jugend wollte Miami Vice statt Che Guevara", so Peter Carlberg von der
Werbeagentur McCann-Erickson, die für die Camelwerbung verantwortlich
zeichnet. Ende der 80er Jahre war anscheinend eine neue Jugend heran-
gewachsen, für die Konsum und Partnerschaft wieder eine wichtigere Rolle
spielt. Der Dschungelmacho mußte abdanken. Zuerst sollte er nur in Sommer-
urlaub geschickt werden, und eine Promotion-Kampagne sollte ihn von April bis
August 1991 ersetzen. Die Kinos hatten bald ihren Sommerhit. Einen Werbefilm
von 30 Sekunden Länge, in dem die Stars Kamele sind, wurde produziert. Eine
Idee wurde geboren: Weder tauchen Zigaretten bei den Motiven auf noch wird
geraucht. Auch die Camel-Anzeigenkampagne zeigte nichts anderes als ein
Dromedar, zwei Pyramiden und drei Palmen ohne Markennamen.

Der simple Trick, um Aufmerksamkeit zu gewinnen, ist, daß sich eine Marke
über sich selbst lustig macht. Peter Carlberg erklärte in einem Interview den
Marketing-Kniff, indem er den Rätselsatz "JDR MNSCH VRSTHT DS" auf ein
Stück Papier malte. "Das Come together von Motiv und Marke findet im Kopf
des Betrachters statt". Die Werbekampagne richtet sich vor allem an die 20- bis
29jährigen Großstädter, die "eher intelligent, eher weltoffen" sind, die sich
selbstbewußt geben, aber durch geschickte Beeinflussung dennoch leicht lenken
lassen.

Die Werbung ohne Zigaretten ist mehr als ein Reklamegag. Noch lehnt der EG-
Ministerrat ein generelles Werbeverbot für Tabakwaren ab, doch könnte es in der
Europäischen Gemeinschaft schon bald verboten werden, auf Plakaten und in
Kinospots Zigaretten oder Raucher zu zeigen. Die Tabakindustrie hofft, mit
"rauchfreien" Kampagnen à la Camel der EG ein Schnippchen zu schlagen.

112

Markt und Absatz

*Beispiel*

Abb. 74

# Markt und Absatz

Abb.75

Markt und Absatz

Trendsetter der flotten Werbemasche war 1990 ein Camel-Konkurrent mit dem Motto "Lucky-Strike – sonst nichts". Bei der Neueinführung der einst legendären Nachkriegszigarette rückte man die schwarz-weiß-rote Packung in den Vordergrund. Die Zigaretten tauchten bei den Motiven allerhöchstens noch als Beiwerk auf. Geraucht wurde ebenfalls nicht. Es sollten ganz andere Gefühle geweckt werden als die Sehnsucht nach einem Glimmstengel. "Ooh, what a night ... ", war da beispielsweise auf einer Schachtel "Luckys", die mit Telefonnummern bekritzelt ist, zu lesen.

Die Einführung der Lucky Strike gilt als größter Erfolg der letzten 10 Jahre im Zigarettengeschäft. In nur zwölf Monaten brachten es die "Luckys" auf einen Marktanteil von einem Prozent. Auch Camel konnte mit seinen Dromedaren Erfolge verbuchen und liegt wieder auf dem dritten Platz im Kampf um die Markenanteile. Schätzungsweise kostete die Camel-Kampagne 30 Millionen DM. Auch der Cowboy, der sich noch immer für die weltweit populärste Marke "Marlboro" durch die Prärie raucht, steigt langsam aus dem Sattel. Zwar bleiben die Werber bei Motiven aus dem Westen der USA, doch wenn Menschen auftauchen, dann eher in Gestalt moderner "Alltagshelden" wie Polizisten oder Feuerwehrleuten. Bei den Szenen liegt dann eher wie zufällig irgendwo eine Packung "Marlboro" herum.

Auf Provokation setzte der Textilhersteller Benetton, als Werbeplakate einen Priester und eine Nonne beim Kuß zeigten oder das Sterben eines Aidskranken abbildeten. Für die Strickwaren warben auch Fotos von Natur- und Verkehrskatastrophen, ein verblutendes Opfer von Mafia-Killern und ein afrikanischer Bürgerkriegssoldat, der in seinen Fäusten einen menschlichen Knochen hält. Nur das Firmenlogo "UNITED COLORS OF BENETTON" am rechten oder linken Rand weist noch auf das Produkt hin.

Spätestens seit Anfang der 80er Jahre wird nicht mehr mit dem Qualitätsversprechen geworben. Die Werbung, die ihre Kunden nur davon überzeugen will, daß ein Waschmittel weißer als alle anderen wäscht, interessiert heute kaum noch jemand. Informationen über die Qualität eines Produktes sucht der Verbraucher eher bei der Stiftung Warentest. Geworben wird heute mit Gefühlen, Bildern, Images.

115

Markt und Absatz

# Lernziel-Kontrollfragen

25. Erklären Sie, welcher Inhalt dem Marketingbegriff in seiner engsten bzw. weitesten Fassung zugewiesen wird!

26. Charakterisieren Sie kurz den Käufermarkt, und nennen Sie die Ursachen für sein Entstehen!

27. Nennen Sie die möglichen Zielvorstellungen einer Unternehmung im Bereich der Absatzpolitik, und geben Sie je eine absatzpolitische Maßnahme an, die dem Erreichen des jeweiligen Zieles dient!

28. Erläutern Sie, warum auf einem vollkommenen Markt keine Preisunterschiede bestehen können!

29. Warum ist das Marktformenschema ein theoretisches Konstrukt mit einer geringen praktischen Bedeutung?

30. Was versteht man unter der Preiselastizität der Nachfrage, und welche Bedeutung hat sie im Hinblick auf die Preisdifferenzierung?

31. Definieren Sie das heterogene Oligopol, und skizzieren Sie seine Nachfragefunktion! Erläutern Sie, warum es bei den Konkurrenten zu "bewußtem Parallelverhalten" kommt!

32. Was versteht man unter horizontaler und vertikaler Preisdifferenzierung? Geben Sie je zwei Beispiele dafür!

33. Es sind folgende Funktionen gegeben:
Nachfrage (N)   =   $40 - 1,5\,p$
Angebot (A)     =   $10 + p$
    a) Berechnen Sie den Prohibitivpreis, die Sättigungsmenge und den Gleichgewichtspreis!
    b) Ermitteln Sie den Angebotsüberhang bei einem Preis von 18 GE!
    c) Welche Auswirkungen hätte eine Erhöhung der Nachfrage auf $49 - 2\,p$ auf den Gleichgewichtspreis?

34. Ein Unternehmen im Polypol stellt eine breite Palette von hochwertigen Produkten aus der Textilbranche her. Es wird beabsichtigt, ein neues Produkt in

116

Markt und Absatz

das Produktionsprogramm aufzunehmen. Der Marktpreis für das Produkt beträgt gegenwärtig 2200 DM pro Stück. Die Kostenfunktion lautet $K = 40x^2 + 200x + 16000$.

a) Berechnen Sie, bei welcher Absatzmenge das Produkt kostendeckend hergestellt werden kann!

b) Wie hoch ist der Gesamtgewinn beim neuen Produkt, wenn das Unternehmen die gewinnmaximale Menge produziert?

c) Ermitteln Sie den Stückgewinn und Deckungsbeitrag bei Produktion der gewinnmaximalen Menge!

d) Wie weit könnte der Marktpreis fallen, bis das Unternehmen trotz Anpassung der Produktionsmenge keinen Gewinn mehr erzielt?

35. Eine Metallfabrik besitzt für ein bestimmtes Produkt ein Angebotsmonopol. Die Kapazitätsgrenze liegt bei 800 Stück. Das Unternehmen geht von der folgenden Preis-Absatz-Funktion aus: $p = 130 - 1/10x$.
Die Kosten der Metallfabrik sind in der folgendenTabelle erfaßt.

| Stück | fixe Kosten | variable Kosten | Gesamtkosten |
|-------|-------------|-----------------|--------------|
| 0     |             |                 | 10 000       |
| 100   |             |                 | 14 000       |
| 200   |             |                 | 18 000       |
| 300   |             |                 | 22 000       |
| 400   |             |                 | 26 000       |
| 500   |             |                 | 30 000       |
| 600   |             |                 | 34 000       |
| 700   |             |                 | 38 000       |
| 800   |             |                 | 42 000       |

a) Ergänzen Sie die Kostentabelle und erstellen Sie daraus die Gesamtkostenfunktion für das Unternehmen!

b) Berechnen Sie die gewinnmaximale Absatzmenge und den Monopolpreis!

117

Markt und Absatz

c) Welche totalen Stückkosten ergeben sich bei der Cournotschen Menge?

d) Stellen Sie in einer Zeichnung durch Marginalanalyse den Cournotschen Punkt fest! Markieren Sie in Ihrer Skizze die Fläche, die den Gesamtgewinn repräsentiert!

Maßstab: Rechtswertachse: 1 cm = 100 Stück
Hochwertachse: 1 cm = 20 Stück

36. Nennen Sie vier Nachteile eines Angebotsmonopoles für die Konsumenten und drei Gefahren, die sich für den Monopolisten ergeben könnten, wenn er seine Marktmacht ausnutzt!

37. Konstruieren Sie mit Hilfe einer Zeichnung das Gewinnmaximum für ein Unternehmen mit linearer Kostenfunktion (K = ax + b) im Polypol!

38. Die gewinnmaximale Preis-Absatz-Funktion eines Polypolisten auf unvollkommenem Markt kann auf seinem monopolistischen Abschnitt liegen, muß es aber nicht. Begründen Sie diese Aussage!

39. "Was nichts kostet, ist auch nichts wert". Versuchen Sie diese These mit der Existenz externer Konsumeffekte zu belegen!

40. Was versteht man unter dem Produktlebenszyklus? Welche besonderen Probleme treten in der Einführungs- bzw. Degenerationsphase auf?

41. Die Stellung eines marktbeherrschenden Unternehmens läßt sich leichter mit Hilfe der Produktvariation als der Preispolitik gewinnen (E. Gutenberg). Nehmen Sie dazu Stellung!

42. Versuchen Sie eine Zielgruppendefinition für
a) Mercedesfahrer
b) Marokkotouristen
c) Marlboro-Raucher
d) Quelle-Kunden

43. Was versteht man unter Franchise-System?

44. Entwerfen Sie eine Werbeplanung mit einem umfassenden Marketingkonzept für die Einführung einer neuen Sorte von Gummibärchen auf dem EG-Binnenmarkt!

118

## IV. Rechtsformen der Unternehmung und Unternehmenszusammenschlüsse

### 1. Überblick über die Rechtsformen der Unternehmung im Privatrecht

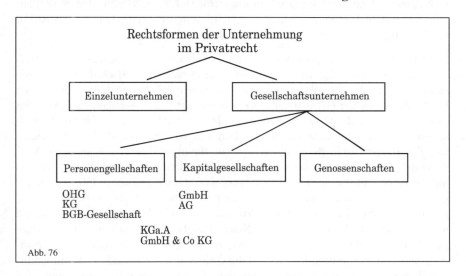

Abb. 76

Die **Rechtsformen der Unternehmung im Privatrecht** sind im Handelsgesetzbuch (HGB), Bürgerlichen Gesetzbuch (BGB), Aktiengesetz (AktG) und GmbH-Gesetz festgelegt. Daneben gibt es besondere **Rechtsformen des öffentlichen Rechts** wie beispielsweise Körperschaft, Anstalt, Stiftung. Die wichtigsten Unterschiede zwischen privatwirtschaftlichen und öffentlichen Betrieben bestehen darin, daß die öffentlichen meist allein Gebietskörperschaften (Bund, Länder, Gemeinden) gehören und statt der Erwirtschaftung möglichst großer Gewinne in der Regel soziale Ziele verfolgen wie eine ausreichende Versorgung der Bevölkerung mit lebenswichtigen Produkten oder Dienstleistungen (Strom, Wasser, Nahverkehr, Müllabfuhr) zu kostendeckenden Preisen oder eine ausreichende Versorgung der Bevölkerung mit sozialen und kulturellen Einrichtungen (Theater, Museen, Bibliotheken, Krankenhäuser, Schulen) bei Inkaufnahme von steuerfinanzierten Verlusten oder Verhinderung eines privaten Angebotsmonopoles durch Errichtung eines staatlichen Monopols (Bundespost, Bundesbahn). Gelegentlich werden auch hoheitliche Aufgaben zur Rechtfertigung öffentlicher Betriebe (z. B. Wahrung des Briefgeheimnisses) angeführt.

Rechtsformen der Unternehmung und Unternehmenszusammenschlüsse

Bei den privatrechtlichen Rechtsformen der Unternehmung unterscheidet man je nach dem, wieviele Personen am Unternehmen beteiligt sind, **Einzelunternehmen** und **Gesellschaftsunternehmen.** Einzelunternehmungen haben den Vorteil, daß keine Meinungsverschiedenheiten in der Geschäftsführung auftreten und somit rasche Entscheidungen getroffen werden können. Gesellschaftsunternehmen leiten Arbeitsgemeinschaften von qualifizierten Führungskräften; das Risiko der Haftung verteilt sich auf mehrere Personen.

Steht bei der Beteiligung nicht das Kapital, sondern die Person des Gesellschafters im Vordergrund, handelt es sich um eine **Personengesellschaft.** Die Gesellschafter leiten die Gesellschaft grundsätzlich persönlich und haften persönlich für die Schulden der Gesellschaft. Die bedeutendsten Personengesellschaften des Privatrechts sind die Offene Handelsgesellschaft (OHG), die Kommanditgesellschaft (KG) und die Gesellschaft des bürgerlichen Rechts (BGB-Gesellschaft). Bei **Kapitalgesellschaften** steht das Zurverfügungstellen von Kapital im Vordergrund. Die Gesellschafter sind von der Geschäftsführung ausgeschlossen und haften nicht mit ihrem Privatvermögen. Die Geschäftsführer (Vorstandsmitglieder) müssen keine Kapitalanteile besitzen. Die wichtigsten Kapitalgesellschaften des Privatrechts sind die Aktiengesellschaft (AG) und die Gesellschaft mit beschränkter Haftung (GmbH). Neben Kapitalgesellschaften und Personengesellschaften gibt es Sonderformen wie die Genossenschaft, bei der das Solidarprinzip im Vordergrund steht, und die GmbH & Co. KG und die Kommanditgesellschaft auf Aktien (KGaA), die eine Mischform zwischen Personen- und Kapitalgesellschaft darstellen.

Ca. 90 % der Unternehmen in der BRD werden als Einzelunternehmen geführt. Nur 2 % sind Kapitalgesellschaften. Da aber die größten Unternehmen in der BRD als AG geführt werden, kommt die wirtschaftliche Bedeutung dieser Rechtsform besser in ihrem Umsatzanteil, der ca. 35 bis 40 % beträgt, zum Ausdruck.

## 2. Entscheidungskriterien für die Wahl der Rechtsform

Jede Unternehmungsform hat spezielle Vorteile und Nachteile. Die Wahl der Rechtsform zählt zu den langfristig wirksamen unternehmerischen Entscheidungen. Die Frage, welche Rechtsform für einen Betrieb die zweckmäßigste ist, stellt sich nicht nur bei der Gründung, sondern sie muß immer wieder geprüft werden, wenn sich wesentliche Faktoren verändern.

Rechtsformen der Unternehmung und Unternehmenszusammenschlüsse

Ein wichtiges Kriterium für die Wahl der Rechtsform ist die **Haftung** bzw. die Streuung des Haftungsrisikos. Der Einzelunternehmer haftet für die Schulden seiner Firma grundsätzlich unbeschränkt, d. h. mit dem Betriebsvermögen und dem Privatvermögen. Durch die Wahl der Rechtsform läßt sich die Haftung einzelner Gesellschafter oder der Gesamtheit der Gesellschafter beschränken, d. h. sie haften nur mit dem eingebrachten Geschäftsvermögen oder Kapital und nicht mehr mit ihrem Privatvermögen.

Für die Wahl der Rechtsform spielt auch die Leitungsbefugnis eine wichtige Rolle. Die Leitungsbefugnis umfaßt die Bereiche **Geschäftsführung** und **Geschäftsvertretung.** Die Geschäftsführung bezieht sich auf das Innenverhältnis, d. h. wer im Verhältnis der Gesellschafter untereinander das Recht bzw. die Pflicht hat, die Gesellschaft zu leiten. Die Vertretungsbefugnis betrifft das Außenverhältnis, d. h. das Verhältnis der Gesellschaft gegenüber Dritten. Ob Gesellschafter bzw. welche Gesellschafter zur Geschäftsführung und Geschäftsvertretung befugt sind, wird mit der Wahl der Rechtsform festgelegt. Die Leitungsbefugnis steht bei den Personengesellschaften in einem engen Zusammenhang mit der Haftung und der Risikoübernahme, d. h. sie obliegt in der Regel den unbeschränkt haftenden Gesellschaftern. Bei Kapitalgesellschaften wird die Leitung von angestellten Managern übernommen, die nicht am Firmenkapital beteiligt sein müssen und somit keine Haftung übernehmen.

Das Risiko eines Unternehmers oder Gesellschafters hängt entscheidend von Art und Umfang der Haftung ab. Das Kapitalrisiko wiederum bestimmt die **Beteiligung am Gewinn oder Verlust.** Eine spezielle von den gesetzlichen Bestimmungen abweichende Gewinnverteilungsregelung kann im Gesellschaftsvertrag vereinbart sein. Der Gesellschaftsvertrag regelt das Verhältnis der Gesellschafter zueinander. In Kapitalgesellschaften nennt man den Gesellschaftsvertrag Satzung. Ist keine vertragliche Regelung getroffen, bestimmt das HGB bei der OHG, KG bzw. BGB-Gesellschaft die Gewinnverteilung. Bei beschränkter Haftung erfolgt die Gewinnverteilung grundsätzlich nach Kapitalanteilen, da das übernommene Risiko von der Höhe der Kapitaleinlage abhängt.

Ein nicht unbedeutender Faktor bei der Wahl der Rechtsform sind die **Finanzierungsmöglichkeiten.** Bei Einzelunternehmungen begrenzt das Vermögen des Unternehmers die **Eigenkapitalbasis.** Eine Personengesellschaft verfügt normalerweise über eine breitere Eigenkapitalbasis, die durch die Aufnahme neuer Gesellschafter vergrößert werden kann. Die besten Möglichkeiten der Eigenfinanzierung ergeben sich bei den Kapitalgesellschaften. Da die Haftung der

Rechtsformen der Unternehmung und Unternehmenszusammenschlüsse

Aktionäre beschränkt ist und sie ihr Kapital im Betrieb arbeiten lassen können, ohne bei der Geschäftsführung mitwirken zu müssen, können große Kapitalbeträge zusammengetragen werden. Aufgrund der kleinen Stückelung des Grundkapitals in Aktien von einem Mindestnennbetrag von 50 DM lassen sich auch kleine Beträge der Anleger sammeln und zu großen Eigenkapitalsummen ballen. Die Aktiengesellschaften fungieren als Kapitalsammelbecken. Eine Erhöhung des Aktienkapitals ist durch Ausgabe junger Aktien auf dem Wege einer Kapitalerhöhung möglich, der GmbH ist der Zugang zur Börse versperrt.

Die **Kreditbeschaffungsmöglichkeiten** sind bei den einzelnen Rechtsformen unterschiedlich. Sie hängen von der Höhe des Eigenkapitals und den Haftungsverhältnissen ab, durch die die Sicherheit der Gläubiger gewährleistet wird. Die OHG ist in der Regel kreditwürdiger als eine Einzelunternehmung, da mindestens zwei Gesellschafter unbeschränkt haften. Die beschränkte Haftung der Gesellschafter ergibt für die GmbH eine geringere Kreditwürdigkeit. Über die besten Möglichkeiten der Fremdkapitalbeschaffung verfügen in der Praxis die großen börsenfähigen Aktiengesellschaften, weil einerseits das Aktiengesetz zahlreiche Vorschriften zum Schutze der Gläubiger enthält und den AGs andererseits besondere langfristige Finanzierungsformen (Schuldverschreibungen, Wandelschuldverschreibungen) offenstehen.

Positiv wirkt sich bei Kapitalgesellschaften mit eigener juristischer Person aus, daß die Existenz der Gesellschaft vom Schicksal der einzelnen Gesellschafter unabhängig ist. Bei der OHG besteht die Gefahr, daß die Gesellschaft durch den Tod eines Gesellschafters aufgelöst wird.

Die **Gründungskosten** hängen in erster Linie vom Umfang gesetzlicher Vorschriften ab. Je detaillierter und strenger die gesetzlichen Rahmenbedingungen gestaltet sind, desto höhere Gründungskosten fallen an. Während bei der Gründung von Personengesellschaften im allgemeinen nur einmalige Aufwendungen anfallen (Eintragung ins Handelsregister, notarielle Beurkundung des Gesellschaftsvertrages), entstehen bei Kapitalgesellschaften neben hohen Gründungskosten (Kosten für Druck und Ausgabe der Aktien, Prospekte, Gründungsprüfung, notarielle Beurkundungen) aufgrund des **Publizitätszwanges** laufende Aufwendungen. Der Jahresabschluß und der Geschäftsbericht müssen nach Prüfung durch einen Wirtschaftsprüfer veröffentlicht werden. Der Jahresabschluß der AG ist im Bundesanzeiger und in einer weiteren in der Satzung benannten Zeitung bekanntzumachen.

122

Für bestimmte Rechtsformen (Aktiengesellschaften, Kommanditgesellschaften auf Aktien) besteht Publizitätszwang. Die Veröffentlichungen dienen dem Schutz der Gläubiger und Anteilseigner. Nach dem Publizitätsgesetz unterliegen auch Unternehmen, die keine Kapitalgesellschaften sind, dem Publizitätszwang, wenn für drei aufeinanderfolgende Abschlußstichtage mindestens zwei der drei folgenden Merkmale zutreffen:
- eine Bilanzsumme über 125 Millionen DM
- ein Jahresumsatz über 250 Millionen DM
- eine im Jahresdurchschnitt 5000 Arbeitnehmer übersteigende Belegschaft.

Bei Großunternehmen besteht ein berechtigtes Interesse der Öffentlichkeit an gesteigerter Publizität, um dadurch einen Beitrag zum Schutz der Gesamtwirtschaft zu leisten. Die Bedeutung des Publizitätszwanges für die Wahl der Rechtsform ist nicht nur unter dem Blickwinkel der verursachten Aufwendungen zu sehen. Häufig wird die Form der GmbH der AG vorgezogen, um sich einem erhöhten Publizitätszwang zu entziehen.

Auch die gesetzlich verankerten **Mitbestimmungsrechte** der Arbeitnehmer entscheiden über die Wahl der Rechtsform. Für kleine Aktiengesellschaften (Unternehmen bis zu 2000 Beschäftigte) gilt die Drittelparität nach dem Betriebsverfassungsgesetz von 1952, wonach der Aufsichtsrat zu einem Drittel mit Vertretern der Arbeitnehmer zu besetzen ist. Große Kapitalgesellschaften mit mehr als 2 000 Beschäftigten unterliegen dem Mitbestimmungsgesetz von 1977, das besagt, daß sich der Aufsichtsrat – wenigstens formal – paritätisch zusammensetzen muß. Der Aufsichtsrat besteht hier je zur Hälfte aus Vertretern der Anteilseigner und der Arbeitnehmer. Auf die Seite der Arbeitnehmer rückt ein leitender Angestellter, bei Stimmgleichheit entscheidet der Aufsichtsratsvorsitzende, der von der Kapitalseite gestellt wird. Bei Einzelunternehmen und Personengesellschaften mit mehr als 5 ständig Beschäftigten wird ein Betriebsrat gewählt, der nur zu einer arbeitsrechtlichen Mitbestimmung (Arbeitszeit-, Urlaubsregelungen, Entlohnungsgrundsätze, Akkordzuschläge, Verhalten und Ordnung im Betrieb, betriebliches Vorschlagswesen etc.) befugt ist.

### Entscheidungskriterien für die Wahl der Rechtsform

- Haftung, Risikoverteilung
- Leitungsbefugnis (Geschäftsführung, -vertretung)
- Gewinn- und Verlustverteilung
- Finanzierungsmöglichkeiten (Eigenkapitalbasis, Kreditbeschaffungsmöglichkeiten)

Rechtsformen der Unternehmung und Unternehmenszusammenschlüsse

- Gründungskosten
- Publizitätszwang
- Mitbestimmungsrechte der Arbeitnehmer im Betrieb

## 3. Personengesellschaften im Vergleich

Personengesellschaften weisen folgende Merkmale auf:

- Sie haben keine eigene Rechtspersönlichkeit, d. h. sie sind keine juristischen Personen wie die Kapitalgesellschaften, die klagen und verklagt werden können, selbst vom Gewinn (Körperschaftssteuer) und vom Vermögen Steuern entrichten müssen. Jeder voll haftende Gesellschafter muß gesamtschuldnerisch für die Gesellschaft einstehen.
- In jeder Personengesellschaft existiert mindestens ein Gesellschafter, der unbeschränkt, mit seinem Geschäfts- und Privatvermögen, haftet (Vollhafter).
- Nur voll haftende Gesellschafter in einer Personengesellschaft sind zur Geschäftsführung berechtigt und verpflichtet.
- Durch den Tod eines voll haftenden Gesellschafters kann die Gesellschaft aufgelöst werden.

Die wichtigsten Personengesellschaften sind die **Offene Handelsgesellschaft** (OHG), **Kommanditgesellschaft** (KG) und die **Gesellschaft des bürgerlichen Rechts** (BGB-Gesellschaft). OHG, KG und BGB-Gesellschaft werden durch einen Gesellschaftsvertrag, der die Rechtsverhältnisse der Gesellschafter untereinander regelt, gegründet. Den Rahmen für den Gesellschaftsvertrag bilden BGB und HGB. BGB und HGB sind jedoch weitgehend dispositives Recht, d. h. die Regelungen finden nur dann Anwendung, wenn im Gesellschaftsvertrag nichts anderes vorgesehen ist. Eine besondere Formvorschrift für die Gründung existiert nicht. Werden jedoch Grundstücke in die Gesellschaft eingebracht, ist eine notarielle Beurkundung des Gesellschaftsvertrages notwendig.

Die OHG und KG entstehen im Innenverhältnis zu dem im Gesellschaftsvertrag vereinbarten Termin. Nach außen werden OHG und KG frühestens mit dem Geschäftsbeginn und spätestens mit der Eintragung ins Handelsregister wirksam. Die BGB-Gesellschaft braucht nicht nach außen aufzutreten. Sie kann eine reine Innengesellschaft sein, bei der nur ein Gesellschafter nach außen auftritt. Die BGB-Gesellschaft kann nicht ins Handelsregister eingetragen werden. OHG, KG und BGB-Gesellschaft unterscheiden sich bezüglich der Rechte der Gesellschafter im Innenverhältnis und im Außenverhältnis.

124

Rechtsformen der Unternehmung und Unternehmenszusammenschlüsse

## a) Rechte der Gesellschafter im Außenverhältnis

### Haftung

Alle Gesellschafter (mindestens zwei) der OHG haften gesamtschuldnerisch, d. h. unmittelbar (jeder Gesellschafter kann persönlich in Anspruch genommen werden), unbeschränkt (auch mit dem Privatvermögen) und solidarisch (jeder Gesellschafter haftet für die gesamten Schulden der Gesellschaft ("alle für einen, einer für alle"). Die Gesellschafter besitzen kein festes Kapital.

Eine KG besteht aus mindestens zwei Gesellschaftern mit mindestens einem Vollhafter **(Komplementär)** und einem Teilhafter **(Kommanditist)**. Der Komplementär besitzt kein festes Kapital und haftet wie die Gesellschafter in der OHG gesamtschuldnerisch. Der Kommanditist verfügt über eine feste Einlage und haftet nur bis zur Höhe seiner Einlage, also nicht mit seinem Privatvermögen.

Die Gesellschafter der BGB-Gesellschaft haften grundsätzlich wie die Gesellschafter der OHG. Arbeitet die BGB-Gesellschaft dagegen als reine Innengesellschaft, haften die "Innengesellschafter" den Gläubigern des "Außengesellschafters" nicht.

### Vertretungsmacht

Jeder Gesellschafter der OHG ist berechtigt, Dritten gegenüber Willenserklärungen abzugeben, durch die das Unternehmen Rechte erwirbt und Pflichten eingeht. Eine Beschränkung der Vertretungsmacht durch den Gesellschaftsvertrag ist möglich, muß allerdings ins Handelsregister eingetragen werden.

Kommanditisten besitzen vom Gesetz her keine Vertretungsmacht. Abweichende Vereinbarungen können jedoch im Gesellschaftsvertrag festgelegt werden.

Die Geschäftsvertretung steht in der BGB-Gesellschaft grundsätzlich allen Gesellschaftern zu. Es kann aber auch eine Einzelvertretung vereinbart werden.

## b) Rechte der Gesellschafter im Innenverhältnis

### Geschäftsführung

Alle Gesellschafter der OHG sind zur Geschäftsführung berechtigt und verpflichtet. Im Gesellschaftsvertrag können dazu jedoch einer oder mehrere Gesellschafter bestimmt sein. Der Umfang der Geschäftsführung erstreckt sich auf alle

Rechtsformen der Unternehmung und Unternehmenszusammenschlüsse

Handlungen, die der gewöhnliche Betrieb des Handelsgewerbes mit sich bringt, wie beispielsweise Ein- und Verkauf von Waren, Einstellung oder Entlassung von Personal, Durchführung des Zahlungsverkehrs. Außergewöhnliche Geschäfte (z. B. Kauf, Verkauf oder Belastung von Grundstücken, Errichtung von Filialbetrieben) erfordern die Zustimmung aller Gesellschafter, auch der nichtgeschäftsführenden.

Die Komplementäre der KG haben bezüglich der Geschäftsführung die gleichen Befugnisse wie die Gesellschafter der OHG. Die Kommanditisten dagegen sind zur Geschäftsführung weder berechtigt noch verpflichtet, sie verfügen allerdings über ein Widerspruchs- und Kontrollrecht. Abweichende Regelungen können im Gesellschaftsvertrag getroffen werden.

In der BGB-Gesellschaft steht allen Gesellschaftern gemeinsam die Geschäftsführung zu. Vertraglich sind auch hier andere Regelungen möglich.

**Gewinnbeteiligung**

Nach § 121 HGB wird der Gewinn auf die Gesellschafter der OHG wie folgt verteilt: Jeder Gesellschafter erhält zunächst eine 4%ige Verzinsung seines Kapitalanteils, der Restgewinn wird nach Köpfen verteilt. Verluste werden ebenfalls nach Köpfen, also gleichmäßig auf alle Gesellschafter, verteilt. Die gesetzlichen Regelungen spiegeln die Haftungsverhältnisse und Risikoaufteilung wider. Der Gesellschaftsvertrag kann eine vom HGB abweichende Verteilung des Gewinnes festlegen. So könnten beispielsweise, falls es geschäftsführende Gesellschafter gibt, diese einen höheren Anteil vom Restgewinn erhalten.

Nach § 168 HGB erhalten die Gesellschafter der KG ebenfalls zunächst 4 % auf die Kapitalanteile, der Rest ist in einem "den Umständen angemessenen Verhältnis" zu verteilen. Was unter einem angemessenen Verhältnis zu verstehen ist, muß im Gesellschaftsvertrag festgelegt werden. Das Gesetz geht davon aus, daß das höhere Risiko und der stärkere persönliche Einsatz der Vollhafter honoriert werden sollen. Auch Verluste werden in einem "den Umständen entsprechenden Verhältnis" aufgeteilt. Vertraglich sind auch hier andere Regelungen zulässig.

In der BGB-Gesellschaft bestimmt grundsätzlich der Gesellschaftsvertrag die Verteilung des Gewinnes und Verlustes. Besteht keine diesbezüglich Vereinbarung, tritt § 722 BGB in Kraft, nach dem alle Gesellschafter zu gleichen Teilen am Gewinn oder Verlust beteiligt sind.

## Rechtsformen der Unternehmung und Unternehmenszusammenschlüsse

### Privatentnahmen

Jeder Vollhafter ist berechtigt, Privatentnahmen bis zu 4 % seines zu Beginn des Geschäftsjahres vorhandenen Kapitalanteils zu tätigen. Das gilt auch, wenn die Gesellschaft Verluste ausweist. Bei höheren Entnahmen müssen alle Gesellschafter zustimmen (§ 122 HGB).

Die Kommanditisten sind nicht berechtigt, Privatentnahmen zu machen, die Kommanditeinlage ist fest. Jede Veränderung der Kommanditeinlage bedarf einer Anmeldung beim Handelsregister.

### Informationsrecht

Gesellschafter der OHG und Komplementäre der KG können sich, auch wenn sie von der Geschäftsführung ausgeschlossen sind, jederzeit über die Geschäftslage persönlich unterrichten lassen, die Handelsbücher und Belege der Gesellschaft einsehen und sich aus ihnen einen Jahresabschluß anfertigen lassen (§ 118 HGB). Die Rechte auf Information der Teilhafter gehen nicht soweit.

Der Kommanditist darf nur eine Kopie des Jahresabschlusses verlangen und dessen Richtigkeit unter Einsichtnahme in Geschäftsbücher und Unterlagen prüfen (§ 166 HGB).

### Auflösung und Beendigung

Nach § 131 HGB werden als Auflösungsgründe für die OHG Zeitablauf, Gesellschafterbeschluß, Gesellschaftskonkurs, Konkurs über das Vermögen eines Gesellschafters, Kündigung eines Gesellschafters oder der Tod eines Gesellschafters genannt. Die gleichen Gründe gelten für die Auflösung der BGB-Gesellschaft.

Bei der KG ist der Tod eines Kommanditisten kein Grund zur Auflösung der Gesellschaft. Wenn nichts anderes vereinbart ist, geht der Kapitalanteil auf die Erben über.

Die OHG findet sich meist bei kleineren und mittleren Unternehmen. Sie besteht aus einer engen Arbeitsgemeinschaft der Gesellschafter und wird nur dann funktionieren, wenn die Gesellschafter gut zusammenarbeiten.

Die KG hat gegenüber der OHG den Vorteil, daß der Vollhafter bei Aufnahme weiterer Kommanditisten in seinen Entscheidungen weitgehend unabhängig bleibt. Außerdem wird durch die nur beschränkte Haftung und den nicht erforderlichen persönlichen Einsatz der Kommanditisten die Kapitalbeschaffung durch Aufnahme neuer Gesellschafter (Kommanditisten) erleichtert.

Rechtsformen der Unternehmung und Unternehmenszusammenschlüsse

Die BGB-Gesellschaft kommt vor allem bei Gelegenheitsgesellschaften vor, d. h. bei Gesellschaften, die zur Durchführung bestimmter Aufgaben auf Zeit gebildet werden, z. B. Bankenkonsortium zur Emission von Wertpapieren, Bau von Großprojekten.

## 4. Unterschiede zwischen Personen- und Kapitalgesellschaften

Im Gegensatz zu den Personengesellschaften sind die Kapitalgesellschaften eigene **juristische Personen**, d. h. eine Personenvereinigung mit vom Gesetz anerkannter rechtlicher Selbständigkeit. Juristische Personen sind rechtsfähig, damit auch parteifähig, d. h. sie können klagen und verklagt werden. Der Bestand der juristischen Person ist vom Bestand der Mitglieder und dem Wechsel der Mitglieder unabhängig.

Kapitalgesellschaften kennen keine Gesellschafter, die persönlich mit ihrem Privatvermögen haften müssen. Für die Schulden haftet das Vermögen der Gesellschaft. Im Konkursfall verliert der Aktionär "nur" seine Einlage.

Der zur Ausschüttung kommende Jahresüberschuß wird auf die Aktionäre entsprechend ihres Aktienanteils am Grundkapital verteilt (Dividende = Gewinn: Anzahl der Aktien).

Die Geschäftsführung verteilt sich auf drei Organe: Vorstand, Aufsichtsrat und Hauptversammlung. Die eigentlichen Geschäftsführer (Vorstandsmitglieder) übernehmen als angestellte Manager kein Kapitalrisiko.

Kapitalgesellschaften sind grundsätzlich verpflichtet, den Jahresabschluß und den Lagebericht durch unabhängige Prüfer prüfen zu lassen und zu veröffentlichen **(Publizitätszwang).** Der Umfang der Offenlegung und die Pflicht zur Prüfung sind jedoch unterschiedlich geregelt, um kleine und mittlere Unternehmen vor allzu großen Kosten zu bewahren (§§ 267, 325, 326 HGB).

## 5. Die Aktiengesellschaft

Die Aktiengesellschaft (AG) eignet sich besonders für die Verwirklichung großer wirtschaftlicher Aufgaben, da sich durch die AG große Kapitalbeträge über die Ausgabe von Aktien aufbringen lassen. Im 19. Jahrhundert wären der Bau der Eisenbahn, das Entstehen der Großindustrie und im 20. Jahrhundert die Entwicklung der Mikroprozessoren ohne die Beschaffung von riesigen Kapitalbeträgen über die Aktiengesellschaften wahrscheinlich nicht denkbar gewesen.

## a) Die Gründung der AG

Die Gründung erfordert mindestens fünf Gründeraktionäre, die die Aktien übernehmen, damit der AG das benötigte Kapital zufließt. Der Mindestnennbetrag des Grundkapitals beträgt 100 000 DM. Der Mindestnennbetrag einer Aktie muß auf 5 DM lauten. Höhere Nennbeträge müssen sich auf volle 100 DM oder ein Vielfaches davon belaufen (§§ 6, 7, 8 AktG).

Die Aktien werden meist über dem Nennwert (über pari) ausgegeben. Das dabei erzielte **Aufgeld (Agio)** muß der Kapitalrücklage zugeführt werden. Eine Ausgabe von Aktien unter pari ist nicht zulässig. Kapitalrücklage (Agio), Gewinnrücklagen (gesetzliche und andere Rücklagen) und Grundkapital (Nennwert der Aktien) bilden das Eigenkapital der AG. Das Grundkapital ist konstant und wird auf der Passivseite der Bilanz als **gezeichnetes Kapital** ausgewiesen.

Der Gesellschaftsvertrag, den man bei einer AG **Satzung** nennt, muß notariell beurkundet werden. Die AG als juristische Person entsteht mit dem Zeitpunkt der Eintragung ins Handelsregister. Die Eintragung wirkt damit konstitutiv.

## b) Die Organe der AG

Zu den Organen der AG, die die Geschäftsführung und Vertretung der juristischen Person übernehmen, gehören: **Vorstand, Aufsichtsrat** und **Hauptversammlung.**

Die **Mitglieder des Vorstandes** sind angestellte Unternehmensleiter (Manager) und führen das Unternehmen. Der Vorstand wird vom Aufsichtsrat auf höchstens fünf Jahre bestellt. Eine wiederholte Bestellung ist zulässig (§§ 76, 84 AktG). Zu den Aufgaben des Vorstandes gehören die gemeinschaftliche Geschäftsführung und Vertretung, wenn der Vorstand aus mehreren Personen besteht. Entscheidungen werden nach dem Mehrheitsprinzip getroffen (§ 76, 77, 78 AktG). Der Vorstand muß an den Aufsichtsrat regelmäßig Bericht erstatten über die Geschäftspolitik, Rentabilität, Umsatz und Liquidität (§ 90 AktG). Außerdem muß der Vorstand den Jahresabschluß (Bilanz, Gewinn- und Verlustrechnung, Lagebericht) erstellen und einen Gewinnverwendungsvorschlag ausarbeiten (§ 170 AktG). Zu den weiteren Aufgaben des Vorstandes gehört die Einberufung der Hauptversammlung, die mindestens einmal im Jahr stattfindet (§ 121 AktG). Als Vergütung erhalten die Vorstandsmitglieder neben einem festen Gehalt meist eine Beteiligung am Jahresgewinn (Tantieme) nach § 86 AktG. Der Vorstand prägt entscheidend die Geschäftspolitik großer Unternehmen.

Rechtsformen der Unternehmung und Unternehmenszusammenschlüsse

*Beispiel: Kosten-Nutzen-Rechnung für Manager deutscher Konzerne 1991*

| Firma | Jahresüberschuß | Vorstandsbezüge | soviel Mark verdiente eine "Vorstandsmark" |
|-------|-----------------|-----------------|--------------------------------------------|
|       | in Millonen Mark | | |
| Esso | 505 | 2,8 | 180,36 |
| Bayer | 1853 | 13,4 | 138,28 |
| Deutsche Shell | 547 | 4,0 | 136,75 |
| Bayernwerk | 346 | 2,7 | 128,15 |
| RWE | 1145 | 9,4 | 121,81 |
| Veba | 1223 | 11,7 | 104,53 |
| Volkswagen | 1114 | 11,4 | 97,72 |
| BASF | 1056 | 11,0 | 96,00 |
| PreussenElektra | 480 | 5,3 | 90,57 |
| Deutsche Philips | 464 | 5,4 | 85,93 |
| Siemens | 1792 | 22,9 | 78,25 |
| Deutsche Bank | 1410 | 19,3 | 73,06 |
| Krupp | 305 | 4,3 | 70,93 |
| BMW | 783 | 14,2 | 55,14 |
| Thyssen | 690 | 12,8 | 53,91 |
| Preussag | 425 | 8,5 | 50,00 |
| MAN | 406 | 8,3 | 48,92 |
| Dresdner Bank | 652 | 13,7 | 47,59 |
| Henkel | 443 | 10,7 | 41,40 |
| Mannesmann | 263 | 7,0 | 37,57 |
| Schering | 275 | 7,8 | 35,26 |
| Metallgesellschaft | 179 | 6,4 | 27.97 |
| Asea Brown Boveri | 152 | 5,5 | 27,64 |
| Hoesch | 127 | 5,0 | 25,04 |
| Degussa | 99 | 6,7 | 14,78 |
| Klöckner-Werke | 2 | 4,5 | 0,44 |
| Continental | − 128 | 9,4 | − |
| Lufthansa | − 426 | 3,4 | − |
| AEG | − 624 | 6,5 | − |

Abb. 77 aus: Der Spiegel Nr. 24, 46. Jahrgang, 8. Juni 1992, Seite 131

Der **Aufsichtsrat** kontrolliert den Vorstand. Der Aufsichtsrat wird auf vier Jahre gewählt. Die Zusammensetzung des Aufsichtsrates bestimmen gesetzliche Regelungen: Drittelparität gemäß Betriebsverfassungsgesetz, Mitbestimmungsgesetz von 1977 (eingeschränkte Parität). Nach dem Montanmitbestimmungsgesetz von 1951, das nur für Unternehmen des Bergbaus und der eisen- und stahlerzeugenden Industrie gilt, wird der Aufsichtsrat je zur Hälfte aus Vertretern der Arbeitnehmer und der Anteilseigner gewählt. Ein neutrales Mitglied, das beide

130

Rechtsformen der Unternehmung und Unternehmenszusammenschlüsse

Seiten im Einvernehmen bestimmen, entscheidet bei Stimmengleichheit. Die Mitbestimmung der Arbeitnehmer bezieht sich nicht nur auf den arbeitsrechtlichen Bereich, sondern es handelt sich auch um eine unternehmerische Mitbestimmung, die unternehmerische Entscheidungen (Investitionen, Finanzierung, Betriebserweiterung, Betriebsstillegungen etc.) betrifft.

Neben der Bestellung, Überwachung und Abberufung des Vorstandes (§ 111 AktG) obliegt dem Aufsichtsrat die Prüfung des Jahresabschlusses und des Vorschlages über die Gewinnverwendung. Über das Ergebnis der Prüfung erstattet der Aufsichtsrat der Hauptversammlung Bericht (§ 171 AktG). Wenn es "das Wohl der Gesellschaft erfordert", kann der Aufsichtsrat mit einfacher Mehrheit eine außerordentliche Hauptversammlung einberufen. Die Tätigkeit des Aufsichtsrates wird meist durch eine Beteiligung am Gewinn (Tantieme) honoriert, sofern dies von der Hauptversammlung bewilligt wurde.

Die **Hauptversammlung** ist über das Stimmrecht der Aktionäre das beschließende Organ der AG. Sie wird in der Regel einmal pro Jahr vom Vorstand einberufen. Die Abstimmung in der Hauptversammlung erfolgt nach Aktiennennbeträgen, jede Aktie besitzt ein Stimmrecht. Die Hauptversammlung bestellt die Mitglieder des Aufsichtsrates, bestimmt über die Verwendung des Bilanzgewinnes, entlastet die Mitglieder des Vorstandes und Aufsichtsrates und bestellt die Abschlußprüfer.

Außerdem entscheidet die Hauptversammlung über Satzungsänderungen, Maßnahmen der Kapitalbeschaffung (Kapitalerhöhungen) und Kapitalherabsetzung und über die Auflösung der Gesellschaft (§ 119 AktG). Die Beschlüsse der Hauptversammlung werden in der Regel mit einfacher Mehrheit gefaßt. Satzungsänderungen bedürfen einer qualifizierten Mehrheit von mindestens 75 % des Grundkapitals. Ein Aktionär kann wichtige Beschlüsse der Hauptversammlung torpedieren, wenn er über mehr als 25 % des Grundkapitals **(Sperrminorität)** verfügt. Großaktionäre, die die meisten Stimmen auf sich vereinigen, beherrschen die Hauptversammlung und damit den Aufsichtsrat.

Bei weit gestreutem Aktienbesitz **(Publikumsgesellschaften)** ist der Einfluß einzelner Gesellschafter relativ gering. Kleinaktionäre, die meist ihre Aktien bei einer Bank deponiert haben, ermächtigen häufig ihre Banken, das Stimmrecht auszuüben **(Depotstimmrecht)**. Die Machtposition, die Großbanken auf diese Weise in den Hauptversammlungen und im Aufsichtsrat erwerben, darf nicht unterschätzt werden.

Rechtsformen der Unternehmung und Unternehmenszusammenschlüsse

## c) Die Bedeutung der AG

Die AG fungiert als Kapitalsammelbecken und ermöglicht die Finanzierung von Großprojekten. An einer AG sind oft viele kleine Aktionäre beteiligt, so daß eine breite Streuung des Eigentums und des Unternehmerrisikos möglich wird. Zur Vermögensbildung breiter Bevölkerungschichten wurden Teile des industriellen Bundesvermögens der Preussag AG (1959) und der VEBA (1965) durch die Ausgabe von **Volksaktien** privatisiert. Häufig wird auch die Belegschaft durch die Ausgabe von **Belegschaftsaktien** am Unternehmen beteiligt.

Im Gegensatz zu den Personengesellschaften können bei den Aktiengesellschaften hochqualifizierte Manager auf Zeit berufen werden, die fähig sind, das Unternehmen erfolgreich zu führen.

Die Entwicklung der Aktiengesellschaften ging mit einem zunehmenden Konzentrationsprozeß einher. In der BRD verringerte sich zwar die Zahl der Aktiengesellschaften, aber das Gesamtkapital der bestehenden Aktiengesellschaften erhöhte sich laufend. Dadurch entsteht die Gefahr, daß durch die immer größer werdenden Unternehmensriesen und die oft komplizierten Kapitalverflechtungen der Wettbewerb mehr und mehr eingeschränkt wird. Erheblichen Staub wirbelte 1988 der Einstieg von Daimler-Benz beim Luft- und Raumfahrtkonzern Messerschmitt-Bölkow-Blohm (MBB) auf. Um den Einstieg bei MBB zu erleichtern, übernahm der Bund bis zum Jahr 2000 beim Verkauf der Airbusmodelle A 300, A 310 und A 320 das Dollarrisiko bis zur Marke von 1,60 DM. Die Airbus-Preise basierten auf einem Dollarkurs von 2,00 DM. Dem Bund wurden so schätzungsweise Subventionszahlungen von 15 Milliarden DM aufgebürdet. Auf diese Weise kann der Staat in Abhängigkeit von monopolartigen Unternehmen geraten, die aufgrund ihrer wirtschaftlichen Macht erheblichen politischen Druck ausüben können. Es bedarf einer umfangreichen öffentlichen und staatlichen Kontrolle (Kartellgesetzgebung, Mißbrauchaufsicht), um den Mißbrauch wirtschaftlicher Macht zu verhindern.

In der Theorie und nach dem Gesetz sind Aktionäre Miteigentümer "ihrer" Unternehmen. Neben dem Dividendenanspruch stehen ihnen prinzipiell auch Mitwirkungs- und Stimmrechte zu. In der Praxis werden diese Rechte jedoch zunehmend durch Ausgabe von **Vorzugsaktien** (höhere Dividende, kein Stimmrecht) und Stimmrechtsbeschränkungen ausgehöhlt, die der Grundidee einer Aktionärsdemokratie widersprechen. Stimmrechtsbeschränkungen werden häufig mit der Abwehr von Übernahmeversuchen durch vor allem ausländische Firmenjäger begründet. Zu den Folgen dieser Entmündigungsstrategien zählt das sin-

## Rechtsformen der Unternehmung und Unternehmenszusammenschlüsse

kende Interesse der Aktionäre an den Hauptversammlungen, wo inzwischen oft weniger als 50 % der stimmberechtigten Anteile vertreten sind. In der Politik würde eine ähnlich geringe Wahlbeteiligung mit Recht als katastrophal empfunden werden. In der Wirtschaft scheint den Mächtigen eine möglichst rege Teilnahme der formellen Firmeninhaber dagegen eher lästig.

In den USA ist bei Aktiengesellschaften der sogenannte **"Leverage-Buyout"** in Mode gekommen. Aufgeschreckt wurden die Amerikaner durch den "Fall Nabisco". Kohlberg, Kravis, Roberts & Co. (KKR) übernahmen im November 1988 RJR Nabisco (Winston, Camel, Ritz-Cracker u. a.) zum Kaufpreis von insgesamt 24,74 Mrd. US Dollar. Damit war der Weg für eine weitere Mega-Fusion geebnet. KKR konnte durch Firmenübernahmen innerhalb weniger Jahre ein Imperium von der Größe der General Electric schaffen. Die Firmenübernahmen werden als "Leverage-Buyouts" bis zu 90 % fremdfinanziert. Die aufkaufenden Firmen bieten den Aktionären einer Gesellschaft einen bestimmten Preis für ihre Anteile, der gewöhnlich weit über dem Börsenkurs liegt. Sobald die neuen Eigentümer die Alleinherrschaft übernommen haben, beginnen sie damit, Teile des Unternehmens Stück für Stück abzustoßen, um mit dem Erlös die Bankschulden wieder zu tilgen. Ideale Aufkaufobjekte sind Firmen, die auf dem rezessionsfesten und profitablen Konsumgütersektor tätig sind. "Leverage-Buyouts" führten nach Behauptungen der Befürworter zu höherer Produktivität, weil die Manager wegen der hohen Schulden zur Sparsamkeit gezwungen würden und sich mit größerem Eifer um die Konkurrenz kümmern müßten. Die Kritiker dagegen behaupten, die fremdfinanzierten Firmenkäufe seien reine Geldvermehrungsmaschinen zur Bereicherung einer kleinen Übernahmeclique. Im Falle einer Rezession führten die hohen Schulden dazu, daß die Zinsen nicht mehr bezahlt werden könnten und der Konkurs angemeldet werden müsse. Im amerikanischen Kongreß sind inzwischen Überlegungen im Gange, den gefräßigen "Buy-out"-Firmen den Appetit zu verderben. Eine Streichung oder Einschränkung der Absetzbarkeit der Zinsen für die Übernahmekredite wird derzeit geprüft.

### 6. Die Gesellschaft mit beschränkter Haftung (GmbH)

Eine vereinfachte Form der Kapitalgesellschaft für kleine und mittlere Unternehmen stellt die GmbH dar. Sie weist im Vergleich zur AG einen einfacheren Aufbau, weniger strenge gesetzliche Vorschriften und eine stärkere Bindung der Gesellschafter an die Gesellschaft auf.

Rechtsformen der Unternehmung und Unternehmenszusammenschlüsse

Die GmbH ist eine Handelsgesellschaft mit eigener juristischer Person. Die Gesellschafter sind mit Stammeinlagen am **Stammkapital** beteiligt, die Haftung ist auf die Stammeinlagen beschränkt (§ 13 GmbHG).

Die Gründer einer GmbH bringen das Stammkapital, das mindestens 50 000 DM betragen muß, auf. Eine Einpersonen-Gründung ist möglich, sofern die Kapitaleinlage sichergestellt ist. Die Satzung kann eine beschränkte oder unbeschränkte **Nachschußpflicht** festlegen, damit eine spätere Kapitalbeschaffung erleichtert wird. Bei der unbeschränkten Nachschußpflicht besitzt der Gesellschafter ein **Abandonrecht,** d. h. er kann der Gesellschaft bei einer Nachforderung seinen Anteil zur Versteigerung überlassen. Der Teil des Versteigerungserlöses, der die Nachforderung übersteigt, steht dem ausscheidenden Gesellschafter zu. Der Geschäftsanteil kann im Gegensatz zur Aktie nur in notarieller Form veräußert werden. Ein börsenmäßiger Verkauf ist nicht möglich. Damit wird eine stärkere Bindung der Gesellschafter an die GmbH erzeugt.

Die Satzung der GmbH muß notariell beurkundet werden. Erst die Eintragung der Firma ins Handelsregister hat konstitutive Wirkung – wie bei der AG. Die Organe der GmbH sind: **Geschäftsführer, Aufsichtsrat** und **Gesellschafterversammlung.** Die Aufgaben der **Geschäftsführer** entsprechen weitgehend denen des Vorstandes in der AG. Die Geschäftsführer werden von der Versammlung der Gesellschafter ohne Zeitbestimmung bestellt. Meist werden die Geschäftsführer aus den Reihen der Gesellschafter gewählt.

Gesellschaften bis 500 Beschäftigte können freiwillig einen Aufsichtsrat bilden. Bei Gesellschaften mit mehr als 500 Beschäftigten schreibt das Betriebsverfassungsgesetz von 1952 den Aufsichtsrat als Überwachungsorgan zwingend vor. Für GmbHs mit mehr als 2000 Arbeitnehmern gelten für die Besetzung des Aufsichtsrates das Mitbestimmungsgesetz von 1977 bzw. die Montanmitbestimmung von 1951. Die Aufgaben des Aufsichtsrates entsprechen im wesentlichen denen in der AG.

Die Geschäftsführer berufen die Versammlung der Gesellschafter unter Angabe des Zwecks ein. Die Hauptaufgaben der Gesellschafterversammlung sind die Festlegung des Jahresabschlusses und die Verwendung des Jahresüberschusses, die Bestellung, Entlastung und Abberufung der Geschäftsführer, Entscheidung über Satzungsänderungen und die Bestellung von Prokuristen.

Die GmbH wurde vom Gesetzgeber geschaffen, um die Bildung auch kleinerer Kapitalgesellschaften (Mindeststammkapital: 50 000 DM) zu ermöglichen. Die GmbH vereint bestimmte Vorteile der OHG und AG. So leiten die Gesellschafter

Rechtsformen der Unternehmung und Unternehmenszusammenschlüsse

als Geschäftsführer die GmbH bei gleichzeitig beschränkter Haftung. Oft findet man die GmbH bei Familienbetrieben, weil die Übertragung der Geschäftsanteile stark erschwert ist. Die Rechtsvorschriften bei der GmbH geben auch mehr Spielraum zur individuellen Gestaltung als die bei der AG. Andererseits verfügt die GmbH wegen der beschränkten Haftung und des Fehlens der zwingenden Verpflichtung zur Bildung gesetzlicher Rücklagen über eine geringere Eigenkapitalbasis. Damit sind auch die Kreditbeschaffungsmöglichkeiten beschränkt.

## 7. Besondere Unternehmensformen

### a) GmbH & Co. KG

Bei der GmbH &Co. KG oder GmbH & Co. beteiligt sich eine GmbH als juristische Person an der KG als Komplementär (Vollhafter). Die GmbH & Co. KG ist rechtlich gesehen eine Personengesellschaft (KG), bei der der Komplementär die Geschäftsführungsbefugnis und Vertretungsmacht ausübt.

In jüngster Zeit werden immer mehr Firmen als GmbH & Co. KG geführt. Ein Grund dafür dürfte in der Haftungsbeschränkung liegen. Die GmbH haftet als Komplementär unbeschränkt mit ihrem Vermögen, die Gesellschafter der GmbH jedoch nur mit ihrer Einlage und können somit ihr Privatvermögen absichern. Die GmbH & Co. KG kann durch die Aufnahme neuer Kommanditisten einfacher und schneller Eigenkapital beschaffen als eine GmbH. Familienunternehmen werden häufig als GmbH & Co. KG fortgeführt, wenn der persönlich haftende Gesellschafter stirbt und die Erben wenig Interesse an der Geschäftsführung haben. Die Gemeinschaft der Erben gründet eine GmbH, die als Komplementär in die KG eintritt.

### b) Kommanditgesellschaft auf Aktien

Die Kommanditgesellschaft auf Aktien (KGaA) ist eine Mischform zwischen KG und AG. Sie ist als Kapitalgesellschaft eine juristische Person und findet in den §§ 278 bis 290 ihre gesetzliche Regelung. Bei der KGaA haftet mindestens ein Gesellschafter den Gläubigern gegenüber unbeschränkt. Die übrigen Gesellschafter sind an dem in Aktien zerlegten Grundkapital beteiligt, ohne für die Verbindlichkeiten der Gesellschaft persönlich zu haften. Die Geschäftsführung verteilt sich – mit ähnlichen Kompetenzen wie bei der AG – auf drei Organe: Vorstand, Aufsichtsrat und Hauptversammlung. Der Vorstand wird aber in der

Rechtsformen der Unternehmung und Unternehmenszusammenschlüsse

KGaA ausschließlich von den Komplementären gebildet. Der Vorstand kann nicht abberufen werden, weil er nicht vom Aufsichtsrat bestellt wurde. Den Aufsichtsrat wählen die Kommanditaktionäre und die Arbeitnehmer wie bei der AG. Die Hauptversammlung besteht aus Kommanditaktionären. Die Beschlüsse der Hauptversammlung bedürfen grundsätzlich der Zustimmung der Komplementäre.

Bisher hat die KGaA nur geringe Verbreitung gefunden. Sie ermöglicht die Beschaffung eines größeren Kapitals, ohne daß der persönlich haftende Gesellschafter die Leitung des Unternehmens aus der Hand gibt. Der Erfolg der Unternehmung ist entscheidend vom Geschäftssinn und der Tüchtigkeit des Komplementärs abhängig, da er als Vorstand nicht abberufen werden kann.

## c) Genossenschaften

Zu den besonderen Gesellschaften zählen die Genossenschaften und die Versicherungsvereine auf Gegenseitigkeit, die auf der Solidarität ihrer Mitglieder beruhen.

*Schulze Delitzsch* gründete 1848 in der sächsischen Stadt Delitzsch die ersten gewerblichen Genossenschaften als Rohstoffvereinigung der Tischler und Schuhmacher, damit sich die wirtschaftlich schwachen handwerklichen Betriebe im Wettbewerb mit den industriellen Großbetrieben behaupten konnten. Bereits 1847 hat der Landbürgermeister *Raiffeisen* im Westerwald die ersten landwirtschaftlichen Genossenschaften ins Leben gerufen.

Die Genossenschaft ist weder eine Personen- noch eine Kapitalgesellschaft. Es handelt sich um einen wirtschaftlichen Verein mit nicht geschlossener Mitgliederzahl. Der Zweck einer Genossenschaft liegt darin, die Wirtschaft ihrer Mitglieder zu fördern, ohne daß die Genossen persönlich für die Schulden der Genossenschaft haften. Zur Gründung einer Genossenschaft müssen sich mindestens sieben Personen (Genossen) finden. Sie stellen die Satzung auf und wählen den Vorstand und Aufsichtsrat. Die Genossenschaft wird durch die Eintragung ins Genossenschaftsregister eine juristische Person. Jede natürliche und juristische Person kann durch schriftliche Beitrittserklärung in die Genossenschaft eintreten. Die Mitglieder haben den Geschäftsanteil einzuzahlen, den die Satzung festlegt.

Die Organe der Genossenschaft und ihre Aufgaben entsprechen im wesentlichen denen der AG. Der Vorstand ist das leitende Organ der Genossenschaft und besteht aus mindestens zwei Genossen. Der Aufsichtsrat, der den Vorstand über-

136

# Rechtsformen der Unternehmung und Unternehmenszusammenschlüsse

wacht, umfaßt mindestens drei Genossen. Eine Besonderheit liegt darin, daß der Vorstand und Aufsichtsrat von der Generalversammlung gewählt werden. In der Generalversammlung hat jeder Genosse – unabhängig von der Höhe seines Geschäftsanteiles – eine Stimme. Bei mehr als 3000 Mitgliedern besteht die Generalversammlung aus Vertretern der Genossen (Vertreterversammlung), die die Rechte der Generalversammlung ausüben. Der zur Ausschüttung kommende Jahresgewinn wird den Geschäftsguthaben der Genossen entsprechend ihrer Beteiligung gutgeschrieben. Eine Gewinnentnahme ist erst dann möglich, wenn das Geschäftsguthaben größer ist als der Geschäftsanteil. Verläßt ein Genosse die Genossenschaft, kann er sein Guthaben mitnehmen.

## 8. Unternehmenszusammenschlüsse

Die Tendenz der Unternehmen sich zusammenzuschließen ist scheinbar nicht mehr aufzuhalten.

Eine Ursache hierfür ist sicherlich, daß größere Märkte (z. B. der EG-Binnenmarkt ab 1993) und härtere Konkurrenzbedingungen (z. B. durch japanische Firmen oder die "kleinen ostasiatischen Tiger" mit Hongkong, Taiwan, Südkorea und Singapur) entstanden sind. Als weiterer Grund für die zunehmende Konzentration wird angeführt, daß durch die wirtschaftliche Konzentration eine optimale Ausnutzung der jeweils gegebenen Technik ermöglicht werde. Kostensenkungen durch Massenproduktion könnten nur in Großunternehmen realisiert werden. Außerdem trage der immer rascher werdende technische Fortschritt zur Konzentration bei, da nur Großunternehmen in der Lage seien, die finanziellen Mittel für Forschung und Entwicklung aufzubringen. Als weiterer Grund wird die Notwendigkeit einer Risikostreuung angesehen. Großunternehmen hätten die Möglichkeit, durch ein breitgefächertes Produktionsprogramm die Absatzrisiken zu mindern, die sich in einer wachsenden Wirtschaft durch Änderungen in den Verbrauchergewohnheiten und Verschiebungen der Nachfrage auf andere Produkte ergeben würden.

Konzentrationsvorgänge entspringen nicht zuletzt dem Streben nach ökonomischer und politischer Macht. Unliebsame Konkurrenten können zur Aufgabe gezwungen oder aufgekauft werden, über Lobbyismus kann beträchtlicher Einfluß auf die Gesetzgebung genommen werden. Außerdem können Großunternehmen mit hoher Beschäftigtenzahl bei drohendem oder scheinbar drohendem Konkurs mit staatlichen Subventionen rechnen, damit ein Ansteigen der Arbeitslosigkeit, vor allem in Zeiten eines konjunkturellen Abschwungs, vermieden wird.

Rechtsformen der Unternehmung und Unternehmenszusammenschlüsse

## a)  Arten von Zusammenschlüssen im Überblick

Unternehmenszusammenschlüsse nach der Produktionsstufe lassen sich in horizontale, vertikale und diagonale Konzentration einteilen

Schließen sich Unternehmen der gleichen Produktionsstufe zusammen, spricht man von **horizontaler Konzentration.** Anbieter der gleichen Produktions- oder Handelsstufe wollen eine kostengünstigere Produktion durch größere Produktionsserien oder durch Spezialisierung der Teilbetriebe erreichen. Zudem können sie aufgrund der "Nachfragemacht" günstigere Einkaufskonditionen durchsetzen. Eine **vertikale Konzentration** (Bergwerk – Hüttenwerk – Stahlwerk – Walzwerk – Maschinenfabrik) liegt dann vor, wenn sich Unternehmen mit vor- bzw. nachgelagerten Produktionsstufen zusammenschließen. Die Sicherung der Rohstoff- bzw. Zulieferbasis mindert das Kostenrisiko und die Abhängigkeit.

Den Zusammenschluß von Unternehmen verschiedener Produktionsstufen und Branchen bezeichnet man als **diagonale Konzentration bzw. Konglomerate.** Als Beispiel für Konglomerate können der Oetker-Konzern (Lebensmittel, Brauereien, Banken, Reederei, Hotels) und Burda (German Wings, Sat, RTL, Verlage u. a.) angeführt werden. Bei diagonalen Zusammenschlüssen mindert die Diversifikation das Existenzrisiko bei Nachfrageverschiebungen. Es können sich auch Synergieeffekte über die Forschungs- und Entwicklungsabteilung der einzelnen Konzernteile ergeben.

Nach dem Maß der wirtschaftlichen und rechtlichen Selbständigkeit unterscheidet man Arbeitsgemeinschaften, Kartelle, Syndikate, Konzerne und Trusts.

Ein rechtlich selbständiges Unternehmen schließt in eigenem Namen Geschäfte ab, tritt als eigenständiger Vertragspartner auf und ist im Handelsregister mit eigenem Firmennamen eingetragen. Wirtschaftliche Selbständigkeit liegt dann vor, wenn betriebliche Entscheidungen über Investitionen, Finanzierung, Absatz und Produktion unabhängig von anderen Unternehmen getroffen werden können.

Arbeitsgemeinschaften (Kooperationen) bestehen aus völlig selbständigen Unternehmen, die bei Großprojekten zusammenarbeiten. Innerhalb eines Kartells oder Syndikats bleiben die Unternehmen rechtlich selbständig, geben jedoch teilweise die wirtschaftliche Selbständigkeit auf. Konzernmitglieder verlieren die wirtschaftliche Unabhängigkeit, bleiben aber rechtlich selbständige Unternehmen. Den engsten Zusammenschluß bilden Trusts (Fusionen), wo die beteiligten Unternehmen die wirtschaftliche und rechtliche Selbständigkeit aufgeben.

## b) Das Kartell

Unter Kartell (engl. Charta: Urkunde, Papier) versteht man den vertraglichen Zusammenschluß rechtlich und wirtschaftlich selbständig bleibender Unternehmen einer Branche. Ziel des Kartellvertrages ist eine Marktbeeinflussung durch Beschränkung des Wettbewerbes.

Die Kartellbildung war durch das Besatzungsrecht in Deutschland verboten. Dann trat 1957 das Gesetz gegen Wettbewerbsbeschränkungen, **Kartellgesetz,** das inzwischen mehrmals Neufassungen erhalten hat, in Kraft. "Das Kartellgesetz soll die Freiheit des Wettbewerbs sicherstellen und wirtschaftliche Macht da beseitigen, wo sie die Wirksamkeit des Wettbewerbs und die ihm innewohnenden Tendenzen zur Leistungssteigerung beeinträchtigt und die bestmögliche Versorgung der Verbraucher in Frage stellt. Es geht dabei von der Erfahrung aus, daß die Wettbewerbswirtschaft die ökonomischste und demokratischte Form der Wirtschaftsordnung ist und daß der Staat nur insoweit in den Marktablauf lenkend eingreifen soll, wie dies zur Aufrechterhaltung des Marktmechanismus erforderlich ist ..."[13]

Die Zulässigkeit bzw. Unzulässigkeit von Kartellen wird im Kartellgesetz geregelt: Horizontale Wettbewerbsbeschränkungen sind grundsätzlich verboten.

### Verbotene Kartelle

- *Preiskartelle,* d. h. Verträge der Kartellmitglieder, in denen die Höhe des Verkaufspreises der Produkte festgelegt wird.

- *Gebietskartelle,* in denen die Zuteilung von bestimmten Absatzgebieten an die Kartellmitglieder erfolgt.

- *Quotenkartelle,* wo Vereinbarungen über die Höhe des Absatzes und der Produktion getroffen werden, und die Quoten so bemessen sind, daß eine künstliche Verknappung des Gutes am Markt erzeugt wird.

Ausgenommen vom Kartellverbot sind die Kartelle, bei denen gesamtwirtschaftliche Vorteile die Nachteile der Wettbewerbsbeschränkung überwiegen. Der Bundesminister der Wirtschaft kann mit dieser Argumentation jedes Kartell genehmigen **(Ministerkartell).**

Ausnahmen sind auch zulässig, wenn sie das Kartellgesetz selbst gestattet. Die Ausnahmen sind so zahlreich, daß der Verbotsgrundsatz weitgehend durchbrochen ist. Innerhalb der Ausnahmen unterscheidet das Kartellgesetz:

Rechtsformen der Unternehmung und Unternehmenszusammenschlüsse

## Anmeldepflichtige Kartelle

Dies sind Kartelle, die zwar bei der Kartellbehörde angemeldet werden müssen, aber grundsätzlich erlaubt sind. Anmeldepflichtig sind:

- *Konditionenkartelle*, d. h. Verträge und Beschlüsse, die die einheitliche Anwendung von allgemeinen Geschäfts-, Lieferungs- und Zahlungsbedingungen zum Inhalt haben.

- *Rabattkartelle*, d. h. Verträge über Rabatte bei Lieferung von Waren.

- *Normungs- und Typungskartelle*, d. h. Verträge, die auf die einheitliche Anwendung von Normen und Typen gerichtet sind und zur Vereinheitlichung von Einzelteilen und Fertigerzeugnissen führen (z. B. einheitliche Motorengrößen für bestimmte Fahrzeuge). Man bezeichnet diesen Kartelltyp auch als technisches Rationalisierungskartell.

- *Spezialisierungskartelle*, d. h. Verträge, die die Rationalisierung durch Spezialisierung zum Gegenstand haben. Ein wesentlicher Wettbewerb muß aber erhalten bleiben.

- *Reine Exportkartelle*, durch die sich die Unternehmen eines Landes zusammenschließen, um gegen die große Konkurrenz auf den Weltmärkten bestehen zu können.

## Genehmigungspflichtige Kartelle

Dies sind Kartelle, die nicht nur einer Anmeldung, sondern zusätzlich einer besonderen Erlaubnis der Kartellbehörde bedürfen. Genehmigungspflichtig sind:

- *Strukturkrisenkartelle*, d. h. Verträge, die die Überwindung einer Strukturschwäche in einer Branche zum Inhalt haben. In Strukturkrisenkartellen können Produktionsbeschränkungen festgelegt werden, damit eine planmäßige Anpassung an einen veränderten Bedarf erfolgen kann.

- *Rationalisierungskartelle*, um die Leistungsfähigkeit der beteiligten Betriebe in technischer oder organisatorischer Beziehung zu verbessern und dadurch eine bessere Befriedigung der Nachfrage zu erreichen.

- *Exportkartelle* und *Importkartelle mit Inlandswirkung*

- *Syndikate*, die eine besonders straffe Form des Kartells darstellen. Der Absatz der Kartellmitglieder erfolgt hier über eine gemeinsame Verkaufsorganisation. Das Syndikat verkauft die Produkte der einzelnen Unternehmen zu einen Einheitspreis, die erzielten Gewinne werden an die Kartellmitglieder verteilt.

140

Rechtsformen der Unternehmung und Unternehmenszusammenschlüsse

Die Möglichkeit der Kartellbildung wird um so günstiger für die Unternehmen sein, je geringer die Zahl der Anbieter auf dem Markt ist, je ähnlicher ihre Kostenverläufe, je homogener die angebotenen Produkte sind und je schwieriger es für neue Unternehmen ist, in den Markt einzutreten.

Die Ziele, die mit der Bildung von Kartellen angestrebt werden, mögen im Einzelfall betriebswirtschaftlich sinnvoll und erstrebenswert sein, doch für die Gesamtwirtschaft gehen von der Kartellbildung erhebliche Gefahren aus. Kartelle können sich wie Monopole verhalten, d. h. sie verlangen vom Verbraucher überhöhte Preise und streichen Monopolgewinne ein. Kartelle stellen auch eine Gefährdung der "Restkonkurrenz" dar, die durch eine aggressive Absatzpolitik der Kartelle ausgebootet werden kann. Durch Marktmacht können die Kartelle Zulieferer und Abnehmer unter Druck setzen.

## c) Der Konzern

Während die Kartellunternehmen rechtlich und weitgehend wirtschaftlich selbständig bleiben, verlieren die einzelnen Konzernunternehmen ihre wirtschaftliche Selbständigkeit an eine **Mutter-** oder **Dachgesellschaft (Holding)**. Die rechtliche Selbständigkeit der Unternehmen bleibt erhalten.

Ziel der Konzernbildung ist es, den Produktionsablauf zu rationalisieren, indem vor- bzw. nachgelagerte Produktionsstufen eine wirtschaftliche Einheit bilden. Konzerne führen meist zu einer vertikalen Konzentration.

Aktiengesellschaften eignen sich am besten für eine kapitalmäßige Verflechtung. Man unterscheidet folgende Konzernarten:

### Unterordnungskonzern

Mutter bzw. Tochtergesellschaften entstehen durch Erwerb von Aktien. Ein entscheidender Einfluß auf eine AG beginnt mit einer 25 %igen Kapitalbeteiligung (Sperrminorität). Besitzt jedoch die Muttergesellschaft mehr als 75 % des Grundkapitals der Tochtergesellschaft, so spricht man von Beherrschung.

### Gleichordnungskonzern (Schwestergesellschaften)

Die Konzernbildung vollzieht sich dadurch, daß die einzelnen Konzernunternehmen etwa gleich große Aktienpakete austauschen. Die Konzernmitglieder haben somit Einfluß auf die Konzernpolitik, die unter einheitlicher Leitung erfolgt.

141

## Rechtsformen der Unternehmung und Unternehmenszusammenschlüsse

### Holding (Dachgesellschaft)

Die Aktionäre der einzelnen Konzernunternehmen übertragen die Mehrheit ihrer Aktien auf eine Holdinggesellschaft, die ihrerseits neue Aktien ausgibt. Sie beherrscht die Konzernmitglieder kapitalmäßig, ohne selbst an der Produktion beteiligt zu sein.

Im Gegensatz zu den Kartellen sind Konzerne grundsätzlich erlaubt. Konzerne unterliegen aber der **Mißbrauchsaufsicht** durch das Kartellgesetz. Als nachträgliche Verhaltenskontrolle soll der Mißbrauch wirtschaftlicher Macht durch marktbeherrschende Unternehmen verhindert werden. Ein Zusammenschluß von Unternehmen muß der Kartellbehörde angezeigt werden, wenn

- durch den Zusammenschluß in der BRD ein Marktanteil von 20 % erreicht oder überschritten wird oder
- ein beteiligtes Unternehmen auf einem anderen Markt bereits einen Anteil von mindestens 20 % besitzt oder
- die beteiligten Unternehmen mindestens 10 000 Beschäftigte haben oder
- die beteiligten Unternehmen mindestens 500 Mio. DM Umsatzerlöse im Jahr vor dem Zusammenschluß aufweisen.

Untersagt das Kartellamt den Zusammenschluß, so kann der Bundesminister der Wirtschaft den Zusammenschluß erlauben (**Ministererlaubnis**), wenn der Zusammenschluß durch ein "überragendes Interesse der Allgemeinheit" (§ 24.3 GWB) zu rechtfertigen ist.

### d) Die Fusion (Trust)

Beim Trust verlieren die Unternehmen durch Verschmelzung (Fusion) nicht nur ihre wirtschaftliche, sondern auch ihre rechtliche Selbständigkeit. Man unterscheidet zwei Formen der Fusion:

### Verschmelzung durch Aufnahme

Die verbleibende Gesellschaft übernimmt das gesamte Vermögen der übertragenden Gesellschaft gegen Übertragung von Aktien der übernehmenden Gesellschaft an die Gesellschafter des "aufgelösten" Unternehmens.

### Verschmelzung durch Neubildung

Es wird eine neue Gesellschaft gegründet, der jede Gesellschaft ihr Gesamtvermögen überträgt und dafür Aktien der neu gebildeten Gesellschaft empfängt.

Rechtsformen der Unternehmung und Unternehmenszusammenschlüsse

Eine **horizontale Verschmelzung** liegt bei einer Fusion von Unternehmen gleicher Produktionsstufe vor. Erfolgt die Fusion zwischen Unternehmen verschiedener Produktionsstufen, handelt es sich um eine **vertikale Verschmelzung.** Fusionen zielen auf Marktbeeinflussung bzw. Marktbeherrschung ab. Fusionen verfolgen auch betriebswirtschaftliche Zielsetzungen wie Erweiterung der Produktionsbasis, Rationalisierung, Erhöhung der Kreditwürdigkeit und Erzielen von Steuervorteilen.

Ebenso wie Kartelle unterliegen Fusionen dem Kartellgesetz. Ein Zusammenschluß muß dem Kartellamt unter den gleichen Voraussetzungen wie bei verbundenen Unternehmen angezeigt und genehmigt werden.

## 9. Auswirkungen der Unternehmenskonzentration

"Da in der Bundesrepublik der Wettbewerb auf vielen Teilmärkten stark abgeschwächt oder verstümmelt ist, kann in weiten Bereichen von funktionsfähigen Märkten nicht die Rede sein, dies gilt etwa für die Bereiche Landwirtschaft, Bergbau und Energiewirtschaft, die pharmazeutische Industrie, die Automobilindustrie, die Rüstungsproduktion, den Schiffbau, den Groß- und Einzelhandel (Nachfragemacht), die Kreditinstitute oder die Telekommunikation".[14]

Um möglichst umfassende Kenntnisse über den Verlauf und das Ausmaß der Konzentrationsvorgänge zu erhalten, setzte der Bundestag 1974 eine **Monopolkommission** ein. Die Monopolkommission stellte fest, daß die Unternehmenskonzentration in der BRD von Anfang der 50er Jahre bis Ende der 70er Jahre langsam, aber stetig zugenommen hat. Bis 1978 stieg der durchschnittliche Umsatzanteil der jeweils zehn größten Unternehmen in den Wirtschaftszweigen der Industrie auf 44,0 %. In den folgenden Jahren ging dieser Durchschnittswert leicht zurück, kletterte aber im Berichtsjahr 1983 wieder auf 44,2 %. Die jeweils sechs größten Unternehmen der industriellen Wirtschaftszweige hatten 1983 einen Anteil von durchschnittlich 36,7 % am Gesamtumsatz. In den einzelnen Branchen war die Unternehmenskonzentration aber unterschiedlich stark ausgeprägt.

**Anteil der jeweils 10 größten Industrieunternehmen am Umsatz ihrer Branche in Prozent (1985)**

| | |
|---|---|
| Automobilbau | 97,3 % |
| Mineralölverarbeitung | 94,2 % |
| EDV-Industrie | 94,0 % |

143

Rechtsformen der Unternehmung und Unternehmenszusammenschlüsse

| | |
|---|---|
| Bergbau | 92,3 % |
| Eisenschaffende Industrie | 74,1 % |
| Chemische Indsutrie | 47,5 % |
| Elektrotechnik | 47,3 % |
| Maschinenbau | 18,9 % |
| Textilgewerbe | 11,3 % |
| Ernährungsgewerbe | 11,3 % |

Ende der 80er Jahre hat ein weiterer umfangreicher Konzentrationsprozeß einge-setzt. Von 1988 bis 1990 fand eine Reihe von Großfusionen statt: Daimler-Benz erwarb MBB, nachdem zuvor MTU, Dornier und AEG übernommen worden waren; RWE kaufte die deutsche Texaco; VEBA stieg bei Feldmühle ein; Salz-gitter wurde privatisiert und mit der Preussag vereint; die VIAG erwarb Klöckner & Co.; VW stieg bei der spanischen Seat und bei Skoda ein; Siemens übernahm Nixdorf und Plessey, einen britischen Elektronikkonzern; Mercedes und Mitsub-ishi sowie BMW und Rolls Royce beschlossen eine Zusammenarbeit (Schlag-wort "Strategische Allianzen"!), Daimler-Benz engagierte sich auch noch auf dem Dienstleistungssektor (Finanzierungen, Versicherungen, Marketing) mit "Inter-services AG"; Mannesmann beteiligte sich mehrheitlich an Krauss-Maffei; das Kartellamt genehmigte eine Partnerschaft zwischen Asko und Metro; Rewe, spar und EDEKA fingen coop ein; die Liste ließe sich weiter fortführen – ein Ende ist nicht abzusehen.

**Negative Auswirkungen einer zunehmenden Konzentration**

Marktbeherrschende Unternehmen benutzen ihre Marktmacht gegenüber dem Verbraucher, indem sie überhöhte Preise verlangen. Man spricht von **Ausbeu-tungsmißbrauch.** Zudem wird häufig durch Norm- und Typenzwang die **Kon-sumentensouveränität** erheblich eingeschränkt.

Der eingeschränkte Wettbewerb kann auch zu einer Verschlechterung der Ver-sorgung führen. Die **Allokationsfunktion** der Preise in einem funktionierenden Wettbewerb geht verloren. Es besteht für marktbeherrschende Unternehmen oder Monopole kein Zwang die Produktionsverfahren anzuwenden, die die größt-mögliche Effizienz des Faktoreinsatzes gewährleisten.

Der technische Fortschritt im Sinne der Entwicklung kostengünstiger Produkti-onsmethoden und neuer, besserer Produkte kann durch die Konzentration erheb-lich behindert werden. Untersuchungen haben ergeben, daß gerade die mittleren und kleinen Betriebe, was Innovationen angeht, besonders aktiv sind.

Rechtsformen der Unternehmung und Unternehmenszusammenschlüsse

Durch Konzentrationsvorgänge entsteht **Nachfragemacht,** die dazu führen kann, daß Großkunden von abhängigen Zulieferern oder Händlern höhere Nachlässe oder qualitative Sonderwünsche herauspressen. Der Mißbrauch der Nachfragemacht vermindert den Wettbewerb und kann dazu beitragen, daß leistungsfähige Lieferer zur Aufgabe gezwungen werden.

Konzerne oder Großunternehmen können ihre Marktmacht dazu mißbrauchen, um durch gezielte Behinderungen Konkurrenten vom Markt zu fegen. **Preisunterbietungen** sind in Konglomeraten durch Mischkalkulation möglich. Für bestimmte Güter werden die Preise vorübergehend so niedrig angesetzt, daß nicht einmal die Kosten gedeckt sind. Die Verluste können durch höhere Preise bei anderen Produkten ausgeglichen werden. Andere Formen des Behinderungsmißbrauches sind die **Liefersperre** und **Bezugssperre.** Bei der Liefersperre behindert ein mächtiger Konzern seine lästigen Mitanbieter z. B. dadurch, daß er sie nicht mit den notwendigen Rohstoffen beliefert. Eine Bezugssperre liegt vor, wenn Konzerne mit angegliederten Handelsunternehmen beschließen, von bestimmten Mitanbietern keine Waren abzunehmen.

Es werden allerdings auch Argumente für eine Unternehmenskonzentration angeführt. Von Unternehmenskonzentrationen sollen auch positive Wirkungen ausgehen.

### Mögliche positive Auswirkungen des Konzentrationsprozesses

Durch den Einsatz moderner Techniken könnten Massenproduktionsvorteile genutzt werden, was nur in großen Unternehmen möglich wäre. Die Kostensenkungen bewirkten niedrigere Preise.

Großunternehmen förderten mit ihren besseren Finanzierungsmöglichkeiten den technischen Fortschritt, da sie für Forschung und Entwicklung neuer Produkte höhere Beträge bereitstellen könnten. Statistisches Material zeigt aber – wie bereits erwähnt –, daß die grundlegenden Neuerungen auf technischem Gebiet bisher in ihrer Mehrzahl von Einzelerfindern, kleinen und mittelständischen Unternehmen gemacht wurden.

Unternehmenszusammenschlüsse verminderten das konjunkturelle Risiko durch Nachfrageverschiebungen. In der Tat werden Großunternehmen bei einem drohenden Konkurs vom Staat zur Vermeidung von Arbeitslosigkeit eher gestützt als kleine Unternehmen. Ob hierin jedoch ein Vorteil der Unternehmenskonzentration zu sehen ist, muß bezweifelt werden. Großunternehmen können den Staat mit dem Arbeitsplatzargument erpressen und zu finanziellen Zugeständnissen

Rechtsformen der Unternehmung und Unternehmenszusammenschlüsse

(Subventionen, Bürgschaften, "Steuergeschenke") zwingen. Großunternehmen entwickeln sich so allmählich zu einem schwer kontrollierbaren "Staat im Staate".

Als positiv wird ebenfalls betrachtet, daß Konzentration die Unternehmen im internationalen Wettbewerb stärke. Im Kampf um die Marktanteile setzten sich nur die großen Unternehmen durch. Dieses Argument gewinnt in jüngster Zeit durch den bevorstehenden EG-Binnenmarkt (1993) und die verschärfte Konkurrenz aus Ostasien auf den Weltmärkten immer stärker an Bedeutung. Es ist jedoch zu bedenken, daß Größe nicht nur Schutz vor Macht bedeutet, sondern auch selbst Macht beinhaltet, die wirtschaftlich und politisch, national sowie international mißbraucht werden kann.

## 10. Die Kontrolle der Unternehmenskonzentration

Die Kontrolle der Unternehmenskonzentration erfolgt über die Kartellgesetzgebung. Kartellbehörden sind das Bundeskartellamt als selbständige Bundesoberbehörde mit dem Sitz in Berlin, der Bundesminister der Wirtschaft (Ministerkartell, Ministererlaubnis) und die nach Landesrecht zuständige oberste Landesbehörde.

### a) Kartellverbot

Vertragliche Vereinbarungen zwischen selbständigen Unternehmen, die zu einer Beschränkung des Wettbewerbes führen, sind nach dem Kartellgesetz grundsätzlich verboten. Dabei gibt es eine Reihe von Ausnahmen, die im Abschnitt über die Kartelle angeführt sind.

Nach dem Kartellgesetz sind auch Wettbewerbsbeschränkungen ohne vertragliche Vereinbarungen in Form eines **"abgestimmten Verhaltens"** (z. B. bei Preiserhöhungen) nicht erlaubt. Die Beweislast liegt jedoch beim Kartellamt.

Um den Wettbewerb im Handel zu fördern, ist auch die **"Preisbindung zweiter Hand"**, bei der Hersteller die Preise für die nachfolgenden Handelsstufen festlegen, abgeschafft worden. Ausnahmen bilden Verlagserzeugnisse (Bücher, Zeitschriften) und Markenartikel. Diese Preisbindungen bedürfen zu ihrer Wirksamkeit der Anmeldung beim Bundeskartellamt und der Eintragung ins Preisbindungsregister. Die Kartellbehörde kann von Amts wegen oder auf Antrag eines gebundenen Abnehmers die Preisbindung für unwirksam erklären.

146

Rechtsformen der Unternehmung und Unternehmenszusammenschlüsse

**Vertikale Preisempfehlungen,** die im Ergebnis einer Preisbindung gleichkommen, werden von der Rechtsprechung in der Regel wie eine Preisbindung behandelt.

Bei Verstößen gegen das Kartellgesetz kann das Kartellamt Geldbußen verhängen, und zwar bis zu 1 Mio. DM oder über diesen Betrag hinaus bis zur dreifachen Höhe des durch die Zuwiderhandlung erzielten Mehrerlöses. Verstöße gegen das Kartellgesetz haben auch zivilrechtliche Folgen in Form von Unterlassungs- und Schadensersatzklagen.

### b) Mißbrauchsaufsicht und Fusionskontrolle

Marktbeherrschende Unternehmen unterliegen der **Mißbrauchsaufsicht** durch die Kartellbehörden. Die Mißbrauchsaufsicht ist eine Verhaltenskontrolle, durch die der Mißbrauch wirtschaftlicher Macht verhindert werden soll. Das mißbräuchliche Verhalten kann sich in überhöhten Preisen oder in ruinösem Wettbewerb gegenüber den Mitanbietern äußern. Das Kartellamt ist befugt, mißbräuchliches Verhalten zu untersagen und Verträge für unwirksam zu erklären.

Während die Mißbrauchsaufsicht bereits bestehende marktbeherrschende Unternehmen betrifft, handelt es sich bei der **Fusionskontrolle** um eine vorbeugende Maßnahme zur Verhinderung der Unternehmenskonzentration.

Entsteht durch Zusammenschluß oder Fusion ein marktbeherrschendes Unternehmen (Definition in Abschnitt 8c), so kann das Kartellamt den Zusammenschluß untersagen, es sei denn, die beteiligten Unternehmen können beweisen, daß die durch den Zusammenschluß eintretenden Verbesserungen die Nachteile der Marktbeherrschung aufwiegen. Eine Entkräftung der Marktbeherrschungsvermutung gelang z. B. der Daimler-Benz AG (Umsatz: 45 Mrd. DM) beim Erwerb der AEG (Umsatz: 11 Mrd. DM). Ferner hat der Bundeswirtschaftsminister die Möglichkeit, den Zusammenschluß bzw. Fusionen zu erlauben (Ministererlaubnis).

Zur Prüfung der Frage, ob durch einen Zusammenschluß eine marktbeherrschende Stellung entsteht, gibt das Kartellamt eine Reihe von Leitlinien im Gesetz gegen die Wettbewerbsbeschränkung (GWB), u. a.:

– Der Tatbestand der Marktbeherrschung wird vermutet, wenn ein Unternehmen einen Marktanteil von mindestens 33 % aufweist.

– Als marktbeherrschend gilt auch jedes von mehreren größeren Unternehmen eines Marktes, wenn sie insgesamt einen hohen Marktanteil besitzen, zwei

## Rechtsformen der Unternehmung und Unternehmenszusammenschlüsse

oder drei Unternehmen mindestens 50 %, vier oder fünf mindestens 66 %. Diese Oligopolvermutung können die Unternehmen jedoch widerlegen, wenn es ihnen gelingt zu beweisen, daß ein wesentlicher Wettbewerb innerhalb des Oligopols bestehen bleibt.

– Die Entstehung einer marktbeherrschenden Stellung wird vermutet, wenn sich ein Doppelumsatzmilliardär mit einem branchenfremden Unternehmen zusammenschließt, das auf einem mittelständischen Markt ansässig ist.

– Bei "Elefantenhochzeiten", die mindestens 12 Mrd. DM Umsatz verschiedener Branchen zusammenführen, wird eine marktbeherrschende Stellung vermutet.

Neben dem nationalen Kartellgesetz unterliegen die deutschen Unternehmen auch einer Kartell- und Fusionskontrolle durch die Europäische Kommission in Brüssel. So befürchtete die EG-Kommission wettbewerbswidrige deutsch-deutsche Fusionen: Verschmelzungen zwischen ehemaligen DDR-Kombinaten und westdeutschen Großunternehmen könnten Monopole bzw. Gebietsmonopole entstehen lassen.

## Rechtsformen der Unternehmung und Unternehmenszusammenschlüsse

# Lernziel-Kontrollfragen

45. Welche Kriterien spielen bei der Wahl der Rechtsform einer Unternehmung eine wichtige Rolle?

46. Erklären Sie die wesentlichen Unterschiede zwischen Personen- und Kapitalgesellschaften!

47. Welche Bedeutung haben Aktiengesellschaften für die wirtschaftliche Entwicklung eines Landes?

48. Was besteht man unter "Leverage-Buyout"?

49. "Alle öffentlichen Betriebe arbeiten unwirtschaftlich." Nehmen Sie zu dieser Aussage kritisch Stellung!

50. An der Schokoladenfabrik Wittrich OHG sind die Gesellschafter C. Wittrich mit 1 000 000 DM, F. Then mit 600 000 DM und R. Walter mit 400 000 DM beteiligt. Sie leiten auch das Unternehmen. Über die Gewinnverteilung ist im Gesellschaftsvertrag nichts vereinbart. Der zu verteilende Jahresgewinn beträgt 320 000 DM.

    a) Führen Sie die Gewinnverteilung durch, und berechnen Sie den Gewinnanteil jedes Gesellschafters!

    b) Erläutern Sie die gesetzliche Regelung für den Fall, wenn die OHG Verluste ausweist!

    c) R. Düsberg beabsichtigt, sich an der Wittrich OHG zu beteiligen. Welche Informationen sollte er vor seinem Eintritt in die Gesellschaft einholen? Wie gestaltet sich die Haftung Düsbergs, auch im Hinblick auf die Verbindlichkeiten, die bereits vor seinem Eintritt entstanden sind?

51. Um die Aktivitäten auf den gesamten süddeutschen Raum auszuweiten, muß die Wittrich OHG zusätzlich 10 Mio. DM aufbringen. Die Gesellschafter informieren sich über die Gründung einer AG. Beantworten Sie folgende Fragen!

    a) Wieviele Gründer sind notwendig?

    b) Welche gesetzlichen Vorschriften existieren bezüglich des Mindestnennwertes des Grundkapitals, des Mindestnennbetrages einer Aktie, der Stückelung und des Ausgabekurses?

Rechtsformen der Unternehmung und Unternehmenszusammenschlüsse

c) Mit welchem Zeitpunkt existiert die AG?

d) Sollen Inhaber- oder Namensaktien ausgegeben werden?

52. Warum ist bei einer KG eine vertragliche Regelung der Gewinnverteilung notwendig?

53. Pascoe und Rabe kaufen gemeinsam ein Rennpferd, das sie zunächst im Stall des Verkäufers lassen, bis sie eine geeignete Unterkunft gefunden haben. Nach einigen Tagen erfährt Pascoe, daß im Nachbarort ein Einstellplatz in einem Stall frei ist. Pascoe mietet den Einstellplatz sofort für 350 DM monatlich. Rabe ist nicht damit einverstanden, da er einen billigeren Einstellplatz in unmittelbarer Nähe in Aussicht hat.

a) Welche Gesellschaft ist zwischen Pascoe und Rabe entstanden?

b) Ist Rabe an den Mietvertrag gebunden?

c) Rabe ist schließlich der Meinung, wenn schon zu Beginn Streitigkeiten auftreten, ist es sinnvoll, ein eigenes Rennpferd zu kaufen und das Gesellschaftsverhältnis mit Pascoe zu kündigen. Ist das so einfach möglich?

54. Welche Bedeutung hat die GmbH?

55. Stellen Sie in einer Übersicht die AG, KGaA und Genossenschaft in folgenden Punkten gegenüber:

a) Mindestzahl der Gründer

b) Bezeichnung des Geschäftsanteils und der Gesellschafter

c) Übertragung des Geschäftsanteiles

d) Haftung der Gesellschafter

e) Zusammensetzung der Geschäftsführung

56. Erklären Sie kurz den Unterschied zwischen Kooperation und Konzentration!

57. Nennen Sie je vier Vor- und Nachteile der Unternehmenskonzentration!

58. Wie kontrolliert der Staat in der BRD die Unternehmenskonzentration?

150

## Rechtsformen der Unternehmung und Unternehmenszusammenschlüsse

59.

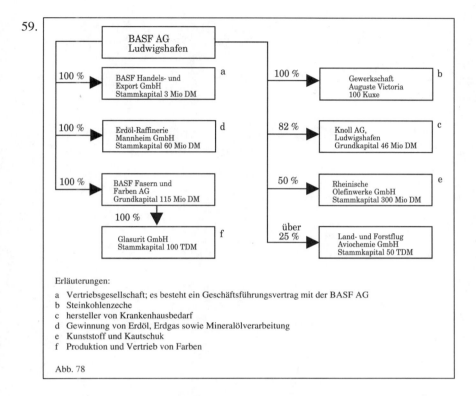

Abb. 78

a) Geben Sie je ein Beispiel für vertikale Konzentration und Konglomerate am Beispiel der BASF AG an! Nennen Sie jeweils zwei Ziele dieser Zusammenschlüsse!

b) Ordnen Sie die Knoll AG und die Rheinische Olefinwerke GmbH, die in der Konzernbilanz der BASF AG angeführt sind, als verbundene Unternehmen im Sinne des AktG zu!

# V. Finanzierung und Investition

## 1. Begriffliche Grundlagen

Zunächst gilt es einige wichtige Grundbegriffe im Zusammenhang mit Finanzierung und Investition zu klären.

### a) Kapital und Vermögen

Ausgehend von der Bilanz definiert die Betriebswirtschaftslehre Kapital als den auf der Passivseite ausgewiesenen Wert des Gesamtvermögens. Dabei wird nach der Mittelherkunft in **Eigen-** und **Fremdkapital** unterschieden. Eigenkapital steht dem Unternehmen in der Regel zeitlich unbefristet zur Verfügung, während Fremdkapital kurz-, mittel- oder langfristig geliehen werden kann. In der Volkswirtschaftstheorie ist Kapital neben Arbeit und Boden einer der drei klassischen Produktionsfaktoren. Dabei wird in Realkapital oder Sachkapital (Maschinen, Anlagen, Gebäude, Fahrzeuge) und Nominalkapital (Bargeld, Buchgeld, Wertpapiere) getrennt.

Dem Kapital wird in der Bilanz das damit erworbenen Vermögen auf der Aktivseite gegenübergestellt. Es unterteilt sich in **Anlage- und Umlaufvermögen**. Das Anlagevermögen (Grundstücke, Gebäude, Maschinen, Fuhrpark, Einrichtung, Beteiligungen, Patente, Lizenzen) umfaßt alle Vermögensteile, die nicht zur Veräußerung bestimmt, sondern für den Prozeß der Leistungserstellung erforderlich sind. Das Umlaufvermögen (Fertigerzeugnisse, Halbfertigerzeugnisse, Rohstoffe, Forderungen, flüssige Mittel) dagegen bleibt meist nur kurzfristig im Unternehmen und ist für den Verbrauch bzw. die Weiterveräußerung gedacht. Es dient dem betrieblichen Umsatzprozeß.

### b) Finanzierung und Investition

In der allgemeinen Betriebswirtschaftslehre klaffen die Meinungen über den Finanzierungsbegriff weit auseinander. Der Begriff Finanzierung hat sich im Laufe der Zeit von einem relativ eng gefaßten Begriff bis zu einem sehr umfassenden Finanzierungsbegriff , wie er heute in der neueren Literatur und in der Praxis Anwendung findet, weiterentwickelt. Zunächst verstand man unter Finanzierung im engsten Sinne die **Kapitalbeschaffung** durch Ausgabe von Wertpapieren. Schließlich erweiterte sich der Finanzierungsbegriff auf **Kapitalrückzahlung** (Zins- und Dividendenzahlungen) und **Kapitalumschichtung** (Kapital-

153

Finanzierung und Investition

struktur: Verhältnis von Eigenkapital zu Fremdkapital). Heute bedeutet Finanzierung darüber hinaus auch die **Gestaltung aktueller und potentieller Zahlungsströme** zur Deckung des Kapitalbedarfes der Unternehmung. Finanzierung umfaßt somit alle Maßnahmen, die der Versorgung eines Unternehmens mit Kapital sowie dessen optimaler Strukturierung dienen.

Finanzierungsbegriff und Investitionsbegriff sind eng miteinander verflochten, weil jede Investition finanziert werden muß. Investitionsentscheidungen, die häufig aufgrund von Marktveränderungen und den dadurch notwendigen Reaktionen des Unternehmens getroffen werden müssen, hängen auch von der Finanzierbarkeit ab. Unter Investition versteht man die Umwandlung von Kapital in Vermögen.

Investitionen lassen sich nach Vermögensgegenständen und nach der Zwecksetzung unterscheiden. Nach Vermögensgegenständen gliedert man in **Sachinvestitionen** (Grundstück, Gebäude, Anlagen, Maschinen, Vorräte), **immaterielle Investitionen** (Forschung, Entwicklung, Patente, Lizenzen, Ausbildung, Werbung, Firmenwert) und **Finanzanlageinvestitionen** (Beteiligungen, Forderungen, geleistete Anzahlungen, Wertpapiere). Nach der Zwecksetzung erfolgt eine Differenzierung in Gründungs-, Ersatz-, Erweiterungs- und Rationalisierungsinvestitionen.

**Gründungsinvestitionen** fallen bei Beginn der Unternehmenstätigkeit an. Wünscht das Unternehmen die Kapazitäten zu erhöhen, um die Produktion zu steigern, tätigt es **Erweiterungsinvestitionen** oder **Nettoinvestitionen**. Durch Verschleiß und technisches Veraltern verlieren Produktionsgüter an Wert. Nach einer bestimmten Zeit müssen sie durch neue Güter ersetzt werden. Man spricht von **Ersatzinvestitionen**, weil dadurch die Kapazität in der Regel nicht erhöht, sondern lediglich der Kapitalstock erhalten bleibt. Ersatzinvestitionen und Erweiterungsinvestitionen bilden zusammen die **Bruttoinvestitionen. Rationalisierungsinvestitionen** verbessern die Wirtschaftlichkeit, also das Verhältnis von Ergebnis der Produktion zu Mitteleinsatz. Alte Maschinen und Anlagen werden durch wirtschaftlichere, technisch verbesserte ausgetauscht. Rationalisierungsinvestitionen rangieren somit unter Ersatzinvestitionen, können aber auch unter Erweiterungsinvestitionen eingereiht werden, falls die neuen Anlagen die Kapazität erweitern.

Investitionsentscheidungen haben in den meisten Fällen strategische Bedeutung, weil Investitionsentscheidungen Kapital langfristig binden und nicht oder nur schwer reversibel sind. Außerdem sind die zur Verfügung stehenden finanziellen

Finanzierung und Investition

Mittel knapp, und die Entscheidungen müssen unter Unsicherheit getroffen werden. Oft besteht zwischen der Investitionsentscheidung und ihrer Realisierung eine zeitliche Verzögerung (time-lag), die sich bei Gütern, die einem schnellen technologischen Wandel unterliegen, negativ auswirken kann.

## 2. Der Finanzkreislauf im Betrieb

Ähnlich wie in der Volkswirtschaft, dem übergeordneten System, laufen in einem Betrieb Prozesse ab, die man als Güter- und Geldkreislauf bezeichnen kann. Da die Kreisläufe in kleineren Wirtschaftseinheiten, den Betrieben, stattfinden, bezeichnet man sie als mikroökonomische Prozesse.

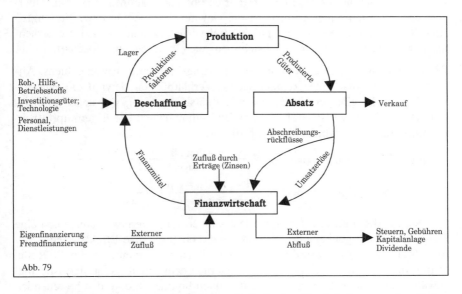

Abb. 79

Die im Rahmen der Beschaffungswirtschaft in den Betrieb kommenden Roh-, Hilfs- und Betriebsstoffe, Investitionsgüter und sonstige Produktionsfaktoren werden nach Zwischenlagerung in den Produktions- bzw. Fertigungsprozeß übernommen. An die Produktion schließt sich eine weitere Zwischenlagerung an, bevor die produzierten Güter über die Absatzwirtschaft das Unternehmen verlassen. Die auf dem Absatzmarkt veräußerten Waren und Dienstleistungen führen zu Umsatzerlösen. Die Umsatzerlöse wiederum bilden den Schwerpunkt des Finanzzuflusses für die Finanzwirtschaft im Betrieb. Ein Teil der Umsatzerlöse

Finanzierung und Investition

steht der Finanzwirtschaft jedoch nicht zur Verfügung, weil sie als Dividenden, Zins- und Tilgungszahlungen, Steuern oder Kapitalanlagen das Unternehmen wieder verlassen. Zusätzlich zu den Umsatzerlösen erhält die Finanzwirtschaft Zuflüsse durch Erträge aus Beteiligungen, staatliche Subventionen, Zinserträge etc.. Daneben findet ein interner Mittelzufluß aus Abschreibungen statt. Ein externer Zufluß kommt vom Kapitalmarkt. Finanzmittel fließen als Eigen- oder Fremdkapital dem Unternehmen von außen zu.

## 3. Unternehmensziele im Bereich Finanzierung

Oberziele eines privaten Wirtschaftsbetriebes sind unternehmensexistentielle Ziele, also Ziele, um deretwillen ein Betrieb überhaupt am Markt ist. Das Oberziel jedes privaten Unternehmens ist die Gewinnmaximierung bzw. die langfristige Rentabilitätsmaximierung. Dieses Ziel ist naturgemäß bei jeder unternehmerischen Entscheidung zu berücksichtigen, auch in der Finanzwirtschaft.

Die **Rentabilität** ist eine Meßzahl für die Ertragskraft eines Unternehmens. Allgemein versteht man unter Rentabilität das Verhältnis von Gewinn zu eingesetztem Kapital. Es gibt verschiedene Rentabilitätskennziffern, von denen zwei im Bereich der Finanzwirtschaft besondere Bedeutung haben: Die **Eigenkapitalrentabilität** und die **Gesamtkapitalrentabilität.**

$$\text{Eigenkapitalrentabilität (in \%)} = \frac{(\text{Gewinn} - \text{Fremdkapitalzinsen}) \times 100}{\text{Eigenkapital}}$$

$$\text{Gesamtkapitalrentabiltit (in \%)} = \frac{\text{Gewinn} \times 100}{\text{Eigenkapital} + \text{Fremdkapital}}$$

Wie Sie in Abschnitt 8. c sehen werden, können Finanzierungsmaßnahmen eine Steigerung der Eigenkapitalrentabilität bewirken (Leverage-Effekt). Neben der Rentabilität spielt die **Liquidität** im Bereich Finanzierung eine essentielle Rolle. Damit die dauerhafte Existenz des Unternehmens nicht gefährdet ist, muß gewährleistet sein, daß es zu allen Zeitpunkten liquide ist, d. h. den bestehenden Zahlungsverpflichtungen nachkommen kann, da bei Illiquidität der Konkurs droht. Bei der Verfolgung des Liquiditätszieles muß aber die Tatsache berücksichtigt werden, daß eine hohe aktuelle Liquidität in den meisten Fällen zu einer Senkung der Rentabilität führt. Umgekehrt geht eine hohe Rentabilität meist zu Lasten der Liquidität. Der Siedepunkt der Rentabilität ist der Gefrierpunkt der Liquidität. Die betriebliche Finanzwirtschaft muß versuchen, eine möglichst hohe Rentabilität bei einer so viel wie notwendig hohen Liquidität anzupeilen.

156

Finanzierung und Investition

Ein weiteres wichtiges finanzwirtschaftliches Ziel ist das Streben nach **Sicherheit.** Jede Unternehmung ist mit einem gewissen Risiko behaftet, daß bei einem Mißerfolg das eingesetzte Kapital durch die eintretenden Verluste verringert bzw. sogar ganz aufgezehrt wird. Es ist anzunehmen, daß Unternehmer um so risikobereiter sind, je höher der zu erwartende Gewinn veranschlagt wird. Mit steigendem Risiko steigt aber auch die Möglichkeit eines Verlustes. Das Sicherheitsstreben zeigt sich in der Planung von Maßnahmen, die das Risiko vermindern. Rentabilität und Sicherheit können komplementäre, sich ergänzende Zielsetzungen sein.

Ein weiteres Hauptziel im Bereich Finanzwirtschaft besteht in der Bewahrung der **Unabhängigkeit unternehmerischer Entscheidungen** von der Einflußnahme Dritter. Erfolgt die Erweiterung der Kapitalbasis durch die Aufnahme neuer Eigentümer (Gesellschafter in der OHG, Aktionäre), stehen den neuen Eigentümern Mitspracherechte zu. Die Mehrheitsverhältnisse ändern sich. Die Entscheidungsfreiheit kann auch durch Fremdkapitalgeber beeinträchtigt werden. Diese sind zwar nicht direkt an der Unternehmensleitung beteiligt, können aber je nach Marktmacht und Kreditumfang erheblichen Druck auf die Geschäftsleitung ausüben. Investitionsvorhaben unterbleiben, wenn mit der Finanzierung ein für das Unternehmen unannehmbarer Abhängigkeitsgrad eintritt.

Andere Unternehmensziele wie Erreichen von Marktmacht durch einen möglichst hohen Marktanteil, Erhaltung der Arbeitsplätze, Befriedigung der Kundenwünsche spielen im Bereich Finanzwirtschaft eine eher untergeordnete Rolle und werden an dieser Stelle nicht näher erläutert.

Die wichtigsten Ziele im Bereich Finanzwirtschaft sind:
- Rentabilitätsmaximierung
- Liquidität
- Sicherheit
- Unabhängigkeit

Finanzierung und Investition

## 4. Finanzierungsarten im Überblick

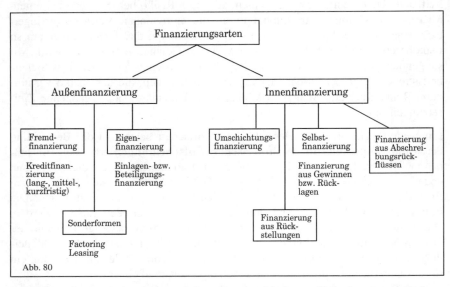

Abb. 80

Die Finanzierungsarten lassen sich nach verschiedenen Kriterien untergliedern. Teilt man nach der Mittelherkunft ein, so kann man zwischen **Außen-** und **Innenfinanzierung** unterscheiden. Werden die Mittel im Unternehmen selbst im Rahmen des betrieblichen Umsatzprozesses erwirtschaftet bzw. freigesetzt, handelt es sich um Innenfinanzierung. Erfolgt die Innenfinanzierung aus einbehaltenen Gewinnen, liegt **Selbstfinanzierung** vor. Werden finanzielle Mittel durch eine Vermögensumschichtung (Aktivtausch) freigesetzt, spricht man von **Umschichtungsfinanzierung**. Spezielle Formen der Innenfinanzierung repräsentieren die **Finanzierung aus Abschreibungen** und **Rückstellungen**. Stammen die finanziellen Mittel von außen, also vom Kapitalmarkt, erfolgt eine Außenfinanzierung, unabhängig davon, ob der Zufluß aus Eigen- oder Fremdkapital besteht.

Nach der Kapitalhaftung bzw. der Rechtstellung der Kapitalgeber unterscheidet man **Eigen-** und **Fremdfinanzierung**. Werden die finanziellen Mittel von den bisherigen oder neu hinzutretenden Eigentümern aufgebracht, liegt Eigenfinanzierung in Form der **Beteiligungsfinanzierung** oder **Einlagenfinanzierung** vor. Entscheidenden Einfluß auf die Kapitalaufbringung übt die Rechtsform der Unternehmung aus, da gesetzliche Vorschriften die Rechte der Gesellschafter und den Zugang zum Kapitalmarkt bestimmen. Eine andere Form der Eigenfi-

Finanzierung und Investition

nanzierung ergibt sich, wenn die Gesellschafter auf die Entnahme der ihnen zustehenden Gewinnanteile verzichten und sie dem Unternehmen zu Finanzierungszwecken zur Verfügung stellen (Innenfinanzierung bzw. Selbstfinanzierung). Fremdfinanzierung tritt ein, wenn die Kapitalgeber eine Gläubigerposition gegenüber der Unternehmung einnehmen (**Kreditfinanzierung**).

Nimmt man die Dauer der Finanzierung als weiteres Einteilungskriterium, so lassen sich **kurzfristige, mittelfristige** und **langfristige Finanzierungsarten** unterscheiden. Eine kurzfristige Finanzierung liegt bei einer Laufzeit bis zu einem Jahr vor, bei mittelfristiger Finanzierung beträgt die Laufzeit ein bis vier Jahre. Bei Laufzeiten von über vier Jahren spricht man von langfristiger Finanzierung.

Nach der Häufigkeit der Finanzierung unterteilt man in laufende, immer wiederkehrende Finanzierungen und einmalige, zu besonderen Anlässen notwendige Finanzierungen wie beispielsweise Gründungs-, Sanierungs-, Fusionsfinanzierungen.

## 5. Außenfinanzierung

Im Rahmen der Außenfinanzierung wird zunächst auf die Eigenfinanzierung bei den verschiedenen Rechtsformen eingegangen.

### a) Beteiligungs- oder Einlagenfinanzierung

Bei der Beteiligungsfinanzierung wird Eigenkapital von außen beschafft. Als Kapitalgeber fungieren entweder die bisherigen Eigentümer, die ihren Anteil erhöhen oder neu hinzukommende Eigner, die durch ihre Einlage in den Kreis der bisherigen treten. Entscheidenden Einfluß auf die Abwicklung der Beteiligungsfinanzierung hat die Rechtsform der Unternehmung. Man muß grundsätzlich unterscheiden zwischen nicht emissionsfähigen Unternehmungen wie Einzelunternehmen, BGB-Gesellschaft, OHG, KG, GmbH und Genossenschaft, denen der Zugang zur Börse verschlossen ist, und emissionsfähigen Unternehmen, die die Aktie als Instrument der Beteiligungsfinanzierung benutzen können.

### Beteiligungsfinanzierung bei nicht emissionsfähigen Unternehmen

Die Eigenkapitalbeschaffungsmöglichkeiten der Einzelunternehmung beschränken sich auf das Vermögen des Unternehmers. Er haftet mit seinem gesamten Vermögen. Der Einzelunternehmer besitzt eine hohe Flexibilität hinsichtlich der

159

Finanzierung und Investition

Eigenkapitalausstattung seines Unternehmens, da er praktisch jederzeit Eigenkapital aus dem privaten Bereich der Unternehmung zuführen, dieses aber auch jederzeit wieder abziehen kann.

Der Einzelunternehmer kann einen **stillen Gesellschafter** aufnehmen. Die stille Gesellschaft stellt eine reine Innengesellschaft dar, die nach außen nicht in Erscheinung zu treten braucht. Die Einlage des stillen Gesellschafters geht in das Vermögen des aufnehmenden Unternehmers ein und wird in der Bilanz zusammen mit dem Eigenkapital des Einzelunternehmers ausgewiesen. Der stille Gesellschafter ist am Gewinn beteiligt, besitzt keine Leitungsbefugnis, nur Informations- und Kontrollrecht. Bei der typisch stillen Gesellschaft wird der Gesellschafter bei seinem Ausscheiden mit seiner nominellen Kapitaleinlage abgefunden. Wird der Gesellschafter nicht nur am Gewinn, sondern auch am Vermögenszuwachs beteiligt, handelt es sich um eine atypische stille Gesellschaft. Die Aufnahme eines stillen Gesellschafters ist für alle Unternehmensformen erlaubt.

Bei der **Offenen Handelsgesellschaft** (OHG) ergeben sich Beteiligungsfinanzierungsmöglichkeiten durch Einlagenerhöhung der alten Gesellschafter, deren Umfang durch die privaten Vermögensverhältnisse begrenzt ist. Daneben ist die Aufnahme neuer Gesellschafter möglich. Allerdings muß beachtet werden, daß alle Gesellschafter zur Geschäftsführung berechtigt sind. Je mehr sich der Kreis der Leitungsbefugten ausdehnt, desto wahrscheinlicher sind Meinungsverschiedenheiten, die unternehmerische Entscheidungen verzögern.

Durch die besondere Ausgestaltung der Haftung können sich **Kommanditgesellschaften** relativ leicht Eigenkapital beschaffen, da die Kommanditisten nicht mit dem Gesamtvermögen einstehen müssen. Außerdem lassen sich durch den Ausschluß der Kommmanditisten von der Unternehmensleitung die bei der OHG geschilderten Probleme ausschalten. Die Anwerbung neuer Kommanditisten gelingt nur solange, wie diese das Risiko einer Kapitalbeteiligung nicht als zu hoch einstufen. Diese Einschätzung hängt maßgeblich von der Höhe des Gesamtvermögens der Komplementäre ab.

Die Beteiligungsfinanzierung bei der **Gesellschaft mit beschränkter Haftung** (GmbH) geschieht ebenfalls durch die Erhöhung des Eigenkapitals der alten Gesellschafter oder durch die Aufnahme neuer Gesellschafter. Gesetzliche Vorschriften wie die notariell beurkundete Änderung des Gesellschaftsvertrages und deren Eintrag ins Handelsregister sowie die Veröffentlichung erschweren eine Kapitalerhöhung. Eine besondere Beteiligungsfinanzierungsmöglichkeit ergibt

160

Finanzierung und Investition

sich dann, wenn in der Satzung eine **Nachschußpflicht** der Gesellschafter ausdrücklich festgelegt wurde. Sie kann betragsmäßig beschränkt oder unbeschränkt sein.

Bei der eingetragenen Genossenschaft erfolgt eine Beteiligungsfinanzierung durch eine Erhöhung der Quoten der bisherigen Mitglieder oder durch Aufnahme neuer Genossen. Unter Umständen können bei Genossenschaften auch Nachschußpflichten vereinbart sein.

### Beteiligungsfinanzierung bei emissionsfähigen Unternehmen

Zugang zur Börse haben die Kommanditgesellschaften auf Aktien (KGaA) und die Aktiengesellschaften (AG).

Die AG eignet sich besonders für die Aufbringung hoher Eigenkapitalbeträge, da durch eine Stückelung des Kapitals in kleine Beträge eine Beteiligung mit geringem Kapital möglich ist (Mindestnennwert pro Aktie 5 DM) und die Anteile eine hohe Fungibilität besitzen, d. h. jederzeit an der Börse ge- und verkauft werden können. Zudem ermöglicht die Organisationsform der AG, eine große Anzahl von Eigentümern mit grundsätzlich nur kapitalmäßigem Interesse zu beteiligen. Es lassen sich die folgenden Aktienarten unterscheiden:

*Nennwert- und Quotenaktien*

In Deutschland emittierte Aktien lauten auf einen in DM ausgedrückten Nennwert. Im Gegensatz dazu drücken **Quotenaktien** keinen festen Wert, sondern eine bestimmte Quote am Reinvermögen des Unternehmens aus (1/1000, 1/100 etc.). In den USA ist diese Art von Aktien weit verbreitet, in der BRD jedoch verboten. Eine Ausnahme bilden jedoch die Kuxe. Kuxe sind (Quoten)Anteile an bergrechtlichen Gewerkschaften.

*Inhaber- und Namensaktien*

**Inhaberaktien** lauten auf den Namen der ausgebenden Gesellschaft. Die Übertragung erfolgt durch Einigung und Übergabe gemäß § 929 BGB, allerdings nur dann, wenn der Nennbetrag voll eingezahlt wurde. In Deutschland ist die Inhaberaktie üblich. Eine Übertragung von **Namensaktien** erfolgt durch Indossament (Erklärung der Eigentumsübertragung auf der Rückseite der Aktie) und Übergabe. Zusätzlich ist für eine rechtskräftige Übertragung die Eintragung in das Aktienbuch der Gesellschaft notwendig. Die Restriktionen bei der Übertragung bedeuten eingeschränkte Verkehrsfähigkeit (Fungibilität) und höheren Verwaltungsaufwand. Der Vorteil liegt darin, daß die Aktionäre der Gesellschaft be-

161

Finanzierung und Investition

kannt und Umschichtungen in den Eigentumsverhältnissen ersichtlich sind. Bei **vinkulierten Namensaktien** ist zusätzlich zu den Übertragungsformalitäten der Namensaktien noch die Zustimmung der Gesellschaft erforderlich. Die Vinkulierung (Zustimmungsvorbehalt) soll verhindern, daß die Aktien an unerwünschte Aktionäre gelangen.

*Stamm- und Vorzugsaktien*

Die **Stammaktie** ist der Normaltyp einer an der Börse gehandelten Aktie. Mit ihr sind die folgenden Rechte verbrieft:
- Stimmrecht in der Hauptversammlung
- Recht auf Gewinnbeteiligung (Dividende)
- Bezugsrecht auf junge Aktien oder auf Wandelschuldverschreibungen
- Recht auf Anteil am Liquidationserlös
- Informationsrecht

**Vorzugsaktien** sind Wertpapiere, die den Aktionären bestimmte Vorzüge in bezug auf die mit der Stammaktie gewährten Rechte einräumen. Im Rahmen der Finanzierung sind Vorzugsaktien von besonderer Bedeutung, wie die zahlreichen Emissionen seit Mitte der 80er Jahre zeigen. Dividendenvorzugsaktien geben einen Anspruch auf Vorzugsdividende in einer bestimmten Höhe. Auf die Stammaktien darf bis zur vollständigen Erfüllung aller Dividendenansprüche der Vorzugsaktionäre keine Dividende ausgeschüttet werden. Die Vorzugsaktie wird so praktisch mit einer garantierten Mindestverzinsung ausgestattet.

Bei **kumulierten Vorzugsaktien** gilt der Dividendenanspruch auch in Verlustjahren, in denen keine Dividenden ausgeschüttet werden. In Geschäftsjahren mit Gewinn besteht dann eine Nachzahlungsverpflichtung für die dividendenlosen Geschäftsjahre. Weit verbreitet sind Vorzugsaktien ohne Stimmrecht. Voraussetzung für stimmrechtslose Vorzugsaktien ist die Vereinbarung einer Nachzahlungsverpflichtung durch die AG. Das Hauptmotiv für die Ausgabe stimmrechtsloser Vorzugsaktien besteht in der Erweiterung der Kapitalbasis bei gleichzeitigem Erhalt der bestehenden Machtverhältnisse im Unternehmen. Es gibt noch eine Fülle verschiedenartiger Vorzugsaktien, auf die hier nicht eingegangen wird.

Der Aktionär kann seine Bindung an die AG nicht durch Kündigung, sondern nur durch eine Veräußerung seiner Aktien lösen. Dadurch steht der AG das Eigenkapital langfristig zur Verfügung, auch wenn sich der Kreis der Eigentümer ändert. Die Veräußerung geschieht in der Regel durch Einschaltung von Banken und Maklern an der Börse.

162

## Venture-Capital-Finanzierung

Die Venture-Capital-Finanzierung soll wegen ihrer zunehmenden wirtschaftlichen Bedeutung und Aktualität kurz erklärt werden. Unter **Venture Capital** versteht man Risiko-, Wagniskapital.

Es handelt sich um eine Beteiligungsfinanzierung, d. h. um die Versorgung von Unternehmen mit Eigenkapital. Eine Venture-Capital-Finanzierung ist grundsätzlich bei allen Rechtsformen möglich. Das Besondere an dieser Art der Finanzierung besteht in der Managementbetreuungsfunktion, die die Kapitalgeber bzw. deren Bevollmächtigte neben der Kapitalversorgung übernehmen. Die Grundidee bei der Venture-Capital-Finanzierung liegt darin, daß die Marktdurchsetzung innovativer Technologien oft an Finanzierungslücken schon in der Anfangsphase scheitert. Untersuchungen beweisen, daß die Innovationen häufig von kleinen und mittleren Unternehmen mit dünner Kapitaldecke ausgehen. Das Scheitern ist in vielen Fällen auch darauf zurückzuführen, daß die Schöpfer der innovativen Technologie keine oder zu geringe Managementkenntnisse besitzen.

Die Venture-Capital-Finanzierung bewirkt eine Zusammenführung von Kapital und Technologie, verbunden mit einer Managementservicefunktion.

Die Venture-Capital-Finanzierung findet in Bereichen statt, wo anfänglich ein großes Risiko vorhanden ist, später aber überdurchschnittliche Gewinne winken. Befindet sich das Unternehmen in einer soliden Gewinnzone, geht die Venture-Capital-Finanzierung meist in eine konventionelle Finanzierung über. Das "going public", die Börseneinführung, steht bevor. Sobald das Unternehmen börsenreif ist und die Erstemission erfolgreich durchgeführt wurde, werden die Venture-Capital-Financiers versuchen, den Wertzuwachs des von ihnen investierten Risikokapitals durch einen Verkauf ihrer Geschäftsanteile an der Börse zu realisieren.

Die Venture-Capital-Finanzierung kann in Form einer direkten Beteiligungsfinanzierung durch einzelne Venture-Capital-Financiers oder auch in Form einer indirekten Beteiligungsfinanzierung durch **Venture-Capital-Beteiligungsgesellschaften (Beteiligungsfonds)** durchgeführt werden.

In Deutschland wird eine indirekte Beteiligungsfinanzierung über Venture-Capital-Gesellschaften bevorzugt. Die Venture-Capital-Finanzierung wird gegenwärtig vor allem bei der Beteiligung an ausländischen Unternehmen, insbesondere osteuropäischen, denen es an einem erfahrenen Management mangelt, praktiziert.

Finanzierung und Investition

## b) Fremdfinanzierung

Fremdfinanzierung ist eine Finanzierung mit Kreditkapital, das nach einer bestimmten Frist zurückgezahlt werden muß. Da die Gläubiger im Normalfall keine Mitspracherechte besitzen und nicht am Gewinn (Verlust) beteiligt sind, erhalten sie neben dem Recht auf Rückzahlung einen fest vereinbarten Zins, der auch im Verlustfall bezahlt werden muß. Um dem Risiko einer Nichtrückzahlung zu entgehen, verlangen die Gläubiger Sicherheiten, eventuell sogar Kontroll- und Mitspracherechte, die die Entscheidungsfreiheit der Unternehmensleitung einschränken. Die verschiedenen Kreditformen werden nach der Fristigkeit unterschieden.

### Langfristige Kreditformen
Langfristige Kredite besitzen eine Laufzeit von mehr als vier Jahren.

### *Darlehen*

Bei Darlehen unterscheidet man je nach Rückzahlungsart Kündigungsdarlehen, Rückzahlungsdarlehen, Annuitätendarlehen und Tilgungsdarlehen. Beim **Kündigungsdarlehen** erfolgt die Rückzahlung nach der Kündigung. Die Kündigungsfrist bzw. die Modalitäten der Kündigung bestimmt der Darlehensvertrag. Beim **Rückzahlungsdarlehen** erfolgt die Rückzahlung (Tilgung + Zinsen) einmalig zu einem vertraglich festgelegten Termin. Erfolgt die Rückzahlung in gleichen Jahresraten (Annuitäten), handelt es sich um ein **Annuitätendarlehen.** Die Raten bestehen aus Zins- und Tilgungszahlungen. Da sich die Schuldsumme durch die Tilgung verringert, wird der Zinsanteil immer geringer und der Tilgungsanteil entsprechend größer. Beim **Tilgungsdarlehen** erfolgt die Rückzahlung in gleichen Tilgungsraten. Der Zinsanteil nimmt ab. Die Sicherung der Darlehen erfolgt meist durch Grundpfandrechte (Grundschulden, Hypotheken).

### *Obligationen, Schuldverschreibungen*

Großunternehmen haben die Möglichkeit, sich langfristige Darlehen durch Ausgabe von **Obligationen**, auch **Schuldverschreibungen** genannt, zu besorgen. Die Wertpapiere verbriefen die Gläubigerrechte. Die Papiere werden an der Börse emittiert. Die Kreditgeber bleiben für das Unternehmen anonym, da die Obligationen in Form von Inhaberpapieren ausgegeben werden. Die Ausgabe von Obligationen bedarf einer staatlichen Genehmigung zum Schutz der Gläubiger. Der Bundesminister der Finanzen und die zuständige oberste Behörde des jeweiligen Bundeslandes erlauben die Emission nur unter strengen Auflagen. Die Schuldverschreibungen sind durch Grundpfandrechte abgesichert.

164

Finanzierung und Investition

Der Ausgabekurs und der Rückzahlungskurs müssen nicht identisch sein. Der Ausgabekurs kann sowohl unter (unter pari) als auch über (über pari) dem Rückzahlungskurs (Nennwert der Schuldverschreibung) liegen. Die Emission unter pari ist sehr verbreitet, da sie einen zusätzlichen Kaufanreiz durch eine höhere Effektivverzinsung bietet. Den Abschlag vom Nennwert bezeichnet man als **Disagio** oder **Damnum**.

Die Stückelung in kleine Beträge (100 DM, 200 DM, 500 DM) ermöglicht es, von kleinen Anlegern große Kapitalbeträge zu sammeln. Einen weiteren Vorteil bietet die leichte Liquidierbarkeit der börsengängigen Papiere, die es dem Gläubiger ermöglichen, seine Wertpapiere vor Ablauf der Laufzeit an der Börse zu veräußern.

*Wandelschuldverschreibungen, Optionsanleihen*

Neben Industrieobligationen gibt es die Optionsanleihen, die Wandelschuldverschreibungen und Gewinnschuldverschreibungen als Sonderformen mit speziellen Zusatzrechten.

**Wandelschuldverschreibungen** berechtigen nach Ablauf einer Sperrfrist an bestimmten Terminen zum Umtausch der Schuldverschreibungen in Aktien zu einem festgelegten Kurs. Bei Ausnutzung dieses Rechtes erfolgt eine Kapitalumstrukturierung, Fremdkapital wird in Eigenkapital umgewandelt.

Bei **Optionsanleihen** wird zusätzlich ein Recht auf den Erwerb junger Aktien (Ausgabe neuer Aktien bei einer Kapitalerhöhung) zu günstigen Konditionen gewährt. Bei Ausnutzung des Rechts fließt dem Unternehmen zusätzliches Eigenkapital zu. Das Optionsrecht ist gesondert auf einem Optionsschein verbrieft.

Bei **Gewinnschuldverschreibungen** erhält der Gläubiger neben einem festen Grundzins einen Anspruch auf Gewinnbeteiligung oder gar keinen festen Zins, sondern nur einen bestimmten Gewinnanteil. Im zweiten Fall trägt der Gläubiger auch das Risiko, bei Verlusten leer auszugehen.

*Schuldscheindarlehen*

**Schuldscheindarlehen** unterscheiden sich von Schuldverschreibungen dadurch, daß die Mittel nicht an der Börse, sondern über Kapitalsammelstellen (z. B. Versicherungsunternehmen) beschafft werden. Im Gegensatz zu Wertpapieren sind Schuldscheine lediglich Beweisurkunden, d. h. die Forderung bleibt auch bestehen, wenn der Schuldschein verloren gehen sollte. Ein weiterer Unterschied zum Wertpapier liegt in der geringeren Mobilität, da der Schuldschein nur durch Zes-

165

Finanzierung und Investition

sion (Abtretung), die häufig an die Zustimmung des Schuldners gebunden ist, übertragen werden kann. Versicherungsgesellschaften legen oft aus Rentabilitätsgründen Kapital aus ihrem Deckungsstock durch Ausgabe von Schuldscheindarlehen an.

Unter Deckungsstock versteht man das Sondervermögen von Versicherungen zur Deckung ihrer zukünftigen Verpflichtungen. Da die Deckungsstockfähigkeit von Schuldscheindarlehen scharfen gesetzlichen Bestimmungen unterliegt (Schutz der Versicherten), finanzieren Versicherungsgesellschaften in erster Linie Kreditnehmer mit allerbester Bonität und die öffentliche Hand.

## Kurzfristige Kreditformen

### Lieferantenkredit

Der **Lieferantenkredit** steht in engem Zusammenhang mit dem Warenabsatz. Der Lieferant stellt seinem Kunden keine Geldmittel zur Verfügung, sondern liefert Waren, die nicht sofort, sondern innerhalb einer bestimmten Zahlungsfrist bezahlt werden müssen. Der Vorteil liegt darin, daß der Kaufpreis dann zumindest teilweise aus den Umsatzerlösen bezahlt werden kann.

Lieferantenkredite sind meist sehr teuer. Bezahlt der Kunde vor Ablauf der eingeräumten Frist, so wird ihm meist Skonto gewährt. Skonto ist ein prozentualer Abschlag vom Verkaufspreis, z. B.: "Bei Barzahlung innerhalb von 10 Tagen 2 % Skonto oder 30 Tage netto Kasse".

Da sich die 2 % Skonto auf 20 Tage beziehen, d. h. der Schuldner zahlt nach 10 Tagen und nutzt eine 20tägige zusätzliche Kreditgewährung nicht aus, ergibt sich eine sehr hohe effektive Verzinsung. Umgerechnet auf ein Jahr bedeuten 2 % Skonto für 20 Tage eine Verzinsung von 36 %.

Dreisatz:     Für 20 Tage     3 %

              Für 360 Tage    36 %

Aus Gründen der Rentabilität ist es sinnvoll, einen kurzfristigen Bankkredit aufzunehmen, um die Skontofrist einzuhalten. Allerdings kann eine angespannte Liquiditätslage für eine Ausnutzung des Zahlungszieles sprechen.

### Kundenanzahlung

Hier gewährt nicht der Lieferant, sondern der Kunde einen Kredit, indem er die Zahlung teilweise vor der Lieferung vornimmt. Anzahlungen sind im Schiffbau, Wohnungsbau oder in der Großmaschinenindustrie üblich, also in Branchen mit

166

Finanzierung und Investition

langfristigen aufwendigen Fertigungsweisen. Die Anzahlungen stehen dem Unternehmen zinslos zur Verfügung und verbessern die Liquidität spürbar. Außerdem vermindert sich das Risiko, daß die Ware nicht abgenommen wird.

*Kontokorrentkredit*

Unter **Kontokorrent** versteht man ein in laufender Rechnung geführtes Konto, auf dem alle Geschäfte zweier Geschäftspartner verbucht werden, wobei die gegenseitigen Forderungen in regelmäßigen Zeitabständen aufgerechnet (saldiert) werden. Der Kontokorrentkredit ist zwischen Kaufleuten üblich und die häufigste Form des kurzfristigen Bankkredits. Die Abwicklung von Kontokorrentkrediten bei Banken erfolgt über Girokonten. Über die Höhe des maximal einzuräumenden Kredits, die Kontokorrentkreditlinie, muß verhandelt werden. Dabei beurteilt die Bank die Kreditwürdigkeit des Kunden. In gewissem Umfang wird der Kredit oft ohne besondere Sicherheiten gewährt. Obwohl der Kontokorrentkredit relativ teuer ist, wird er wegen seiner flexiblen Inanspruchnahme sehr häufig genutzt.

*Wechselkredite*

Der **Wechsel** ist ein spezielles Mittel zur Kreditsicherung. Der Wechsel stellt eine Urkunde dar, durch die der Gläubiger (Aussteller) den Schuldner (Bezogenen) anweist, an ihn oder an eine dritte Person (Wechselnehmer) zu einem bestimmten Zeitpunkt (Fälligkeitsdatum) gegen Vorlage des Wechsels eine bestimmte Summe zu zahlen. Aus der Haftung des Schuldners, dem schnellen Prozeßverfahren bei Nichteinlösung und den strengen Formvorschriften (**Wechselstrenge**) ergeben sich besondere Sicherheiten für den Wechselnehmer. Der Wechsel gilt als losgelöst von dem zugrundeliegenden Rechtsgeschäft. Selbst wenn das Geschäft nicht rechtens war, muß der Wechsel eingelöst werden, weil das Gericht die Rechtmäßigkeit des Geschäftes, das die Wechselforderung begründet, nicht prüft.

Für den Schuldner liegt der Vorteil der Wechselschuld darin, daß ihm ein Zahlungsaufschub gewährt wird, und er in der Regel keine weiteren Sicherheitsleistungen erbringen muß.

Für den Gläubiger ist der Wechsel ein Kreditsicherungsmittel (Wechselstrenge). Zusätzlich bietet sich dem Gläubiger die Möglichkeit, den Wechsel als Zahlungsmittel zu verwenden. Er kann den Wechsel an einen Dritten (**Remittent**) übereignen, um seinerseits Schulden zu begleichen. Die Weitergabe des Wechsels erfolgt durch **Indossament** (schriftliche Übertragungserklärung auf der Rückseite) und Übergabe. Das Indossament hat auch eine Haftungsfunktion.

167

Finanzierung und Investition

Wenn jemand einen Wechsel weitergibt, haftet auch er neben dem Schuldner, dem Wechselnehmer für die Einlösung des Wechsels. Der Wechsel kann innerhalb der Wechselfrist weitergegeben werden. Als Berechtigter gilt derjenige, der den Wechsel besitzt. Löst der Schuldner den Wechsel am Verfallstag nicht ein, so muß der letzte Inhaber **Wechselprotest** erheben. Der Protest ist eine öffentliche Urkunde, in der ein Notar oder Gerichtsbeamter bestätigt, daß der Bezogene den Wechsel nicht eingelöst hat. Der letzte Wechselinhaber ist auch verpflichtet, seinen Vormann und den Aussteller vom "Platzen des Wechsels" zu informieren. Er kann sich für die Zahlung der Wechselsumme an einen beliebigen Vormann oder an den Aussteller wenden (**Wechselregreß**).

Eine besondere Bedeutung bekommt der Wechsel dadurch, daß er vom Wechselnehmer vor dem Verfallstag an eine Bank verkauft werden kann. Die Bank diskontiert den Wechsel, d. h. sie berechnet für die Zeitspanne vom Tag der Einlösung bis zum Verfallstag einen bestimmten Betrag (**Diskont**), der zu Lasten des Schuldners geht, und stellt dem Wechselnehmer die Summe zur Verfügung.

*Lombardkredit*

Der **Lombardkredit** ist ein Beleihungskredit. Beliehen (lombardiert) werden nur bewegliche Gegenstände, die vom Kreditgeber leicht veräußert werden können und wertbeständig sind. Als Faustpfand kommen Wertpapiere, Waren, Wechsel, Forderungen und Edelmetalle in Frage. Die Beleihungsgrenzen liegen zwischen 50 % (Waren) und 80 % (Wertpapiere).

Der Lombardkredit ist zwischen Unternehmen und Banken recht selten. Er findet hauptsächlich zwischen Geschäftsbanken und Bundesbank statt. Dabei lombardiert die Bundesbank gute Handelswechsel und andere Wertpapiere der Geschäftsbanken zum Lombardsatz, der ca. 1,5 % bis 2 % über dem jeweiligen Rediskontsatz liegt. Dementsprechend ist der Lombardkredit für Kunden teurer als der Diskontkredit.

*Kurzfristige Kredite im Auslandsgeschäft*

Im Auslandsgeschäft treten häufig besondere Probleme und Risiken auf wegen der langen Lieferwege und Lieferzeiten und der unterschiedlichen rechtlichen Bestimmungen beim grenzüberschreitenden Warenverkehr. Die wichtigsten Formen der Finanzierung im Außenhandel sind **Akkreditivkredit** und **Rembourkredit,** auf die nur kurz hingewiesen werden soll. Normalerweise erhält der Exporteur den Kaufpreis erst dann, wenn der Importeur die Waren bekommen hat. Um die Wartezeit zu verkürzen, kann der Importeur über seine Bank dem

168

Exporteur ein Akkreditiv stellen. Ein Akkreditiv ist der Auftrag an die Bank des Kunden, aus seinem Guthaben an einen Dritten eine bestimmte Geldsumme zu zahlen, wenn der Dritte bestimmte Voraussetzungen erfüllt. Die Zahlung an den Exporteur erfolgt z. B. gegen die Vorlage von Dokumenten, die belegen, daß die Ware verschickt wurde.

Beim Rembourkredit handelt es sich um eine Kombination von Akkreditiv- und Diskontkredit. Nachdem zwischen Importeur und Exporteur ein Kaufvertrag abgeschlossen wurde, beauftragt der Importeur seine Bank, der Bank des Exporteurs einen Akkreditiv zu dessen Gunsten zu stellen und eine Akzeptzusage (Wechselkredit) zu geben.

### c) Factoring und Leasing als Spezialformen der Außenfinanzierung

#### Factoring

Factoring ist ein Instrument der Absatzfinanzierung, das nach dem Zweiten Weltkrieg aus den USA den Weg nach Europa gefunden hat. Der Verkäufer einer Ware (Factoring-Kunde) tritt seine Kaufpreisforderung gegen den Käufer an ein Finanzierungsinstitut (Factor, Factoring-Gesellschaft) ab. Der Factor vergütet den Gegenwert der Forderung abzüglich Kosten (Zinsen für Zeitraum zwischen Ankauf und Fälligkeit der Forderung, Provision) an das Unternehmen und holt sich das Geld bei Fälligkeit vom Käufer. Die Inanspruchnahme eines Factors verbessert die Liquidität des Unternehmens oft erheblich, so daß Barkäufe unter Ausnutzung der Skonti getätigt werden können. Zudem übernimmt der Factor die Haftung für Forderungsausfälle. Durch die Dienstleistungs- und Servicefunktionen, die der Factor übernimmt, lassen sich Personal- und Verwaltungskosten im Bereich der Rechnungsstellung und im Mahnwesen einsparen.

Man könnte meinen, daß im Factoring ein narrensicheres Verkaufssystem für Unternehmen erfunden wurde. Doch ganz so ist es nicht, denn auch die Factoring-Gesellschaften arbeiten unternehmerisch und kalkulieren ihre Risiken. Zunächst einmal schauen sie sich genau den Lieferanten an, der bei ihnen Kunde werden möchte und der deshalb im Fachjargon Anschlußkunde heißt. Nur wer die Bonitätsprüfung besteht, wird als Kunde angenommen. Sodann behält sich der Factor vor, die Bonität der Geschäftspartner des Anschlußkunden, also der Käufer, zu prüfen. Außerdem vereinbart der Factor mit dem Anschlußkunden in der Regel für jeden einzelnen Geschäftspartner, also für jeden Kunden des Verkäufers, ein oberes Kreditlimit. Neben den banküblichen Zinsen für die Kreditgewährung stellt die Factoring-Gesellschaft für alle büromäßigen Dienstleistun-

Finanzierung und Investition

gen eine Gebühr in Rechnung, die normalerweise 0,5 % bis 2 % vom Umsatz beträgt und die Delkrederegebühr für die Übernahme des Ausfallrisikos enthält. Somit ist Factoring eine relativ teure Angelegenheit und kommt nur für gesunde Unternehmen in Frage, da siechende Unternehmen erst gar nicht vom Factor angenommen werden. In der Bundesrepublik gewinnt das Factoring vor allem bei mittelständischen Unternehmen immer mehr Verbreitung.

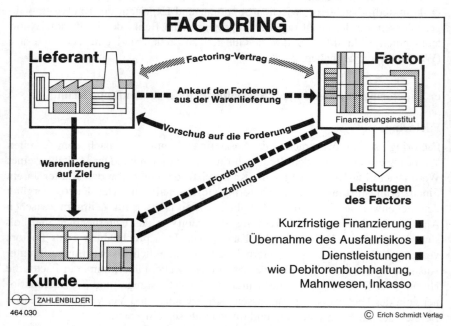

Abb. 81: Factoring ist ein Instrument der Absatzfinanzierung, das nach dem Krieg aus den USA nach Europa gekommen. Der Verkäufer einer Ware (Lieferant oder Factoring-Kunde) tritt seine Kaufpreis-Forderung gegen den Käufer (oder Abnehmer) an die Factoring-Gesellschaft ab und erhält vom Factor sofort den ganzen oder zumindest den überwiegenden Teil des Kaufpreises ausbezahlt. Der Factor holt sich dann bei Fälligkeit das Geld vom Käufer. Für den Lieferanten, der natürlich dem Factor für dessen Dienstleistung etwas bezahlen muß, besteht der Vorteil beim Factoring nicht nur in der sofortigen Liquidität, sondern auch in der Sicherheit gegen Forderungsausfall. Außerdem führt der Factor auch die Debitoren-Buchführung.

## Leasing

Unter Leasing (engl. to lease: mieten, vermieten) versteht man das Vermieten von Investitionsgütern durch eine Leasinggesellschaft (Leasinggeber) an einen Leasingnehmer. Normalerweise sind die Hersteller der Investitionsgüter und die

Finanzierung und Investition

Leasinggeber nicht identisch (indirektes Leasing). Ist jedoch der Hersteller der Leasinggeber (z. B. Volkswagen Leasing GmbH), so spricht man von direktem Leasing.

Nach der Art der Vertragsgestaltung lassen sich zwei Grundformen von Leasing-Verträgen unterscheiden:

*Operate-Leasing-Vertrag*

Das **Operate Leasing** ist durch eine kurzfristige Nutzenüberlassung gekennzeichnet und kommt eigentlich einem normalen Mietvertrag im Sinne des § 535 BGB sehr nahe. Der Operate-Leasing-Vertrag ist von beiden Vertragspartnern jederzeit kündbar. Das volle Investitionsrisiko trägt der Leasinggeber. Daher kommen für das Operate-Leasing nur Wirtschaftsgüter in Frage, die leicht erneut vermietet bzw. vielseitig verwendet werden können. Der Leasinggeber übernimmt auch die Wartung der Leasinggegenstände. Der Leasinggeber bilanziert die Leasinggüter und schreibt sie ab. Der Leasingnehmer verrechnet die Leasingraten als Kosten in der Gewinn- und Verlustrechnung.

*Finance-Leasing-Vertrag*

**Finance-Leasing**-Verträge sind für eine vereinbarte Grundmietzeit unkündbar. Die Grundmietzeit entspricht maximal der Nutzungsdauer, meist 50 bis 70 % der Nutzungsdauer. Die zu zahlenden Mietraten sind während der Grundmietzeit relativ hoch, da sie von der Leasinggesellschaft so bemessen sind, daß sich der Leasinggegenstand inklusive Nebenkosten voll amortisiert (Amortisation: Deckung der Anschaffungskosten durch die Erträge) und ein Gewinn erzielt wird. Im Gegensatz zum Operate-Leasing trägt der Leasingnehmer beim Finance-Leasing das Investitionsrisiko während der Grundmietziet. Außerdem muß der Leasingnehmer für die Wartungs- und Instandhaltungskosten aufkommen. Da das Investitionsrisiko nicht beim Leasinggeber liegt, können beim Finance-Leasing auf spezielle Wünsche des Leasingnehmers zugeschnittene Objekte (Spezialmaschinen) geleast werden.

Finance-Leasing-Verträge werden häufig mit einer Kaufoption versehen, d. h. daß dem Leasingnehmer nach Ablauf der Grundmietzeit das Recht zusteht, den Gegenstand zu erwerben. Liegt eine Kaufoption vor, erfolgt die Bilanzierung meist beim Leasingnehmer. Aufgrund eines Erlasses des Bundesministers der Finanzen wird je nach Vertragsvariante entschieden, wer als wirtschaftlicher Eigentümer des Leasinggegenstandes angesehen wird, bei wem also die Bilanzierung letzten Endes erfolgt.

Finanzierung und Investition

Das Leasen bedeutet für den Leasingnehmer einen geringen Finanzierungsbedarf und damit eine höhere Liquidität, zumindest in den ersten Jahren der Anschaffung. Außerdem verlangen die Leasing-Gesellschaften meist geringere Sicherheiten als die Banken. Beim Leasingnehmer lassen sich durch das Leasing die Bilanzrelationen und die Rentabilität verbessern, da zusätzliche Erträge durch die Nutzung von Wirtschaftsgütern erzielt werden, die nicht in der Bilanz erscheinen. Die Leasingraten sind dabei in voller Höhe absetzbare Betriebskosten und mindern die Einkommensteuer bzw. Körperschaftssteuer, und außerdem wird der Leasingnehmer, falls die Bilanzierung beim Leasinggeber vorgenommen wird, nicht durch Vermögens- bzw. Gewerbesteuer belastet.

Aufgrund der vertraglichen Fixierung der Leasingraten sind die zukünftigen Kosten für den Unternehmer fest kalkulierbar. Leasinggesellschaften sind in der Regel Großkunden, und die ausgehandelten Skonti und Rabatte schlagen sich beim Leasingnehmer in entsprechend reduzierten Leasingraten nieder. Beim Operate-Leasing übernimmt der Leasinggeber zusätzlich Wartung und Reparatur der Objekte. Kostspielige Verschleißreparaturen können auch beim Finance-Leasing vermieden werden, wenn eine Kündigung nach der Grundmietzeit erfolgt. Erfahrungsgemäß werden Leasinggegenstände früher ausgetauscht als auf herkömmlichem Weg finanzierte Objekte. Somit ermöglicht Leasing eine raschere Anpassung an den technologischen Fortschritt.

Nachteilig beim Leasing wirken sich die relativ hohen Mietkosten aus. Im Gegensatz zu den Abschreibungen sind die Leasingkosten ausgabenwirksam und gehen zu Lasten der Liquidität. Insgesamt gesehen verursacht Leasing höhere Ausgaben als ein fremdfinanzierter Kauf des Investitionsgutes. Die eventuellen Steuervorteile gleichen diesen Nachteil nur in den seltensten Fällen aus.

Ob Leasen oder Kaufen letzten Endes günstiger ist, kann nur für den Einzelfall unter sorgfältiger Abwägung aller Vor- und Nachteile entschieden werden.

### 6. Kapitalerhöhung bei der AG

Neben der Gründung eines Unternehmens kann auch eine Erweiterung der Eigenkapitalbasis Anlaß einer Aktienemission sein. Diesen Vorgang nennt man Kapitalerhöhung. Eine Kapitalerhöhung kann durch Beteiligungsfinanzierung oder aus Gesellschaftsmitteln ohne Mittelzufluß von außen in Form der Selbstfinanzierung erfolgen.

Finanzierung und Investition

## a) Spielarten der Kapitalerhöhung

### Ordentliche Kapitalerhöhung

Die gebräuchlichste Art der Beteiligungsfinanzierung läuft über eine ordentliche Kapitalerhöhung (Kapitalerhöhung gegen Einlagen). Gegen Barzahlung oder Sacheinlagen werden junge Aktien ausgegeben. Das Aktiengesetz enthält keine Vorschriften über eine Begrenzung des Emissionsvolumens. Die Altaktionäre erhalten ein Bezugsrecht, entsprechend ihrem Beteiligungsanteil. Die Bedeutung und rechnerische Ermittlung des Bezugsrechtes wird im nächsten Abschnitt näher erläutert. Der Bezugskurs junger Aktien muß jedoch mindestens dem Nennwert entsprechen, eine unter-pari-Emission ist nicht gestattet. Die Unternehmungen sind normalerweise daran interessiert, einen möglichst hohen Emissionskurs zu erzielen, damit die Kosten der Eigenkapitalbeschaffung, die bei der Emission junger Aktien relativ hoch sind, verringert werden. Die Obergrenze für den Emissionskurs bildet der Börsenkurs der alten Aktien zum Emissionszeitpunkt. Das **Aufgeld (Agio)** muß bei über-pari-Emission in die Kapitalrücklage eingestellt werden.

Die gesetzlichen Regelungen enthalten die §§ 182–191 AktG. Die Erhöhung des Grundkapitals kann nur mit einer Dreiviertelmehrheit des bei der Beschlußfassung vertretenen Grundkapitals erfolgen. Die Satzung kann darüber hinaus sogar eine größere Mehrheit bestimmen.

### Bedingte Kapitalerhöhung

Die bedingte Kapitalerhöhung ist in den §§ 192–201 AktG geregelt. Das Aktiengesetz sieht eine bedingte Kapitalerhöhung für die folgenden drei Fälle – soweit von den Umtausch- oder Bezugsrechten Gebrauch gemacht wird – vor:
- Gewährung von Umtauschrechten in oder Bezugsrechten auf Aktien an Gläubiger von Wandelschuldverschreibungen oder Optionsanleihen,
- Gewährung von Umtauschrechten bzw. Bezugsrechten zur Vorbereitung von Unternehmenszusammenschlüssen,
- Gewährung von Bezugsrechten an Arbeitnehmer der Gesellschaft zum Bezug neuer Aktien gegen Einlage der eingeräumten Gewinnbeteiligung (**Belegschaftsaktien**).

Der bedingten Kapitalerhöhung müssen ebenfalls 3/4 des bei der Beschlußfassung vertretenen Grundkapitals zustimmen, § 193 (1) AktG. Im Gegensatz zur ordentlichen Kapitalerhöhung legt § 192 (3) AktG eine Emissionsbegrenzung fest. Der Nennwert der bedingten Kapitalerhöhung darf maximal die Hälfte des bei der Beschlußfassung vorhandenen Grundkapitals betragen.

Finanzierung und Investition

## Genehmigtes Kapital

Der Vorstand wird hier durch die Hauptversammlung ermächtigt, das Grundkapital bis zu einem bestimmten Nennbetrag durch die Ausgabe junger Aktien gegen Einlagen zu erhöhen. Die Ermächtigung gilt nur 5 Jahre lang, d. h. daß die Kapitalerhöhung in einem Zeitraum von fünf Jahren durchgeführt werden muß. Auch beim genehmigten Kapital nennt das Aktiengesetz in § 202 (3) eine Emissionsgrenze von 50 % des bisherigen Grundkapitals. Diese Art der Finanzierung repräsentiert ein sehr flexibles Instrument der Beteiligungsfinanzierung, da der Vorstand den jeweils günstigsten Zeitpunkt für die Kapitalerhöhung kurzfristig bestimmen kann. Eine Kapitalerhöhung nach den Vorschriften der §§ 182, 192 ist ein langwieriger Prozeß (Dreiviertelmehrheit der Hauptversammlung) und verzögert rasch notwendige Entscheidungen. Im Gegensatz zur bedingten Kapitalerhöhung ist das genehmigte Kapital nicht an einen bestimmten Finanzierungsanlaß gebunden. Für das genehmigte Kapital gelten die Vorschriften der §§ 202–206 AktG.

## Kapitalerhöhung aus Gesellschaftsmitteln

Die Kapitalerhöhung aus Gesellschaftsmitteln gehört nicht zur Beteiligungsfinanzierung, da der Eigenkapitalzufluß nicht von außen, sondern von innen kommt. Aus Gründen der Systematisierung erfolgt eine Behandlung der Kapitalerhöhung aus Gesellschaftsmitteln bei der Selbstfinanzierung in Abschnitt 7a.

Durch die Emission neuer Aktien haben bundesdeutsche Unternehmen 1990 ihre Eigenmittel um knapp 28 Milliarden DM erhöht. Nach Auskunft des "Deutschen Aktieninstituts e. V." konnte in den letzten 10 Jahren durch die Ausgabe neuer Aktien die Eigenkapitalquote der deutschen Aktiengesellschaften auf rund 30 % angehoben werden. Unternehmen, die den Aktienmarkt nicht nutzen können, haben hingegen nur eine durchschnittliche Eigenkapitalquote von rund 20 %.

Den Anlegern freilich hat der Aktienboom nicht die erhofften "Goldenen Berge" verschafft. Betrachtet man die Entwicklung der Aktionärsstruktur, so haben die Privatanleger ständig an Boden verloren. Auf dem Vormarsch waren ausländische Investoren, Banken und Versicherungen. Obwohl die Bundesbürger (West) 1990 über ein Geldvermögen von 3 Billionen DM verfügten, investierten sie nur einen geringen Anteil (5,5 %) in Aktien. 1960 betrug der Anteil noch 22 %.

Die Aktie wird als Finanzierungsinstrument weiter an Gewicht gewinnen. Dafür spricht der immense Finanzbedarf der deutschen Unternehmen in den neuen Bundesländern, die Öffnung Osteuropas und die Dynamik des EG-Binnenmarktes.

174

Finanzierung und Investition

## b) Ermittlung des Bilanzkurses

Bevor auf die rechnerische Ermittlung des Bezugsrechtes eingegangen wird, soll der Bilanzkurs kurz erklärt werden, weil er bei der Bezugsrechtrechnung – zumindest im Rahmen der Abituraufgaben – immer wieder erscheint.

Unter **Bilanzkurs** versteht man den rechnerischen Wert einer Aktie, ermittelt mit Hilfe der Bilanz. Er wird folgendermaßen berechnet:

$$\text{Bilanzkurs} = \frac{\text{Eigenkapital x 100}}{\text{Grundkapital}}$$

Das Eigenkapital setzt sich aus Grundkapital plus gesetzliche und freie Rücklagen zuzüglich eines Gewinnvortrages bzw. abzüglich eines Verlustvortrages zusammen. Manchmal bezeichnet man den Bilanzkurs als **inneren Wert** der Aktie. Der praktische Wert des Bilanzkurses ist umstritten. Er findet meist nur in der Theorie Verwendung. Der **Börsenkurs** der Aktie ergibt sich durch Angebot und Nachfrage an der Börse und weicht meist erheblich vom Bilanzkurs ab.

## c) Das Bezugsrecht

Altaktionäre besitzen bei der Ausgabe junger Aktien ein Bezugsrecht auf die neu emittierten Papiere:

*Beispiel:*
Grundkapital:                 3 000 000 DM
Ordentliche Kapitalerhöhung:  2 000 000 DM
Neues Grundkapital:        5 000 000 DM

Besitzt ein Altaktionär Aktien im Nennwert von 1 000 000 DM, so beträgt sein Anteil am Grundkapital 33 1/3 %. Er besitzt die Sperrminorität. Durch die Kapitalerhöhung würde sein Anteil nur noch 20 % betragen (1 000 000 von 5 000 000 = 20 %) und unter die Sperrminorität rutschen. Die Mehrheitsverhältnisse würden sich durch die Kapitalerhöhung entscheidend verändern. Damit der Altaktionär in unserem Beispiel seinen bisherigen Anteil halten kann, müssen ihm junge Aktien im Wert von 666 666 DM angeboten werden. Für je drei alte Aktien bekommt er zwei junge Aktien, da die Kapitalerhöhung im Verhältnis 3 : 2 erfolgte.

Das Bezugsrecht ist ein grundsätzlich Altaktionären gesetzlich zustehendes Vorkaufsrecht zum Schutz der Aktionäre vor möglichen Nachteilen, die sich aus einer Veränderung des Beteiligungsanteils durch Kapitalerhöhungen ergeben.

Finanzierung und Investition

Kauft der Altaktionär die ihm angebotenen jungen Aktien, verschieben sich die Beteiligungsverhältnisse und damit die Mehrheiten nicht. Verzichtet er auf den Erwerb der jungen Aktien, verringern sich sein Prozentanteil am Vermögen der Gesellschaft, sein Stimmrechtsanteil und sein Gewinnanteil.

Führen wir unser Beispiel fort:
Nehmen wir an, der Börsenkurs der alten Aktien betrage zum Zeitpunkt der Kapitalerhöhung 320 DM. Die jungen Aktien werden zu einem Kurs unter dem aktuellen Börsenkurs ausgegeben, um einen Anreiz zum Erwerb junger Aktien zu schaffen. Der Börsenkurs der jungen Aktien betrage 280 DM. Das Agio, das heißt die Differenz zwischen 280 DM und dem Nennwert von 50 DM pro Aktie, muß in die gesetzliche Rücklage eingestellt werden. Infolge der Mischung der jungen und alten Aktien tritt eine Verringerung des Aktienwertes der alten Aktien ein.

Der entstehende Mittelkurs erklärt sich wie folgt:
Auf je drei alte Aktien zum Kurs von 320 treffen durch die Kapitalerhöhung zwei junge Aktien zum Kurs von 280:

3 alte Aktien à     320 DM   =    960 DM
2 junge Aktien à    280 DM   =    560 DM
                               1 520 DM

Der Durchschnitts- bzw. Mittelkurs wird sich bei 304 (1520 : 5) einpendeln.

Nimmt ein alter Aktionär das Bezugsrecht nicht wahr, so sinkt der Kurs seiner Aktien, die vor der Kapitalerhöhung einen Börsenkurs von 320 DM hatten, nach der Kapitalerhöhung auf 304 DM. Er bekommt für den "Kursverfall" 16 DM (320 DM – 304 DM) als Ausgleich bezahlt. Der rechnerische Wert des Bezugs-rechtes beträgt 16 DM. Zu jeder alten Aktie gehört ein Bezugsrecht. Damit gibt es genauso viele Bezugsrechte wie alte Aktien.

Der Wert des Bezugsrechtes errechnet sich aus der Differenz zwischen dem Kurs der alten Aktien vor der Kapitalerhöhung und dem Mischkurs, der sich nach der Kapitalerhöhung einstellt.

Der rechnerische Wert des Bezugsrechtes kann auch mit folgender Formel ermit-telt werden:

176

Finanzierung und Investition

Wert des Bezugsrechtes:

$$\frac{K_a - K_n}{\frac{a}{n} + 1}$$

$K_a$ = Kurs der alten Aktien      $K_n$ = Emissionskurs der jungen Aktien
$a$  = Anzahl alter Aktien      $n$  = Anzahl junger Aktien
$\frac{a}{n}$  = Bezugsverhältnis

Die alten Aktionäre, die ihre Bezugsrechte nicht wahrnehmen wollen, können Bezugsrechte separat verkaufen. Bezugsrechte werden an der Börse gehandelt. Je nach Angebot und Nachfrage weicht der Börsenwert des Bezugsrechtes vom rein rechnerischen Wert ab. Anbieter von Bezugsrechten sind Altaktionäre, die keine jungen Aktien beziehen wollen. Nachfrager sind Aktionäre, die junge Aktien erwerben wollen und keine bzw. zu wenig Bezugsrechte besitzen. Will beispielsweise ein neuer Aktionär zwei junge Aktien kaufen, so muß er den Emissionskurs der jungen Aktien aufbringen und zusätzlich drei Bezugsrechte à 16 DM erwerben. Nimmt ein Altaktionär, der drei Aktien besitzt, das Bezugsrecht wahr, so kann er zwei junge Aktien für 280 DM erwerben. Möchte er mehr als zwei junge Aktien, muß er zusätzliche Bezugsrechte oder Bruchteile von Bezugsrechten erstehen. Will oder kann der Altaktionär keine neuen Finanzmittel einsetzen, veräußert er gerade so viele Bezugsrechte, daß er mit dem Verkaufserlös den verbleibenden Teil der Bezugsrechte ausüben kann (**Opération blanche**).

## 7. Innenfinanzierung

Während die Finanzierungsquellen bei der Außenfinanzierung im finanzwirtschaftlichen Umfeld außerhalb der Unternehmung liegen, befinden sich die Finanzierungsquellen bei der Innenfinanzierung innerhalb der Unternehmung. Für Innenfinanzierung werden oft auch die Begriffe Finanzierung aus Umsatzerlösen, Finanzierung aus dem Cash-Flow oder Überschußfinanzierung verwendet. Bei der Innenfinanzierung unterscheidet man die Selbstfinanzierung und die Finanzierung durch die finanziellen Gegenwerte aus Abschreibungen und Rückstellungen. Die finanziellen Gegenwerte der Abschreibungen, Rückstellungen und der Gewinn sind in den Umsatzerlösen der Unternehmung enthalten. Finanzierungseffekte entstehen nur dann, wenn dem Unternehmen die finanziellen Gegenwerte in liquider Form durch die Umsatzerlöse zugeführt werden.

Finanzierung und Investition

### a) Selbstfinanzierung

Selbstfinanzierung umschreibt die Finanzierung aus einbehaltenen Gewinnen. Das Volumen der Selbstfinanzierung hängt von der Höhe des erwirtschafteten Gewinnes ab. Da zur Selbstfinanzierung nur einbehaltene Gewinne zur Verfügung stehen, bestimmt auch die Ausschüttungspolitik die Höhe der Selbstfinanzierung.

Je nach dem, ob die Selbstfinanzierung aus der Bilanz erkennbar ist oder nicht, spricht man von **offener** bzw. **stiller (verdeckter) Selbstfinanzierung.** Bei der offenen Selbstfinanzierung handelt es sich um eine Thesaurierung (Ansammlung von Gewinnen durch Nichtverbrauch bzw. Nichtausschüttung) offen ausgewiesener Gewinne, die in den Rücklagen und im Gewinnvortrag der Bilanz enthalten sind. Stille Selbstfinanzierung erfolgt dagegen durch die Nichtausweisung von Gewinnen oder eingetretenen Wertsteigerungen in der Bilanz. Durch diesen Vorgang werden stille Reserven gebildet.

**Übersicht über die Möglichkeit der Rücklagenbildung**

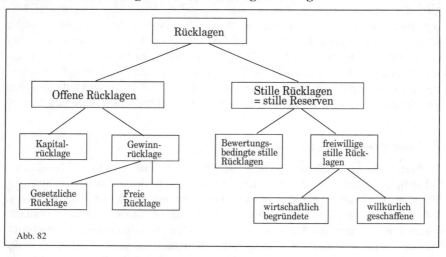

Abb. 82

### Offene Selbstfinanzierung

Bei der offenen Selbstfinanzierung steigt das in der Bilanz ausgewiesene Eigenkapital durch Einbehaltung ausgewiesener Gewinne. Bei Personengesellschaften wird der Gewinn den Kapitalkonten der Gesellschafter gutgeschrieben. Die Ge-

Finanzierung und Investition

sellschafter verzichten auf Entnahme ihrer Gewinnanteile. Bei Kapitalgesellschaften erfolgt die Selbstfinanzierung durch Einstellung in die offenen Rücklagen bzw. durch einen Gewinnvortrag für das folgende Jahr.

Bei Kapitalgesellschaften wird die offene Selbstfinanzierung teilweise durch den Gesetzgeber erzwungen. Nach § 150 AktG sind jährlich 5 % des um einen etwaigen Verlustvortrag verminderten Jahresüberschusses in die **gesetzliche Rücklage** einzustellen, bis die gesetzlichen Rücklagen und die Kapitalrücklagen zusammen 10 % oder einen in der Satzung bestimmten höheren Teil des Grundkapitals erreichen.

Da die gesetzlichen Rücklagen dem Schutz der Gläubiger und Aktionäre dienen sollen, existieren in § 150 (2) und (3) AktG strenge Vorschriften über die Verwendung bzw. Auflösung der gesetzlichen Rücklagen und der Kapitalrücklagen. Nach § 58 AktG können vom Jahresüberschuß auch **andere (freiwillige) Rücklagen** gebildet werden. Es darf allerdings höchstens die Hälfte des um die Einstellung in die gesetzlichen Rücklagen und einen etwaigen Verlustvortrag verminderten Jahresüberschusses einbehalten werden, § 58 (1). Durch die Satzung können Vorstand und Aufsichtsrat zur Einstellung eines größeren Teiles ermächtigt sein. Aufgrund einer solchen Satzungsbestimmung dürfen Vorstand und Aufsichtsrat jedoch keine freien Rücklagen mehr bilden, wenn diese die Hälfte des Grundkapitals übersteigen oder nach der Einstellung übersteigen würden.

Da der einbehaltene Gewinn der Einkommen- bzw. Körperschaftssteuer unterliegt, steht zur Finanzierung nur der Betrag abzüglich der Steuern zur Verfügung. Die Einkommensteuer ist eine Personensteuer. Besteuert werden natürliche Personen, bei Personengesellschaften sind das die einzelnen Gesellschafter, nicht jedoch die Gesellschaft selbst. Die Körperschaftssteuer besteuert das Einkommen juristischer Personen, das heißt. der Gesellschaften mit eigener Rechtspersönlichkeit.

Während die Einkommensteuer nach der Höhe des Einkommens gestaffelt ist, hängt der Körperschaftssteuersatz von der Gewinnverwendung ab. Für ausgeschüttete Gewinne beträgt er derzeit 36 %, für einbehaltene Gewinne 56 %. Aufgrund des gespaltenen Körperschaftssteuersatzes kann die sogenannte **"Schüttaus-hol-zurück-Methode"** bei Kapitalgesellschaften steuerliche Vorteile bringen. Der Gewinn wird nach Beschluß der Hauptversammlung ausgeschüttet und unterliegt damit dem niedrigeren Körperschaftssteuersatz. Gleichzeitig wird aber eine Erhöhung des Eigenkapitals gegen entsprechende Einlagen beschlossen, so daß dem Umternehmen durch diese Maßnahme keine liquiden Mittel entzogen werden.

179

Finanzierung und Investition

## Stille Selbstfinanzierung

Die Bildung stiller Reserven verhindert den Ausweis von Gewinnanteilen und damit deren Ausschüttung bzw. Entnahme. Für das Unternehmen ergibt sich der Vorteil, daß der steuerpflichtige Gewinn der Periode vermindert wird und der nicht ausgewiesene Gewinn erst bei der Auflösung der stillen Reserven in Erscheinung tritt. Das Unternehmen hat den Vorteil der Steuerstundung und verfügt somit über einen zinslosen Kredit in Höhe des zu zahlenden Steuerbetrages. Außerdem verbessert sich die Liquidität bis zur Steuerzahlung.

Stille Reserven, die Eigenkapital darstellen, können bei der Aufstellung der Bilanz durch Ausnutzung der Bilanzierungswahlrechte bzw. durch Bilanzierungsvorschriften entstehen:

– Unterbewertung von Vermögensgegenständen durch Bewertungsvorschriften der §§ 252ff. HGB. Für das abnutzbare Anlagevermögen gilt das **"gemilderte Niederstwertprinzip"**. Die Anschaffungs- bzw. Herstellungskosten bilden die Bewertungsobergrenze. Ein zum Bilanzstichtag eventuell geringerer Marktwert kann jedoch angesetzt werden. Liegt der Marktwert über den Anschaffungs- bzw. Herstellungskosten, entsteht eine stille Reserve, weil zu Anschaffungs- bzw. Herstellungswert bilanziert werden muß, § 253 (1) HGB. Ist der Marktwert zum Bilanzstichtag niedriger als die Anschaffungs- oder Herstellungskosten, so darf der geringere Marktwert angesetzt werden, § 253 (2) HGB.
Steigt der Marktwert wieder über den bilanzierten Wert hinaus, darf nach § 253 (5) HGB der niedrigere Wertansatz beibehalten werden. Wird das **Beibehaltungswahlrecht** genutzt, entsteht eine stille Reserve. Bei Kapitalgesellschaften entfällt allerdings das Beibehaltungswahlrecht aufgrund des sogenannten Wertaufholungsgebotes.
– Überbewertung von Rückstellungen. Der Bilanzposten Rückstellungen wird aus Gründen der Vorsicht für ungewisse Zahlungen gebildet. In § 253 (1) HGB sollen Rückstellungen in Höhe des Betrages angesetzt werden, der "nach vernünftiger kaufmännischer Beurteilung" notwendig ist. Rückstellungen sind meist überhöht und enthalten stille Reserven.
– Überbewertung von Schulden
– Unterbewertung von Vermögensgegenständen, wenn die steuerrechtlich zulässigen Abschreibungen die realen Wertminderungen übersteigen.
– Nichtaktivierung aktivierungsfähiger Wirtschaftsgüter. Für sogenannte geringwertige Wirtschaftsgüter (Anschaffungswert bis 800 DM) existiert ein Bilanzierungswahlrecht, d. h. sie können bilanziert oder im Jahr der Anschaf-

180

Finanzierung und Investition

fung vollständig abgeschrieben werden. Werden geringwertige Wirtschaftsgüter nicht in die Bilanz aufgenommen, entstehen stille Reserven.

Der stillen Selbstfinanzierung sind gesetzliche Grenzen gesetzt. Diese bestehen in den gesetzlich festgelegten Bewertungsspielräumen.

## Kapitalerhöhung aus Gesellschaftsmitteln

Im Gegensatz zu den anderen Arten der Kapitalerhöhung stellt die Kapitalerhöhung aus Gesellschaftsmitteln eine Form der Selbstfinanzierung dar. Diese Art der Kapitalerhöhung ist keine echte Maßnahme der Kapitalbeschaffung. Es findet lediglich eine Umstrukturierung des Eigenkapitals statt.

Die Kapitalerhöhung aus Gesellschaftsmitteln vollzieht sich durch die Umwandlung offener Rücklagen in Grundkapital. In entsprechendem nominellem Umfang müssen dann den Aktionären kostenlose Zusatzaktien gewährt werden, und zwar im Verhältnis zu ihrem jeweils schon vorhandenen Aktienkapital im Unternehmen. Die ausgegebenen Aktien bezeichnet man als **Gratisaktien.**

Durch die Kapitalerhöhung aus Gesellschaftsmitteln sichert das Unternehmen die thesaurierten Gewinne endgültig vor einer möglichen Ausschüttung an die Aktionäre. Im Gegensatz zu den Rücklagen kann Grundkapital nicht aufgelöst werden. Die Aktionäre können Erträge aus dem Verkauf der Gratisaktien erzielen, müssen allerdings beachten, daß durch das Zusatzangebot der Börsenkurs sinken kann.

## b)  Finanzierung aus Abschreibungsrückflüssen

### Kapitalfreisetzung durch Abschreibungen

In den Abschreibungen spiegelt sich die Wertminderung des abnutzbaren Anlagevermögens, bedingt durch Verschleiß und technischen Fortschritt, wider.

Man unterscheidet bilanzielle und kalkulatorische Abschreibungen. Die **bilanziellen Abschreibungen** gehen als Aufwendungen in die Gewinn- und Verlustrechnung ein, mindern den steuerpflichtigen Gewinn und stehen nicht zur Ausschüttung zur Verfügung. Der jährliche Abschreibungsbetrag ergibt sich aus der Verteilung der Anschaffungs- bzw. Herstellungskosten auf die voraussichtliche Dauer der Nutzung. Die Summe der Abschreibungsbeträge darf die Anschaffungs- oder Herstellungskosten nicht überschreiten **(Nominalwertprinzip).** Die **kalkulatorischen Abschreibungen** fließen als Kosten in die Kostenrechnung bzw. Preiskalkulation ein. Die kalkulatorische Abschreibung orientiert sich an

181

Finanzierung und Investition

der tatsächlichen Wertminderung und ist keine Verteilungsabschreibung wie die bilanzielle. Durch die kalkulatorische Abschreibung soll sichergestellt werden, daß über die Absatzpreise mindestens die Beträge des realen Werteverzehrs wieder zurückfließen. Es besteht die Möglichkeit, in Zeiten steigender Wiederbeschaffungspreise, daß die Summe der kalkulatorischen Abschreibungsbeträge die Anschaffungs- bzw. Herstellungskosten überschreitet. Damit wird eine Substanzerhaltung ermöglicht.

Da die Abschreibungen Aufwendungen bzw. Kosten darstellen, die in derselben Periode nicht zu Auszahlungen führen wie beispielsweise die Personalaufwendungen, die zu Lohnzahlungen in derselben Periode führen, bleiben die Abschreibungsbeträge im Unternehmen. Die Abschreibung bewirkt eine Vermögensumschichtung: Die Abnahme des Anlagevermögens (z. B. Maschinen) wird durch eine Zunahme des Umlaufvermögens (z. B. Forderungen oder Bankguthaben, die Umsatzerlöse enthalten) kompensiert. Buchungstechnisch handelt es sich um einen Aktivtausch.

Da Abschreibungen Verrechnungsgrößen sind, können Finanzierungseffekte immer nur aus Abschreibungsgegenwerten bestehen. Die Abschreibungsgegenwerte haben unter bestimmten Voraussetzungen einen Finanzierungseffekt, wenn
- die Abschreibungsgegenwerte dem Unternehmen über die Umsatzerlöse in liquider Form zugeflossen sind, d. h. wenn die Forderungen zu Einzahlungen geworden sind;
- das Unternehmen Absatzpreise erzielt, die die kalkulatorischen Abschreibungen voll enthalten, d. h. die Abschreibungsgegenwerte über die Umsatzerlöse "verdient" werden;
- das Unternehmen kalkulatorische Abschreibungen verrechnet, die dem tatsächlichen produktionsbedingten Werteverzehr mindestens entsprechen.

Sind diese Voraussetzungen erfüllt, fließen dem Unternehmen liquide Mittel in Höhe der Abschreibungsgegenwerte zu. Werden die freigesetzten Mittel nicht sofort in Ersatzinvestitionen gesteckt, stehen sie zur freien Disposition (**Kapitalfreisetzungseffekt**).

## Kapazitätserweiterungseffekt (Lohmann-Ruchti-Effekt)

Dem Kapitalfreisetzungseffekt kann ein Kapazitätserweiterungseffekt folgen. Der Finanzierungseffekt aus Abschreibungsgegenwerten, der zu einer Kapazitätserweiterung führt, wurde erstmals 1953 von Lohmann und Ruchti dargestellt. Er ist deshalb als **Lohmann-Ruchti-Effekt** in die Literatur eingegangen. Die praktische Bedeutung ist umstritten (siehe Grenzen der praktischen Anwendbar-

182

Finanzierung und Investition

keit des Lohmann-Ruchti-Effektes). Aus didaktischen Gründen soll jedoch ausführlich auf den Lohmann-Ruchti-Effekt eingegangen werden, weil sich damit
auch der Finanzierungseffekt der Abschreibungen gut darstellen läßt.

Der Kapazitätserweiterungseffekt geht davon aus, daß die durch Abschreibungsgegenwerte in die Unternehmung fließenden Mittel **sofort** wieder in Anlagegüter
gleichen Typs und gleicher Anschaffungs- bzw. Herstellungskoten reinvestiert
werden. Eine Kapazitätsausweitung ist dann ohne Aufnahme zusätzlicher Mittel
möglich. Bevor dieser Effekt anhand eines Beispieles verdeutlicht wird, sollen
einige damit zusammenhängende Begriffe vorab erklärt werden. Unter **Periodenkapazität** versteht man die Leistungsmenge (z. B. Stückzahl), die ein gegebener Anlagenbestand pro Teilperiode erzeugen kann. Die **Gesamt-** oder **Totalkapazität** dagegen bestimmt die Leistungsmenge, die während der gesamten
Nutzungsdauer von einem gegebenen Anlagenbestand erbracht werden kann
(Periodenkapazität x Nutzungsdauer).

*Beispiel*

| Jahr | Anzahl der Maschinen | | | Anschaffungs-wert zu Be-ginn d. Jahres in DM | Abschreibung pro Jahr in DM | Ersatz-investition in DM | freies Kapital in DM |
|------|--------|--------|---------|---------|---------|---------|---------|
|      | Zugang | Abgang | Bestand |         |         |         |         |
| 1    | –      | –      | 10      | 400000  | 100000  | 80000   | 20000   |
| 2    | 2      | –      | 12      | 480000  | 120000  | 120000  | 20000   |
| 3    | 3      | –      | 15      | 600000  | 150000  | 160000  | 10000   |
| 4    | 4      | –      | 19      | 760000  | 190000  | 200000  | –       |
| 5    | 5      | 10     | 14      | 560000  | 140000  | 120000  | 20000   |
| 6    | 3      | 2      | 15      | 600000  | 150000  | 160000  | 10000   |
| 7    | 4      | 3      | 16      | 640000  | 160000  | 160000  | 10000   |
| 8    | 4      | 4      | 16      | 640000  | 160000  | 160000  | 10000   |
| 9    | 4      | 5      | 15      | 600000  | 150000  | 160000  | –       |
| 10   | 4      | 3      | 16      | 640000  | 160000  | 160000  | –       |
| 11   | 4      | 4      | 16      | 640000  | 160000  | 160000  | –       |
| 12   | 4      | 4      | 16      | 640000  | 160000  | 160000  | –       |

In einem Unternehmen wurden zu Beginn 10 Maschinen zu jeweils 40 000 DM
Anschaffungswert in Betrieb genommen. Die Leistungsmenge jeder Maschine
beträgt pro Jahr 1 000 Stück (Periodenkapazität: 10 000 Stück). Die Nutzungs-

183

Finanzierung und Investition

dauer jeder Maschine soll 4 Jahre betragen. Die Maschinen werden linear abgeschrieben, d. h. die Abschreibungsbeträge werden gleichmäßig auf die Nutzungsdauer verteilt. Die Abschreibung pro Jahr pro Maschine beläuft sich somit
auf 10 000 DM. Die Abschreibungsgegenwerte sollen nach Möglichkeit, wenn
sie über die Umsatzerlöse "verdient" wurden, sofort in Maschinen gleicher Art
reinvestiert werden. Nicht sofort reinvestierbare Abschreibungsrestwerte sollen
gesammelt und, sobald es möglich ist, zur Anschaffung neuer Maschinen eingesetzt werden.

Im ersten Jahr belaufen sich die Abschreibungen auf insgesamt 100 000 DM. Da
eine Maschine in der Anschaffung 40 000 DM kostet, können zu Beginn des
zweiten Jahres zwei neue Maschinen aus den Abschreibungsgegenwerten finanziert werden. Der Restbetrag des freigesetzten Kapitals in Höhe von 20 000 DM,
wird in der Folgeperiode (3. Jahr) reinvestiert. Durch die Zugänge ist der
Maschinenpark im zweiten Jahr auf 12 angewachsen. Wird in den folgenden
Jahren ebenso verfahren, so läßt sich die Kapazität im vierten Jahr sogar auf
19 Maschinen erhöhen. Das Beispiel verdeutlicht, daß sich die für die Jahres-
produktion relevante Periodenkapazität zeitweise fast verdoppelt – ohne eine
zusätzliche Kapitalaufnahme. Dauerhaft beträgt die Periodenkapazität, auf die
sich der Lohmann-Ruchti-Effekt bezieht, das 1,6fache der anfänglichen Periodenkapazität.

Die Gesamtkapazität kann dagegen nicht erhöht werden, sie sinkt zwischenzeit-
lich sogar unter den Anfangswert, wie die folgende Rechnung zeigt.

Jahr 1:  10 Maschinen mit Nutzungsdauer von 4 Jahren
         10 000 Stück x 4                              = *40 000
Jahr 2:  10 Maschinen mit Restnutzungsdauer 3 Jahre
         10 000 Stück x 3                              =  30 000
         2 Maschinen mit Nutzungsdauer von 4 Jahren
         2 000 Stück x 4                               =   8 000
                                                          *38 000

Jahr 3:  10 Maschinen mit Restnutzungsdauer 2 Jahre
         10 000 Stück x 2                              =  20 000
         2 Maschinen mit Restnutzungsdauer 3 Jahre
         2 000 Stück x 3                               =   6 000
         3 Maschinen mit Nutzungsdauer von 4 Jahren
         3 000 Stück x 4                               =  12 000
                                                          *38 000

184

Finanzierung und Investition

Jahr 4:  10 Maschinen mit Restnutzungsdauer 1 Jahr
         10 000 Stück x 1                              =  10 000
         2 Maschinen mit Restnutzungsdauer 2 Jahre
         2 000 Stück x 2                               =   4 000
         3 Maschinen mit Restnutzungsdauer 3 Jahre
         3 000 Stück x 3                               =   9 000
         4 Maschinen mit Nutzungsdauer von 4 Jahren
         4 000 Stück x 4                               =  16 000
                                                         *39 000

Jahr 5:  2 Maschinen mit Restnutzungsdauer 1 Jahr
         2 000 Stück x 1                               =   2 000
         3 Maschinen mit Restnutzungsdauer 2 Jahre
         3 000 Stück x 2                               =   6 000
         4 Maschinen mit Restnutzungsdauer 3 Jahre
         4 000 Stück x 3                               =  12 000
         5 Maschinen mit Nutzungsdauer von 4 Jahren
         5 000 Stück x 4                               =  20 000
                                                         *40 000

* = Gesamtkapazität in Stück

| Jahr | Gesamtkapazität in Stück | Periodenkapazität in Stück |
|------|--------------------------|----------------------------|
| 1    | 40 000                   | 10 000                     |
| 2    | 38 000                   | 12 000                     |
| 3    | 38 000                   | 15 000                     |
| 4    | 39 000                   | 19 000                     |
| 5    | 40 000                   | 14 000                     |
| 6    | 38 000                   | 15 000                     |
| 7    | 39 000                   | 16 000                     |
| 8    | 39 000                   | 15 000                     |
| 9    | 39 000                   | 16 000                     |
| 10   | 40 000                   | 16 000                     |

Der Lohmann-Ruchti-Effekt besagt also, daß die Periodenkapazität durch sofortige Reinvestition des freigesetzten Kapitals erhöht werden kann, ohne daß von außen Mittel zufließen. Die Gesamtkapazität kann jedoch nicht ausgeweitet wer-

185

Finanzierung und Investition

den. Der Kapazitätserweiterungseffekt, genauer gesagt die Erhöhung der Periodenkapazität, beruht darauf, daß aufgrund des unterschiedlichen Altersaufbaus des Anlagevermögens die Zahl der Anlagen, die gleichzeitig genutzt werden kann, erhöht wird. Ruchti konnte nachweisen, daß die Periodenkapazität auf Dauer bis zum 1,6fachen des Ausgangswertes gesteigert werden kann.

Das Beispiel ist stark vereinfacht worden, um den Kapazitätserweiterungseffekt zu demonstrieren. Deshalb muß auf die Grenzen der praktischen Anwendbarkeit des Lohmann-Ruchti-Effektes eingegangen werden:

– Im Beispiel werden die Abschreibungsbeträge stetig in Maschinen gleicher Art zu gleichen Wiederbeschaffungskosten reinvestiert. Dies ist in der Praxis wohl unrealistisch, da die Wiederbeschaffungskosten in der Regel steigen.

– Das Beispiel unterstellt die Teilbarkeit der Anlage. In der Praxis ist eine Teilbarkeit der Anlage nicht immer so möglich, daß sofort wieder investiert werden kann. Würde ein Betrieb z. B. im Extremfall nur mit einer Großanlage arbeiten, könnte frühestens dann eine neue beschafft werden, wenn die Abschreibungsgegenwerte die Anschaffungskosten decken. Dies ist aber erst bei Beendigung der Nutzungsdauer der alten Anlage der Fall. Hier liegt über den Zeitraum der Nutzung lediglich ein Kapitalfreisetzungseffekt vor. Eine Kapazitätserweiterung tritt aufgrund der fehlenden Teilbarkeit der Anlage nicht ein. Zudem sind Produktionsvorgänge oft mehrstufig, d. h. voneinander abhängig. Dabei wird die Kapazität durch die Stufe mit dem geringsten Ausstoß bestimmt. Können durch Reinvestitionen nicht alle Produktionsstufen gleichmäßig ausgebaut werden, entsteht ein Engpaß, der der Kapazitätserweiterung im Wege steht.

– Eine Kapazitätserweiterung lohnt sich nur dann, wenn das damit verbundene zusätzliche Umlaufvermögen (Roh-, Hilfs-, Betriebsstoffe) sowie die zusätzlichen Löhne und Lagerkosten finanziert werden können.

– Eine höhere Produktion ergibt nur dann Sinn, wenn sie auch absetzbar ist. In der Praxis ist außerdem zu berücksichtigen, daß die aus der zunehmenden Kapazität resultierende Mehrproduktion zu einem Verfall der am Absatzmarkt erzielbaren Preise führen kann.

– Im Beispiel wird angenommen, daß die Periodenabschreibungen immer "verdient" wurden und am Ende der Periode jeweils in liquider Form zur Verfügung stehen. In der Praxis sind Periodenabschreibungen oft in den Forderungen enthalten, die erst zu einem späteren Zeitpunkt – bei Forderungsausfall überhaupt nicht – zu Einzahlungen führen.

186

Finanzierung und Investition

## c)  Finanzierung aus Rückstellungen

**Rückstellungen** sind Passivposten in der Bilanz, die für ungewisse Verbindlichkeiten und drohende Verluste zu bilden sind. Es handelt sich um Aufwendungen, die das abgelaufene Wirtschaftsjahr betreffen und am Bilanzstichtag zwar bereits erkennbar, deren Höhe und Fälligkeit jedoch noch ungewiß sind. Ihr Betrag muß deshalb geschätzt werden. Bei Rückstellungen handelt es sich zwar um Verbindlichkeiten, es können jedoch Eigenkapitalanteile enthalten sein. Dies ist der Fall, wenn sich bei der Auflösung der Rückstellung zeigt, daß die tatsächlich eingetretene Verbindlichkeit geringer ist als die gebildete Rückstellung (stille Selbstfinanzierung). Nach der Fristigkeit unterscheidet man **kurzfristige Rückstellungen** für beispielsweise gewinnabhängige Steuern, Bürgschaftsausfälle, Provisionen, Aufwendungen für den Jahresabschluß. **Mittelfristige Rückstellungen** können für Prozeßkosten oder Garantieansprüche gebildet werden.

**Langfristige Rückstellungen** fallen z. B. für Pensionszahlungen an. Nach § 249 HGB besteht eine **Rückstellungspflicht** für ungewisse Verbindlichkeiten, einschließlich der Verpflichtung zu Pensionszahlungen

– wenn der Anspruch nach dem 01. 01. 1987 erworben wurde;
– für drohende Verluste aus schwebenden Geschäften;
– für im laufenden Geschäftsjahr unterlassene Aufwendungen für Instandhaltung und Abraumbeseitigung, die im folgenden Geschäftsjahr nachgeholt werden; sowie
– für ohne rechtliche Verpflichtung zu erbringende Gewährleistungen.

Die Finanzierungseffekte aus Rückstellungsgegenwerten sind vergleichbar mit den Finanzierungswirkungen aus Abschreibungsgegenwerten. Da kein Kapital von außen zufließt, sondern die Mittel im Unternehmen selbst erwirtschaftet wurden, liegt eine Innenfinanzierung durch Kapitalfreisetzung vor. Der wesentliche Unterschied zur Selbstfinanzierung besteht darin, daß es sich bei Rückstellungen überwiegend um Fremdkapital handelt.

Der Finanzierungseffekt tritt nur unter den folgenden Voraussetzungen ein:
– Das Unternehmen berücksichtigt in der Preiskalkulation die Höhe der zu bildenden Rückstellungen.
– Die finanziellen Gegenwerte der Rückstellungen fließen dem Unternehmen in Form von Umsatzerlösen in liquider Form zu.
– Die Ansprüche, die der Rückstellung zugrundeliegen, werden nicht sofort geltend gemacht, damit die verdienten Rückstellungsbeträge bis zur Inanspruchnahme als Finanzmasse verfügbar sind.

187

Finanzierung und Investition

Besondere Finanzierungseffekte können durch die langfristigen Rückstellungen, insbesondere die **Pensionsrückstellungen** erzielt werden. Pensionsrückstellungen beinhalten wirtschaftlich gesehen zusätzliche Lohn- und Gehaltsaufwendungen. Ein Unternehmen muß bei der Verpflichtung, für Arbeitnehmer eine Alters-, Invaliden- oder Hinterbliebenenversorgung zu gewähren, für die jeweiligen Anwartschaften vom Jahr der Pensionszusage an Rückstellungen bilden und in der Bilanz ausweisen. Der Finanzierungseffekt liegt darin, daß die Rückstellungen erst später ausbezahlt werden und bis dahin als liquide Mittel – unter den vorher genannten Voraussetzungen – im Betrieb verbleiben. Außerdem entziehen sie sich der Besteuerung, da sie ja nicht als Gewinn auftauchen. Ein Finanzierungseffekt entsteht somit auch durch Steuerstundung in Form eines quasi zinsfreien Kredits vom Finanzamt. Da die finanziellen Gegenwerte der Rückstellungen zwischen der Bildung und Auflösung zur Verfügung stehen, haben insbesondere die langfristigen Pensionsrückstellungen eine ähnliche Wirkung wie langfristige Kreditfinanzierung oder teilweise sogar Eigenkapitalfinanzierung.

### d) Umschichtungsfinanzierung durch Veräußerung von Vermögensteilen

Nicht alle Kapitalbeschaffungsmaßnahmen lassen sich in Eigen- und Fremdfinanzierung unterteilen. Es gibt Finanzierungsformen, die weder zu einer Eigenkapital- noch zu einer Fremdkapitalerhöhung führen. Man bezeichnet diese Finanzierungsart als Umschichtungsfinanzierung. Hier wird lediglich die Erscheinungsform von Vermögensgegenständen geändert, was sich in der Bilanz in einem Aktivtausch ausdrückt. Gebundenes Kapital wird durch Veräußerung von Vermögensteilen in freies Kapital übergeführt. Nichtbetriebsnotwendige Vermögensteile (Wertpapiere, freistehende Grundstücke etc.) werden veräußert, der Gegenwert steht in liquider Form zur Verfügung. Einen Sonderfall stellt das Factoring dar (siehe unter 5.c). Es ist jedoch nicht automatisch mit jeder Vermögensumschichtung auch ein Finanzierungseffekt verbunden. Er tritt nur auf, wenn das freigewordene Kapital zumindest für einen gewissen Zeitraum anderweitig gebunden wird.

Finanzierung und Investition

## 8. Beurteilung der Finanzierung

Die Beurteilung der einzelnen Finanzierungsarten erfolgt vor allem nach den Kriterien Rentabilität, Liquidität, Sicherheit und Unabhängigkeit, die die wichtigsten Unternehmensziele im Bereich der Finanzierung darstellen.

### a) Finanzierungsregeln

Die meisten Finanzierungsregeln basieren auf der üblichen Bilanzgliederung:

| Vermögen | Kapital |
|---|---|
| Mittelverwendung | Mittelherkunft |
| Anlagevermögen<br>Umlaufvermögen | Eigenkapital<br>Fremdkapital:<br>kurzfristig<br>langfristig |

Die **"Eins-zu-Eins-Regel"** besagt, daß das Verhältnis von Eigenkapital zu Fremdkapital wie 1 : 1 sein sollte. Diese sehr konservative Regel wird damit begründet, daß die Eigentümer des Unternehmens ebensoviel zur Finanzierung beitragen müßten wie die Gläubiger. Außerdem steht die Sicherung der Liquidität im Vordergrund. Bei eintretenden Verlusten ist dann genügend Eigenkapital vorhanden, um den Ansprüchen der Gläubiger gerecht zu werden. Unter Rentabilitätsgesichtspunkten ergibt die Befolgung der starren 1 : 1-Regel ohne Rücksicht auf Betriebstyp, Branche oder Konjunkturlage wenig Sinn. Wie wenig Beachtung diese Regel in der Praxis findet, zeigt Abb. 84, in der die durchschnittliche Eigenkapitalquote (Eigenkapital in Prozent der Bilanzsumme) aller Unternehmen in den alten Bundesländern 1990 mit 26 % veranschlagt wird.

Die **goldene Bankregel** (goldene Finanzierungsregel) besagt, daß zwischen der Verfügungsdauer des Kapitals und der Umschlagdauer des damit finanzierten Vermögens Übereinstimmung herrschen soll (Fristenkongruenz). Langfristige Investitionen müssen langfristig finanziert werden. Die Beachtung dieser Regel dient ebenfalls in erster Linie der Liquiditätssicherung, Rentabilitätsüberlegungen bleiben außer acht.

Die **goldene Bilanzregel** fordert in ihrer engsten Fassung, daß das Anlagevermögen mit Eigenkapital zu finanzieren sei, wobei branchenspezifische Besonderheiten bei der Vermögensstruktur Berücksichtigung finden. Ein Unternehmen,

189

Finanzierung und Investition

das mit geringem Anlagevermögen arbeitet, braucht entsprechend weniger Eigenkapital als anlagenintensive Produktionsbetriebe. In einer weiteren Fassung verlangt die goldene Bilanzregel, daß Anlagevermögen mit Eigenkapital und langfristigem Fremdkapital finanziert werden müsse. Es ist allerdings zu beachten, daß von den Bilanzpositionen, die zur Beurteilung der Kapitalstruktur herangezogen werden, nicht unbedingt auf die Fristigkeit der Vermögensbindung bzw. Kapitalüberlassung geschlossen werden kann. Teile des Anlagevermögens wie schnell abschreibbare abnutzbare Güter verursachen u. U. eine kurzfristige Mittelbindung. Außerdem kann Eigenkapital oder langfristiges Fremdkapital durch Kündigung kurzfristig werden. Auch der Bilanzgewinn oder die freien Rücklagen, die juristisch Eigenkapital darstellen und in der Bilanz als solches erscheinen, können auf Beschluß der Hauptversammlung ausgeschüttet bzw. aufgelöst und ausgeschüttet werden.

Die angeführten Regeln sind nur Faustregeln, die Sicherheit und Liquidität in den Vordergrund stellen. Eigenkapital steht – bis auf wenige Ausnahmen – praktisch unbefristet zur Verfügung und bedeutet finanzielle Unabhängigkeit. Eigenkapitalgeber haben keinen Anspruch auf feste Verzinsung, in Verlustjahren unterbleibt eine Ausschüttung. Die Liquidität wird geschont. Eigenkapital bildet ein Sicherheitspolster und schützt vor Insolvenz. Eigenkapital fungiert auch als Ausweis für die Kreditwürdigkeit des Unternehmens. Ohne ausreichendes Eigenkapitalpolster läßt sich Fremdkapital nur zu vergleichsweise ungünstigen Konditionen beschaffen, sofern das Unternehmen überhaupt als kreditwürdig erachtet wird. Eigenkapital ist die Basis für Innovationen. Grundsätzlich sollte die Entwicklung neuer Produkte und deren Markteinführung immer mit Eigenkapital finanziert werden, denn das Risiko, daß sich die Investition als Flop erweist, ist immer gegeben. Besonders belastend wäre, wenn für Fremdkapital, das in den Sand gesetzt wurde, auf Jahre hinaus noch Zinsen und Tilgung anfielen. Rentabilitätsüberlegungen bleiben bei den traditionellen Finanzierungsregeln weitgehend unberücksichtigt.

Obwohl in den traditionelle Finanzierungsregeln viele Mängel stecken, sind sie auch heute noch von Bedeutung, da von ihrer Einhaltung immer wieder die Beurteilung der Finanzwirtschaft eines Unternehmens im Rahmen von Bilanzanalysen und Kreditwürdigkeitsgutachten abhängt.

Die Eigenkapitaldecke der deutschen Industrieunternehmen ist kurz bemessen im Vergleich zu den mit Eigenkapital gut gepolsterten Unternehmen in den Niederlanden, USA und Großbritannien.

Finanzierung und Investition

*Beispiel: Eigenkapitalausstattung im Vergleich*

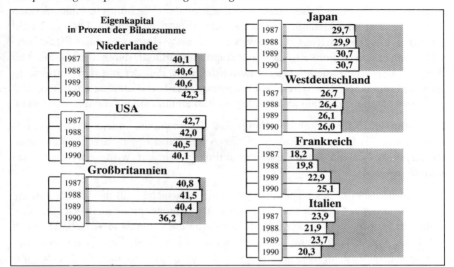

Abb. 83: Institut der deutschen Wirtschaft, Köln, Informationsdienst, Jg. 18, Nr. 21, 21. 5. 1992, S. 5

b) **Die optimale Kapitalstruktur**

Bei der Ermittlung der optimalen Kapitalstruktur bzw. des **optimalen Verschuldungsgrades** wird im Gegensatz zu den traditionellen Finanzierungsfaustregeln von der Maximierung der Rentabilität ausgegangen. Ausgangspunkt für die optimale Kapitalstruktur ist das **finanzwirtschaftliche Gleichgewicht.** In der Betriebswirtschaftslehre bedeutet finanzwirtschaftliches Gleichgewicht, daß durch die Realisierung eines optimalen Verschuldungsgrades ein Betrag zur Maximierung der Rentabilität geleistet wird und dabei jederzeit die betriebliche Zahlungsfähigkeit gesichert ist. Die Liquidität ist somit die notwendige Nebenbedingung, unter der die Maximierung der Rentabilität im finanzwirtschaftlichen Bereich zu erfolgen hat. Die Liquidität spielt also auch bei der Ermittlung der optimalen Kapitalstruktur eine herausragende Rolle, da Illiquidität in der Regel zum Konkurs führt. Allerdings werden nun, wenn die Nebenbedingung erfüllt ist, Rentabilitätsüberlegungen miteinbezogen.

Die Ermittlung des optimalen Verschuldungsgrades erfordert eine genaue Unterscheidung in **Rentabilität des Gesamtkapitals** und **Eigenkapitalrentabilität**. Die Rentabilität des Gesamtkapitals (Eigenkapital + Fremdkapital) ist durch den

191

Finanzierung und Investition

leistungswirtschaftlichen Bereich (Produktion, Absatz) vorgegeben. Es ist nun möglich, die Eigenkapitalrentabilität, auf die es den Eigentümern hauptsächlich ankommt, über eine Veränderung der Kapitalstruktur zu steigern. Dies geschieht über den **Leverage-Effekt** (Hebelwirkungseffekt). Unter Leverage-Effekt versteht man die Möglichkeit, die Eigenkapitalrentabilität durch Aufnahme von Fremdkapital zu erhöhen. Voraussetzung dafür ist, daß der mit dem aufgenommenen Fremdkapital erwirtschaftete Ertragsanteil (Gesamtkapitalrentabilität) größer ist als die zusätzlich anfallenden Fremdkapitalkosten (Fremdkapitalzins).

Zur optimalen Kapitalstruktur gelangt das Unternehmen, indem es die Zusammensetzung des Gesamtkapitals, d. h. die Anteile von Eigen- und Fremdkapital, so gestaltet, daß die Eigenkapitalrentabilität maximiert wird (optimaler Verschuldungsgrad).

Den Ausgangspunkt der Überlegung bildet die Tatsache, daß die Unternehmung in der Bilanz den Gewinn nur als Gewinn des Eigenkapitals ausweist. Der Gewinn wurde jedoch durch den Einsatz des gesamten Kapitals erwirtschaftet, auch mit Hilfe von Fremdkapital. Bei der betriebswirtschaftlichen Beurteilung der Ertragskraft eines Unternehmens müssen also dem Gewinn auch die Fremdkapitalzinsen hinzugefügt werden, weil der Betrieb auch diese als "Ertrag des Fremdkapitals" erwirtschaftete.

$$\text{Gesamtkapitalrentabilität (R GK)} = \frac{\text{Gewinn} + \text{Fremdkapitalzins x 100}}{\text{Gesamtkapital}}$$

$$\text{Eigenkapitalrentabilität (R EK)} = \frac{\text{Gewinn x 100}}{\text{Eigenkapital}}$$

Die Summe aus Gewinn und Fremdkapitalzins bezeichnet man als **Kapitalertrag** (KE).

Es ergeben sich folgende Zusammenhänge:

| | | | |
|---|---|---|---|
| KE | = Kapitalertrag | i | = Fremdkapitalzins |
| R EK | = Eigenkapitalrentabilität | EK | = Eigenkapital |
| R GK | = Gesamtkapitalrentabilität | FK | = Fremdkapital |

1. KE = R GK (EK + FK) oder
2. KE = R EK (EK) + i FK

Aus 1. und 2. folgt:

R GK (EK + FK) = R EK (EK) + i · FK

192

Durch Auflösung nach R EK ergibt sich:

$$R \; EK = R \; GK + (R \; GK - i) \frac{FK}{EK}$$

Ist der Fremdkapitalzins (i) kleiner als die Gesamtkapitalrentabilität (R GK), so ergibt sich eine um so größere Eigenkapitalrentabilität, je größer der Quotient aus Fremdkapital und Eigenkapital, d. h. je höher das Fremdkapital ist. Das Verhältnis FK : EK wirkt als Multiplikator und damit als Hebel auf die Eigenkapitalrentabilität.

Der Leverage-Effekt besagt: Solange die Gesamtkapitalrentabilität über dem Fremdkapitalzins liegt, wächst die Eigenkapitalrentabilität mit wachsendem Verschuldungsgrad.

Diese Hebelwirkung des Fremdkapitals kann auch als **Leverage-Risiko** wirken. Ein Leverage-Risiko ergibt sich dann, wenn der Fremdkapitalzins über der Gesamtkapitalrentabilität liegt.

Der Leverage-Effekt findet seine Grenzen, wenn mit einem steigenden Verschuldungsgrad automatisch der haftende Eigenkapitalanteil sinkt, wodurch das Ausfallrisiko für Gläubiger steigt und diese einen höheren Fremdkapitalzins fordern werden.Der positive Leverage-Effekt kann sich gegebenenfalls in einen negativen Leverage-Effekt (Leverage-Risiko) umkehren. Ein weiterer Grund für einen nicht konstanten, d. h. steigenden Fremdkapitalzins, ist die Aufnahme von größeren Fremdkapitalmengen bei unterschiedlichen Gläubigern. Die Hausbank verlangt in der Regel einen niedrigeren Zinssatz als fremde Banken. Mit fortschreitendem Kapitalbedarf wird das Unternehmen sukzessive auf Kredite mit schlechteren Konditionen zurückgreifen müssen. Der Leverage-Effekt wird auch dadurch begrenzt, daß mit steigendem Fremdkapitalanteil die Liquidität immer mehr strapaziert wird und das Risiko steigt.

### c) Die "optimale" Liquidität

Die Ermittlung der "optimalen" Liquidität ist im eigentlichen Sinne kein Optimierungsproblem. Darunter ist lediglich zu verstehen, daß das Unternehmen zu jedem Zeitpunkt zahlungsfähig ist. Eine Zahlungsunfähigkeit ist die Vorstufe zum Konkurs und bedeutet die Einstellung der ökonomischen Aktivitäten. Da die Liquidität für alle Zeitpunkte in der relevanten Zukunft gegeben sein muß, muß von einem **dynamischen Liquiditätsbegriff** ausgegangen werden. Danach bleibt ein Unternehmen zahlungsfähig, wenn Zahlungsmittel und geplante Einnahmen zumindest den geplanten Ausgaben gleich sind. Unter Rentabilitätsgesichts-

# Finanzierung und Investition

punkten ist die Gleichheit anzustreben, da jedes Mehr an bereitgehaltener Liquidität die Rentabilität reduziert. Da sich aber die dynamische Liquidität auf Plangrößen bezieht, die mit Unsicherheit behaftet sind, wäre es äußerst riskant, sich auf das tatsächliche Eintreffen der Planwerte zu verlassen. Um das Unternehmen nicht zu gefährden, muß immer eine über die geplante Liquidität hinausgehende Risikoreserve an flüssigen Mitteln vorhanden sein.

### d) Finanzierungskosten im Vergleich

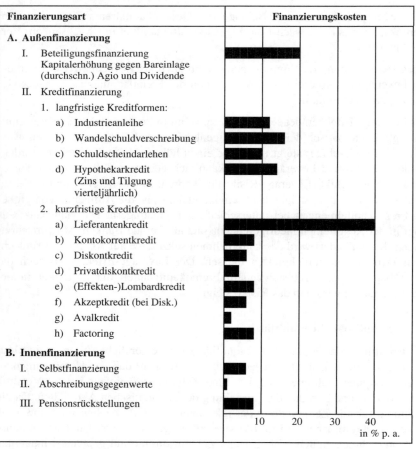

Abb. 83 aus: U. Hielscher, H.-D. Laubscher: Finanzierungskosten, Frankfurt/Main 1976, S. 109

Finanzierung und Investition

Die höchsten Kosten fallen bei der Kreditfinanzierung an. Mit Abstand am teuersten kommt ein kurzfristiger Lieferantenkredit. Auch die kurzfristigen Bankkredite verursachen erhebliche Kosten in Form von Zinsen und Gebühren. Bei den langfristigen Krediten sind die Wandelschuldverschreibungen Spitzenreiter bei den Finanzierungskosten. Bei der Beteiligungsfinanzierung fallen zwar keine Zins- und Tilgungszahlungen an, aber die Ausgabe der Aktien (Aktiendruck, Emissionskosten, Beurkundungen, Veröffentlichungen) verursacht beträchtliche Kosten. Am kostengünstigsten sind die verschiedenen Formen der Innenfinanzierung.

Finanzierung und Investition

## Lernziel-Kontrollfragen

60. Geben Sie einen Überblick über die Finanzierungsarten von Unternehmen, und nennen Sie für jede Finanzierungsart drei Beispiele!

61. Wodurch unterscheiden sich Wandelschuldverschreibungen von Optionsanleihen?

62. Welche Probleme ergeben sich bei kleinen und mittelständischen Unternehmen bei der Finanzierung von Großprojekten, und welche Möglichkeiten gibt es für sie, etwaige Finanzierungslücken zu überbrücken?

63. Berechnen Sie die "Kosten" eines Lieferantenkredites mit folgenden Konditionen: Lieferung zahlbar innerhalb von 8 Tagen mit 3 % Skonto. Bis zu 60 Tagen Zahlung netto Kasse.

64. Erläutern Sie die Funktionsweise der Venture-Capital-Finanzierung!

65. Welche besondere Bedeutung hat der Wechsel als Finanzierungsinstrument?

66. Mit welchen Argumenten könnten Leasingfirmen neue Kunden werben?

67. Grenzen Sie Operate-Leasing und Finance-Leasing gegeneinander ab!

68. Welche organisatorischen und personellen Vorteile bringt die Einschaltung eines Factors für ein Unternehmen?

69. Worin besteht der Unterschied zwischen offener und stiller Selbstfinanzierung?

70. Der Vorstand der Auer AG einigt sich in einer Vorstandssitzung darauf, 6 Millionen für die Finanzierung einer neuen vollautomatischen Verpackungsmaschine durch eine genehmigte Erhöhung des Grundkapitals zu beschaffen. Als Bezugsverhältnis ist 5 : 1 geplant.

    a) Erklären Sie die Bedeutung der genehmigten Kapitalerhöhung!

    b) Wie hoch muß der Bezugskurs für eine junge Aktie festgesetzt werden, damit die vorgesehenen 6 Millionen tatsächlich zufließen? Wie wird das Agio buchhalterisch behandelt?

196

Finanzierung und Investition

c) "Altaktionäre müssen durch die Ausgabe junger Aktien Verluste hinnehmen, weil der Börsenkurs der alten Aktien sinkt." Widerlegen Sie diese Aussage!

71. Die F & R Auer Nahrungs- und Genußmittel Aktiengesellschaft plant wegen steigender Nachfrage nach ihren Pilzspezialitäten die Produktionskapazität des Betriebes zu erhöhen. Das Grundkapital der AG ist in 50 DM Aktien gestückelt. Der Zinsaufwand laut Gewinn- und Verlustrechnung betrug 1,4 Mio DM. Der Jahresüberschuß wird in voller Höhe an die Aktionäre ausgeschüttet. Die vorläufige Bilanz der F & R Auer AG weist folgende Werte aus:

| Aktiva | Vorläüfige Bilanz (Zahlen in Mio. DM) | | Passiva |
|---|---|---|---|
| Grundstücke, Gebäude | 40,9 | Grundkapital | 25,0 |
| Maschinen | 36,4 | gesetzliche Rücklagen | 2,6 |
| Geschäftsausstattung | 1,2 | freie Rücklagen | 0,8 |
| Beteiligungen | 1,6 | langfristige Darlehen | 33,6 |
| langfristige Forderungen | 0,8 | Pensionsrückstellungen | 2,3 |
| Roh-, Hilfs-, Betriebsstoffe, | | andere kurzfristige | |
| Halbfabrikate | 8,4 | Rückstellungen | 1,8 |
| Fertigerzeugnisse | 1,1 | Wechsel | 2,2 |
| Forderungen aus | | Verbindlichkeiten an | |
| Warenlieferungen | 11,2 | Lieferanten | 12,8 |
| Wechsel | 0,3 | sonst. kurzfr. Verbindl. | 15,6 |
| Postscheck, Kasse, Bank | 0,1 | Jahresüberschuß | 5,3 |
| | 102,0 | | 102,0 |

a) Berechnen Sie anhand der vorliegenden Angaben die Eigen- und Gesamtkapitalrentabilität!

b) Beurteilen Sie aufgrund der ermittelten Rentabilitätskennziffern, ob sich eine Emission von Obligationen zu einem Zinssatz von 10 % lohnt!

c) Neben der Emission von Obligationen steht eine Finanzierung über die Ausgabe junger Aktien zur Diskussion. Nennen Sie je drei Vor- und Nachteile beider Finanzierungsarten!

d) Nennen Sie vier allgemeine Finanzierungsgrundsätze, die von der AG bei der Beurteilung alternativer Finanzierungsmöglichkeiten für Erweiterungsinvestitionen zu beachten sind!

72. Das Grundkapital der Dötterböck AG beträgt 3 000 000 DM. Die Hauptversammlung beschließt eine Erhöhung des Grundkapitals um 2 000 000 DM.

Finanzierung und Investition

Der Börsenkurs der alten Aktien beträgt 320 DM. Die jungen Aktien werden zu einem Kurs von 280 DM emittiert.

a) Ermitteln Sie den rechnerischen Wert des Bezugsrechtes!

b) Ein Aktionär besitzt drei alte Aktien und möchte zwei junge erwerben. Wieviel Kapital muß er aufbringen?

c) Wieviel Geld muß ein Aktionär investieren, wenn er vier alte Aktien besitzt und genauso viele junge hinzukaufen möchte?

d) Ein Aktionär besitzt keine alten Aktien und will zwei junge erwerben. Wieviel Geld muß er aufbringen?

e) Ein Aktionär hat fünf alte Aktien und möchte keine jungen erwerben.

f) Führen Sie die Finanztransaktionen für einen Aktionär durch, der eine junge Aktie kaufen will und bereits fünf alte im Depot hat.

73. Welche Probleme können sich für ein Unternehmen ergeben, wenn das Fremdkapital im Verhältnis zum Eigenkapital zu hoch ist?

74. Vorstand und Aufsichtsrat der K. Weidinger AG legen der Hauptversammlung folgende festgestellte (stark vereinfachte) Bilanz über das abgelaufene Geschäftsjahr vor:

| Aktiva | Bilanz zum 31. 12. in Mio. DM | | Passiva |
|---|---|---|---|
| Sachanlagen | 2068 | Grundkapital | 1200 |
| Finanzanlage | 1300 | Gesetzliche Rücklagen | 843 |
| Vorräte | 1631 | Freie Rücklagen | 1768 |
| Forderungen | 1972 | Pauschalwertberich. | |
| Flüssige Mittel | 3858 | z. Forderungen | 26 |
| Sonstige Aktiva | 439 | Rückstellungen | 4391 |
| Rechnungsabgrenzungs- | 1 | langfr. Verbindlichk. | 907 |
| posten | | kurzfr. Verbindlichk. | 1944 |
| | | Rechnungsabgrenzungsp. | 1 |
| | | Bilanzgewinn | 189 |
| | 11269 | | 11269 |

Der Jahresüberschuß von 368 Mio. DM wurde um 5 Mio. DM durch Entnahmen aus freien Rücklagen erhöht, außerdem wurden aus dem Jahresüberschuß bereits 184 Mio. DM vom Vorstand und vom Aufsichtsrat in die freien Rücklagen eingestellt; in die gesetzliche Rücklage wurde nichts übernommen.
Vom Bilanzgewinn werden 186 Mio. DM als Dividende ausgeschüttet, der Rest wird auf das nächste Geschäftsjahr vorgetragen. Die Satzung der AG enthält keine vom Gesetz abweichenden Regelungen. Von den freien Rücklagen sind 213 Mio. DM zweckgebunden.

Finanzierung und Investition

a) Begründen Sie, warum in diesem Unternehmen keine Beträge in die gesetzliche Rücklage eingestellt wurden!

b) Begründen Sie, warum die Einstellung in die freien Rücklagen in der vorgenommenen Höhe zulässig ist, und geben Sie ggf. an, wie hoch der Betrag ist, der von Vorstand und Aufsichtsrat noch in die freien Rücklagen eingestellt werden könnte.

c) Wie können stille Reserven entstehen? Erläutern Sie die Vorgänge mit Hilfe von drei Beispielen, aus denen hervorgeht, daß der Gesetzgeber die Bildung stiller Reserven erlaubt bzw. sogar erzwingt!

d) Berechnen Sie den Bilanzkurs! Wie groß sind rein rechnerisch die stillen Reserveren, wenn man davon ausgeht, daß der Börsenkurs die wirklichen Verhältnisse widerspiegelt und ex Dividende 159,00 DM beträgt.

e) Ein Aktionär, der auf der Hauptversammlung von einer beabsichtigten Investition und dem Problem der Beschaffung liquider Mittel in Höhe von 50 Millionen erfährt, schlägt vor, Rücklagen in dieser Höhe aufzulösen, weil dann genügend liquide Mittel zur Verfügung stünden! Nehmen Sie dazu kritisch Stellung!

75. Wieviele Bezugsrechte muß ein Aktionär verkaufen, um eine Opération blanche durchzuführen, wenn er 60 Bezugsrechte besitzt, die Kapitalerhöhung im Verhältnis 2 : 1 durchgeführt wird, der Emissionskurs der jungen Aktien 100 DM pro 50-DM-Aktie beträgt und sich der Bezugsrechtswert auf 50 DM berechnet?

76. Ein Unternehmen schafft sich über drei Jahre je eine Maschine pro Jahr an. Die Anschaffungskosten pro Maschine betragen 6 000 DM. Die Nutzungsdauer beträgt jeweils drei Jahre. Es wird ein lineare Abschreibung zugrundegelegt. Nach Ablauf der Nutzungsdauer werden die Maschinen ersetzt. Freiwerdendes Kapital wird sofort zu Erweiterungsinvestitionen in gleichartige Maschinen benutzt. Die Anschaffungskosten für die Maschinen bleiben konstant.

a) Beschreiben und berechnen Sie mit Hilfe einer Tabelle den Lohmann-Ruchti-Effekt!

b) Um wieviel Prozent wird die Periodenkapazität dauerhaft erhöht?

c) Erläutern Sie, wodurch der Lohmann-Ruchti-Effekt in der Praxis eingeschränkt wird und so häufig zu keiner wesentlichen Erhöhung der Periodenkapazität führt!

Finanzierung und Investition

77. Was versteht man unter dem Leverage-Effekt?

78. Welchen theoretischen Höchstwert könnte die Eigenkapitalrentabilität im Zusammenhang mit dem Leverage-Effekt annehmen? Welche Voraussetzungen müssen dabei erfüllt sein, und warum sind diese ziemlich unrealistisch?

# Lösungen zu den Kapiteln I bis V

## Kapitel I

1. In marktwirtschaftlichen Systemen sind die Hauptziele betrieblicher Entscheidungen Gewinnmaximierung, Wirtschaftlichkeitsstreben und Sicherheitsstreben. Das Ziel der Gewinnmaximierung entspricht dem erwerbswirtschaftlichen Prinzip, wonach der Betrieb Einkommen (Gewinn) für die Haushalte erwirtschaften soll, die das erforderliche Eigenkapital stellen. Zur Erreichung des Zieles der Gewinnmaximierung ist das Wirtschaftlichkeitsstreben erforderlich, d. h. das Verhältnis zwischen Produktionsergebnis und Mitteleinsatz soll möglichst günstig (optimal) gestaltet werden (Arbeitsproduktivität, Kostenwirtschaftlichkeit). Das Sicherheitsziel findet seinen Ausdruck in der Sicherung bzw. Aufrechterhaltung der Leistungskraft des Unternehmens und in der Sicherung der Liquidität. Liquidität bedeutet, daß der Betrieb zu jedem Zeitpunkt den fälligen Zahlungsverpflichtungen uneingeschränkt nachkommen kann.

   Weitere Zielsetzungen: Macht- und Prestigestreben, Marktanteilsmaximierung und Verdrängung der Konkurrenten, Erhaltung des guten Rufes der Firma, Sicherung der Arbeitsplätze u. a.

2. Zwischen dem Ziel Gewinnmaximierung und dem Ziel der Sicherung der Liquidität kann es zu Konflikten kommen. Aus Liquiditätsgründen kann es sinnvoll sein, einen gewissen Betrag an Barmitteln zu halten bzw. Beträge so anzulegen, daß das Unternehmen bei Bedarf darüber verfügen kann. Barmittel oder kurzfristig angelegte Beträge bringen in der Regel keine bzw. nur geringe Verzinsung, so daß dies auf Kosten der Rentabilität geht. Investitionen, die eine hohe Rentabilität versprechen, sind oft riskant und binden langfristig finanzielle Mittel zu Lasten der Liquidität.

3. Der absolute Gewinn wird in Geldeinheiten ausgedrückt; bei der Ermittlung des relativen Gewinnes wird der absolute Gewinn in Relation zu einer Basisgröße (Bezugsgröße) gesetzt. Relative Gewinngrößen sind die Gesamtkapital-, Eigenkapital- und Umsatzrentabilität. Der pagatorische oder bilanzielle Gewinn wird in der Gewinn- und Verlustrechnung durch Gegenüberstellung

| Lösungen | Kapitel I |
|---|---|

von Aufwendungen und Erträgen ermittelt. Die Aufwendungen enthalten die Fremdkapitalzinsen, nicht die Eigenkapitalzinsen und Unternehmerlöhne. Eigenkapitalzinsen und Unternehmerlöhne sind Bestandteil des pagatorischen Gewinnes. Der kalkulatorische Gewinn wird durch die Gegenüberstellung von Kosten und Erlösen (Umsatzerlösen) ermittelt. Da die Kalkulation als Grundlage der Preisfestsetzung dient, müssen die Kosten möglichst genau erfaßt werden. Außerordentliche, betriebsfremde und periodenfremde Aufwendungen werden nicht als Kostengrößen betrachtet, um die Preisermittlung aus Konkurrenzgründen nicht durch außergewöhnliche Belastungen zu verzerren. Als Kostenbestandteile gehen aber die Eigenkapitalzinsen und die Unternehmerlöhne ein. Der Kapitalgewinn ergibt sich durch Addition von pagatorischem Gewinn und Fremdkapitalzinsen.

4. **Eigenkapitalrentabilität** $= \dfrac{\text{Bilanzieller Gewinn} \cdot 100}{\text{Eigenkapital}}$

**Gesamtkapitalrentabilität** $= \dfrac{(\text{Bilanzieller Gewinn} + \text{Fremdkapitalzinsen}) \cdot 100}{\text{Eigenkapital} + \text{Fremdkapital}}$

5. **Kerngruppen**

Eigentümer beim Einzelunternehmen bzw. bei Personengesellschaften, Vorstand einer AG, Geschäftsführer einer GmbH, Spitzenmanagement (kaufmännische, technische Leitung)

**Satellitengruppen**

Hauptversammlung, Aufsichtsrat, Betriebsrat, Gewerkschaften, Verbände, Banken (Gläubiger), Staat, Medien, Lieferanten, Kunden

Die **Kerngruppe** bestimmt die Unternehmensziele, die Strategien zur Erreichung dieser Ziele (Unternehmenspolitik) und trifft alle wichtigen diesbezüglichen Entscheidungen. Die **Satellitengruppen** kontrollieren die Eigentümer bzw. das Spitzenmanagement. Der Staat setzt die gesetzlichen Rahmenbedingungen (Aktiengesetz, Handelsgesetzbuch, Bilanzrichtlinien, Bauvorschriften, Umweltschutzauflagen, Kartellgesetzgebung usw.) zur Beschränkung der Macht der Eigentümer. Bei wichtigen Entscheidungen in der AG wirkt der Aufsichtsrat mit. Der Betriebsrat genießt Mitbestimmungsrechte im arbeitsrechtlichen Bereich (z. B. Arbeitszeit, Pausenregelungen, Arbeitsplatzgestaltung, Akkordsätze, Kündigungen). Die **Mitbestimmungsgesetze** sichern den Arbeitnehmern des Betriebes über Sitze im Aufsichtsrat

202

| Kapitel I | Lösungen |

unternehmerische Mitbestimmungsrechte. Eine wichtige Kontrollfunktion üben auch die Medien aus, die Finanz- und Umweltskandale aufdecken und über die "öffentliche Meinung" Druck auf die Unternehmensleitung ausüben können.

6. **Formale Organisationseinheiten** (Stellen, Abteilungen) werden bewußt durch die Organisationsstruktur vorgegeben. **Informelle Organisationseinheiten** entwickeln sich unbewußt in der Praxis durch menschliche Eigenheiten wie gemeinsame private Interessen, Sympathie und Antipathie und unterschiedliche soziale Stellung.

7. Die Aufbauorganisation bestimmt die **Organisationseinheiten** und die **Beziehungen zwischen den Organisationseinheiten**, das **Kompetenz- und Kommunikationsgefüge.** Bei Schaffung des Kompetenzgefüges müssen Entscheidungen darüber getroffen werden, in welchem Maße eine **Zentralisation** der Entscheidungen erfolgen soll. Außerdem ist das Leitungssystem festzulegen. Das Kommunikationssystem bestimmt, nach welchen Regeln der Nachrichtenaustausch zwischen den Organisationseinheiten stattfinden soll.

8. Der Vorteil einer starken Zentralisation liegt in klaren und eindeutigen Befehlsstrukturen, die eine straffe Betriebsführung mit einer geringen Anzahl von kompetenten Führungskräften ermöglichen. Nachteilig wirkt sich oft die hohe Belastung der wenigen Entscheidungsträger aus. Eine starke Zentralisation beeinflußt auch das Betriebsklima negativ, weil dem einzelnen nur geringe Verantwortung eingeräumt wird und Entscheidungen autoritär getroffen werden, was die Arbeitsfreude mindert. Unter Umständen sinkt die Arbeitsproduktivität und damit die Rentabilität.

9. Die **Profit-Center-Organisation** überträgt den einzelnen Sparten auch die Gewinnverantwortung und damit verbundene größtmögliche Entscheidungsspielräume. Die Profit-Center-Organisation bewährt sich vor allem bei schwer überschaubaren Großunternehmen mit starker Produktdifferenzierung. Das komplexe Gesamtunternehmen wird in leichter leitbare und kontrollierbare Teilsysteme zerlegt. Die Teilsysteme weisen große Flexibilität auf und können sich veränderten Marktbedingungen rasch anpassen, da sie

Lösungen                                    Kapitel I

über einen "Satz" eigener Funktionsbereiche (Beschaffung, Lagerhaltung, Fertigung, Finanzierung, Absatz, Rechnungswesen) verfügen. Bei kleinen Teilsystemen können die Funktionsbereiche der einzelnen Sparten allerdings wenig leistungsfähig sein und die Gesamtkosten des Betriebes erhöhen. Häufig sind die Absatzmärkte der Sparten verknüpft. Herrschen zwischen den angebotenen Gütern Substitutionsbeziehungen, so gehen die Gewinne einer Sparte zu Lasten der Gewinne der anderen; die Absatzpolitik bewirkt dann lediglich eine betriebsinterne Umverteilung der Umsatzerlöse, was sich im Hinblick auf die Ziele des Gesamtunternehmens als unwirtschaftlich erweist.

10.

|  | Liniensystem | Funktionssystem | Matrixorganisation |
|---|---|---|---|
| Zentralisation | stark | geringer als im Liniensystem durch gewisse Dezentralisation in Funktionsstellen | dezentral in Sparten und Funktions- bereichen |
| Dienstweg | sehr lang | kürzer; Querver- bindungen über Funktionen | kurzer Dienstweg zwischen Sparten und Funktionsstel- len |
| Flexibilität | gering durch langen Dienstweg und starke Zentralisation | höher als im Liniensystem; hängt von der Leistungsfähigkeit und den Weisungs- befugnissen der Funktionsstellen ab | sehr groß; dezentrale Entscheidungen auf verschiedenen Ebenen |
| Betriebsklima | geringe Verant- wortung, Gefühl ständiger Kon- trolle; autoritäre Führung mindert die Arbeitsfreude | größerer Entschei- dungsspielraum in den Funktionsstel- len; Gefahr von widersprechenden Anweisungen, die sich negativ auf das Betriebsklima auswirken können | größere Entschei- dungsspielräume auf mittlerer Führungsebene, aber Gefahr eines Kompetenz- gerangels |

204

Lösungen

# Kapitel II

11. **Fertigungstypen** sind Fertigungsverfahren, die es ermöglichen, gleichartige Produkte in unterschiedlich großen Mengen zu erzeugen (Einzelfertigung, Serien- oder Variantenfertigung, Massenfertigung).

    Die **Organisationstypen der Fertigung** geben an, wie die Betriebsmittel räumlich angeordnet sind, ob das Werkstück an die Maschinen und Arbeitsplätze transportiert wird wie bei der Werkstattfertigung oder ob das Werkstück an den Arbeitsplätzen und Maschinen vorbeiläuft (Fließfertigung).

12.

|  | Werkstattfertigung | Fließfertigung |
|---|---|---|
| Innerbetriebliche Transportwege | sehr lang | gering |
| Zwischenlagerung | notwendig, wenn die Arbeitszeiten in den einzelnen Werkstätten verschieden lang sind | meist nicht notwendig |
| Flexibilität | sehr groß, rasche Umstellung der Produktion möglich | empfindlich gegenüber Störungen; wenig flexibel; Umrüstung der Anlagen verursacht hohe Kosten |
| Fertigungstyp | Einzelfertigung, Spezialanfertigung auf Kundenwunsch; Kleinserienfertigung | Massenfertigung; Großserienfertigung |
| Zahl der Arbeitskräfte | relativ hoch; aber Einsatz von Spezialmaschinen | gering, da meist vollautomatische Fertigung |

13. **Lean Production** ("schlanke", "abgespeckte" Produktion) bezeichnet ein Fertigungsverfahren aus Japan, das die Vorteile der handwerklichen Fertigung mit denen der Massenproduktion durch Fließbandfertigung vereinigt. Die Lean Produktion basiert auf Gruppenarbeit. Eigenverantwortliche Teams, in denen sich Mitarbeiter aus allen Abteilungen befinden, produzieren in Eigenregie von der Produktidee bis zur Vermarktung.

Lösungen                                                          Kapitel II

Die Vorteile gegenüber der herkömmlichen Massenproduktion sind eine hohe Qualität der Produkte, geringe Fehlerquoten und geringe Entwicklungszeiten. Da die Teams eingespielt sind und ihre Aktivitäten genau aufeinander abstimmen, ist eine "just-in-time-Produktion" (pünktliche, fortlaufende Zulieferungen von Fertigungsteilen) möglich, so daß geringere Lagerkapazitäten für Vor- und Zwischenprodukte notwendig sind. Die Arbeitskräfte, die innerhalb des Teams job rotation praktizieren, sind sehr mobil und an verschiedenen Arbeitsplätzen einsetzbar. Die Arbeitszufriedenheit in den Kleingruppen erzeugt ein gutes Betriebsklima, das zur Steigerung der Produktivität beiträgt. Die Abwesenheitstage der Arbeitskräfte sind geringer als bei der herkömmlichen Produktion.

14. **Aufwendungen** sind ein in Werten ausgedrückter Leistungsverzehr und werden zur Ermittlung des Gewinns den Erträgen gegenübergestellt. **Kosten** umschreiben ebenfalls einen in Geldeinheiten ausgedrückten Werteverbrauch, allerdings nur den, der mit der Erstellung der betrieblichen Leistung in einer bestimmten Periode in Zusammenhang steht. Die Kosten dienen der Kalkulation, d. h. der Berechnung der Verkaufspreise. Nicht als Kosten werden betriebsfremde Aufwendungen, die mit der betrieblichen Leistungserstellung nichts zu tun haben, wie z. B. Spenden für wohltätige Zwecke, betrachtet. Der Kostenbegriff klammert auch periodenfremde Aufwendungen wie z. B. Steuernachzahlungen aus. Ebenso werden außerordentliche Aufwendungen nicht zu den Kosten im betriebswirtschaftlichen Sinne gezählt. Sie fallen zwar bei der Leistungserstellung an, sind aber so selten, daß sie bei einer Einbeziehung die Kalkulation verfälschen würden.

15. **Einteilung der Kosten**

a) nach der Entstehung:

z. B. **Personalkosten** (Löhne, Gehälter, Leistungsprämien, Sozialversicherungsbeiträge), **Kapitalkosten** (Zinsen, Abschreibungen, Bankgebühren), **Fremdleistungskosten** (Rohstoffkosten, Energiekosten, Mieten)

b) nach der Abhängigkeit vom Beschäftigungsgrad:

**Fixe Kosten**, die unabhängig von der Höhe der Produktion sind (Gehälter für Verwaltungsangestellte, Abschreibungen, Telefongrundgebühren); **variable Kosten**, die mit der Produktion steigen oder fallen, wie Leistungslöhne in der Produktion (Akkordlöhne), Rohstoffkosten, Energiekosten.

206

# Kapitel II                          Lösungen

16. **Grenzkosten** sind die Kosten, die zusätzlich bei der Produktion der letzten Einheit anfallen. Die Grenzkosten beziehen sich auf die variablen Kosten. Fixe Kosten verursachen – innerhalb der Kapazitätsgrenze – keine Grenzkosten, da sie unabhängig vom Beschäftigungsgrad sind.
Grenzkosten stellen die Steigung der Gesamtkostenkurve dar. Sie können durch die 1. Ableitung aus der Gesamtkostenkurve ermittelt werden.

17. Konstante Grenzkosten setzen einen linearen Verlauf der Gesamtkosten voraus. Progressiv steigende Gesamtkosten bedingen ständig steigende Grenzkosten, aus einem degressiven Gesamtkostenverlauf folgen fallende Grenzkosten.

18.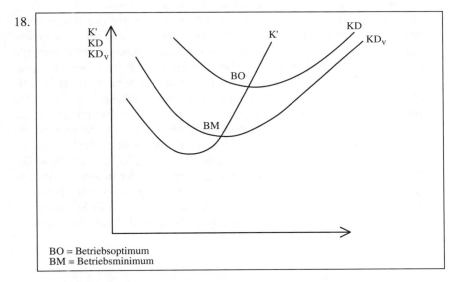

Die totalen Durchschnittskosten (KD) liegen über der Kurve der variablen Stückkosten (KDv), weil die totalen Stückkosten einen Fixkostenanteil pro Stück enthalten. Der Abstand zwischen den beiden Kurven wird mit zunehmender Ausbringungsmenge immer geringer, weil sich der Fixkostenanteil je Stück immer mehr verringert, je mehr produziert wird. Die Grenzkostenkurve (K') schneidet die Kurve der totalen Stückkosten und die Kurve der variablen Stückkosten jeweils in deren Minimum. Das Minimum der Grenzkostenkurve wird bereits von den Minima der Stückkosten erreicht.

| Lösungen | Kapitel II |

Das Minimum der totalen Stückkosten repräsentiert das **Kostenoptimum** oder **Betriebsoptimum** (BO). Hier erreichen die Gesamtkosten den geringsten Wert. Sinkt der Absatzpreis bis zum Betriebsoptimum, macht das Unternehmen keinen Gewinn mehr und muß auf lange Sicht die Produktion einstellen. Im Minimum der variablen Stückkosten liegt das **Betriebsminimum** (BM). Fällt der Marktpreis bis zum Betriebsminimum, deckt er gerade noch die variablen Kosten. Es wird kein Deckungsbeitrag (zur Deckung der fixen Kosten) mehr erzielt. Für das Unternehmen entstehen Verluste in Höhe der gesamten fixen Kosten. Ob die Produktion sofort eingestellt wird oder nicht, hängt von der prognostizierten Marktpreisentwicklung ab.

19. Die Bedingung für das Erreichen des Gewinnmaximums ist Grenzkosten = Grenzerlös, d. h. der Gesamtgewinn läßt sich so lange erhöhen, wie die Produktion der letzten verkauften Einheit weniger kostet als sie über den Marktpreis einbringt.Das Maximum des Gesamtgewinnes ist nicht identisch mit dem größtmöglichen Stückgewinn, der dann erzielt wird, wenn die totalen Stückkosten bei gegebenem Absatzpreis ihr Minimum erreichen. Das Minimum der Stückkosten und damit der maximale Stückgewinn liegen bei einer geringeren Ausbringungsmenge als der maximale Gesamtgewinn. Es lohnt sich die Produktion noch zu erhöhen, obwohl die Stückkosten bereits wieder steigen, weil der Verkauf weiterer Einheiten über ein Steigen der Umsatzerlöse mehr einbringt als dafür Produktionskosten anfallen. Die Stückzahl, bei der der maximale Stückgewinn bzw. der maximale Gesamtgewinn erzielt wird, ist nur dann identisch, wenn das Unternehmen im Betriebsoptimum produziert, d. h. der Verkaufspreis bis zum Minimum der totalen Durchschnittskosten abgesackt ist. Allerdings sind dann Stückgewinn und Gesamtgewinn gleich Null.

Kapitel II | Lösungen

20. a) $KD = x^2 - 9x + 30 + \dfrac{16}{x}$

$KD_v = x^2 - 9x + 30$

$K' = 3x^2 - 18x + 30$

| x | *zusammen: die Kosten* $KD_{= k}$ | $KDv_{= k_v}$ | $K'$ *Gk* |
|---|---|---|---|
| 0 | | 30 | 30 |
| 1 | 38 | 38 | 15 |
| 2 | 24 | 16 | 6 |
| 3 | 17 | 12 | 3 |
| 4 | 14 | 10 | 6 |
| 5 | 13,02 | 10 | 15 |
| 6 | 14,66 | 12 | 30 |

b) Die kurzfristige Preisuntergrenze liegt im Betriebsminimum. Das Betriebsminimum befindet sich im Minimum der variablen Stückkosten. Fällt der Preis bis zum Betriebsminimum, können gerade noch die variablen Kosten gedeckt werden. Der Betrieb macht einen Verlust in Höhe der fixen Kosten. Besteht Aussicht, daß der Marktpreis in Kürze wieder steigt, kann das Unternehmen kurzfristig im Betriebsminimum produzieren, um seinen Kundenstamm zu halten. Fällt der Marktpreis weiter, muß die Produktion eingestellt werden:

$KD_v = x^2 - 9x + 30$

$KD'_v = 2x - 9$

$2x - 9 = 0$

$\underline{x = 4{,}5}$

Bei 4,5 Stück produziert das Unternehmen mit den produktionstechnisch minimal möglichen variablen Stückkosten (vgl. auch Tabelle). Die kurzfristige Preisuntergrenze für das Unternehmen beträgt 9,75 DM (4,5 eingesetzt in $KD_v = x^2 - 9x + 30$).

Weitere Berechnungsmethode:
Das Betriebsminimum liegt im Schnittpunkt der Kurve der variablen Stückkosten und der Grenzkostenkurve.

Lösungen                                                    Kapitel II

$KD_V = K'$

$x^2 - 9x + 30 = 3x^2 - 18x + 30$

$\underline{\underline{x = 4,5}}$

21. a) Der Stückgewinn wird aus der Differenz des Absatzpreises und der totalen Stückkosten ermittelt. Der Stückgewinn bei Produkt A beträgt
3,00 DM und bei Produkt B 4,00 DM.

b) Der **Deckungsbeitrag** ergibt sich aus der Differenz zwischen dem Absatzpreis und den variablen Stückkosten. Der Deckungsbeitrag bei Produkt A und B beläuft sich auf 5,00 DM. Da der Gewinn bei 3,00 DM bzw.
4,00 DM liegt, leistet jedes abgesetzte Stück von Produkt A effektiv einen
Beitrag zur Deckung der fixen Kosten in Höhe von 2,00 DM; jedes verkaufte Stück von Produkt B sorgt mit 1,00 DM für die Deckung der fixen
Kosten.

c) Soll das Produkt C erst am Markt eingeführt werden, könnte das Unternehmen eine **Niedrigpreispolitik** betreiben, um Kunden zu gewinnen.
Vorübergehend kann der Einführungspreis bei 10 DM pro Stück angesetzt
werden. Bei diesem Preis werden zwar gerade noch die variablen Stückkosten gedeckt, aber kurzfristig kann das Unternehmen dennoch zu diesem Preis anbieten, da es andere Produkte (A, B) vertreibt, die zur
Deckung der fixen Kosten beitragen. Ist die Markteinführungsphase abgeschlossen, kann das Unternehmen den Preis für Produkt C erhöhen.

Ist das Produkt C bereits am Markt und der Konkurrenzpreis liegt bei
10 DM, kann das Unternehmen ebenfalls kurzfristig Produkt C anbieten,
wenn zu erwarten ist, daß der Preis in Zukunft steigt. Ist der Markt bereits
gesättigt und muß mit Preiseinbrüchen gerechnet werden, wird das Unternehmen das Produkt nicht in das Produktionsprogramm aufnehmen, da es
Verlust in Höhe der fixen Kosten macht.

Liegt der Konkurrenzpreis bei 12 DM pro Stück, kann das Unternehmen
als Mitanbieter auftreten. Es wird zwar kein Gewinn erzielt, da nur die
totalen Stückkosten über die Umsatzerlöse hereinkommen. Vielleicht
verlangen aber die Kunden Produkt C, und die Aufnahme des Produktes
in das Produktionsprogramm leistet so einen Beitrag zur Sicherung des

210

Absatzmarktes und führt zu größerer Kundenzufriedenheit. Bei einem Preis von über 12,00 DM wird das Produkt hergestellt, da der break-even-point überschritten ist und Gewinne eingefahren werden.

22. Materialsparende Konstruktionsverbesserung:

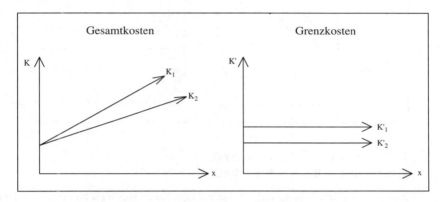

Steigende Grundgebühren für Telefone:

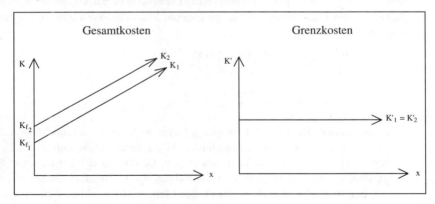

Lösungen | Kapitel II

Einstellung von Fachkräften:

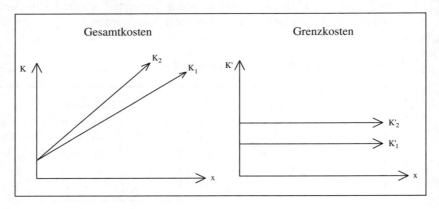

23. K für Maschine A:  K = 40x + 2000
    K für Maschine B:  K = 30x + 4000

Zunächst ist der Schnittpunkt zwischen den Kostengeraden zu ermitteln. Der Schnittpunkt liegt bei der Stückzahl, bei der die Produktion mit Maschine A und B die gleichen Kosten verursacht. Dann gilt es zu ermitteln, welche Maschine bei einer höheren bzw. geringeren Stückzahl kostengünstiger produziert.

$$40x + 2\,000 = 30x + 4\,000$$
$$10x = 2000$$
$$\underline{\underline{x = 200}}$$

Bei einer Stückzahl von 200 ist es egal, mit welcher Maschine hergestellt wird, weil beide Gesamtkosten in gleicher Höhe verursachen. Durch ein Einsetzen einer geringeren Stückzahl als 200, z. B. 100, in die Kostenfunktion zeigt sich, bei welchem Produktionsverfahren die geringeren Kosten anfallen. A bei 100 Stück: 6000, B: 7000. Bei kleinen Stückzahlen < 200 produziert Maschine A kostengünstiger; bei Stückzahlen > 200 rentiert sich der Einsatz von Maschine B, da nun erst die geringeren variablen Kosten über die Kostendegression bei höheren fixen Kosten zum Tragen kommen.

| Kapitel II | Lösungen |
|---|---|

24. Da der Absatzpreis von 800 DM knapp über den variablen Stückkosten von 760 DM liegt, muß das Unternehmen die Entscheidung treffen, ob es kurzfristig weiterproduzieren oder die Produktion bis zu einem Ansteigen des Marktpreises einstellen soll. Das Unternehmen hat die Alternative zu wählen, bei der die Verluste möglichst gering gehalten werden. Jedes abgesetzte Stück liefert noch einen Deckungsbeitrag von 40,00 DM. Da sich in den nächsten 6 Monaten 1000 Stück pro Monat absetzen lassen, wird insgesamt ein Deckungsbeitrag von 24000 DM erzielt.

Bei vorübergehender Stillegung der Produktion lassen sich pro Monat 60 000DM einsparen, also in 6 Monaten 360 000 DM. Wenn die Rüstkosten für die Wiederaufnahme des Geschäftsbetriebes 160 000 DM betragen, lassen sich die Kosten mit der vorübergehenden Stillegung um insgesamt 200 000 DM verringern. Demgegenüber stehen nur 24 000 DM Deckungsbeitrag bei Weiterführen der Produktion. Das Unternehmen wird die Produktion vorübergehend einstellen, um den Verlust zu minimieren.

Lösungen

# Kapitel III

25. **Marketing** im engeren Sinne bedeutet Absatzvorbereitung. Zur Absatzvorbereitung zählen Marktforschung, Werbung und Preispolitik. Den Vertrieb der Produkte übernimmt eine eigene Vertriebsabteilung. Marketing im weitesten Sinne beinhaltet einen marktbezogenen Denk- und Führungsstil. Die Unternehmensführung erfolgt vom Markt aus, d. h. die Produktion wird auf die Absatzmöglichkeiten abgestimmt.

26. Der **Käufermarkt** zeichnet sich durch einen Angebotsüberhang und eine preis- und qualitätsbewußte Nachfrage aus. Käufermärkte entwickelten sich in den hochindustrialisierten Staaten in den 70er und 80er Jahren, da auf bestimmten Märkten Sättigungstendenzen auftraten und die Produktivität durch den technischen Fortschritt enorm gesteigert werden konnte. Zudem verstärkte sich die internationale Konkurrenz, nachdem die Zollschranken in Europa weitgehend fielen. Da auf dem Käufermarkt ein scharfer Wettbewerb zwischen den Anbietern herrscht, spielt die Werbung eine wichtige Rolle. Die Unternehmensführung vom Markt her (Marketingkonzept) löste den produktionsorientierten Führungsstil ab.

27. **Gewinnmaximierung**
Produktion und Absatz der Cournotschen Menge im Polypol, Intensivierung der Produktwerbung plus alle anderen absatzpolitischen Maßnahmen

**Umsatzsteigerung**
Preissenkungen oder Sonderangebote; Gewährung von Mengenrabatten; günstige Liefer- und Zahlungsbedingungen

**Autonomie und Marktmacht**
Schaffung von Markenbewußtsein beim Käufer durch aggressive Werbung (Suggestivwerbung); kurzfristige Realisierung des Betriebsminimums bei Mischkalkulation, um die Konkurrenten vom Markt zu verdrängen

**Gewinnung von Kundenzufriedenheit**
Ausbau der Serviceleistungen und des Kundendienstes; Sonderrabatte für treue Kunden; hochwertige Qualität und modernes Design (Produktpolitik)

**Gesellschaftsfreundliches Marketing**
umweltfreundliche Verpackung; energiesparende Produktion; Verbraucheraufklärung

Lösungen                                                    Kapitel III

**Sicherung der Arbeitsplätze**
Umsatzsteigerungen über Preissenkungen; Produktvariationen

**Erhaltung und Entwicklung von Marktbeziehungen**
Sales Promotion; Public Relations, Corporate Identity, Absatz über Franchise-System

**Liquiditätsstreben**
Gewährung von Skonti (Preisnachlaß bei Zahlung innerhalb einer Woche); Preiserhöhungen (bei Markenprodukten, beim Auftreten externer Konsumeffekte); Auslagerung der Vertriebsfunktion durch Einschaltung des Handels; Einschaltung eines Factors

28. Auf dem **vollkommenen Markt** gibt es keine räumlichen, sachlichen oder persönlichen Präferenzen. Anbieter und Nachfrager handeln allein nach dem Prinzip der Nutzenmaximierung bzw. Gewinnmaximierung. Preisunterschiede können bei der Annahme homogener Güter nicht existieren, weil vollkommene Markttransparenz herrscht und sich die Anpassungsprozesse unendlich schnell vollziehen.

29. Das Marktformenschema benutzt Tendenzbegriffe wie "wenige", "viele", die keine klare Abgrenzung zulassen. Entscheidend ist auch nicht die Zahl der Anbieter oder Nachfrager, sondern ihre **relative Größe**, d. h. ihr Anteil am Gesamtumsatz einer Branche. Nach rein formalen Kriterien kann ein Polypol vorliegen; besitzen allerdings einige Anbieter große Marktanteile, existiert in der Realität ein Angebotsoligopol. Das Marktformenschema berücksichtigt keine **räumliche und sachliche Abgrenzung** der Märkte. Grenzt man Märkte räumlich ab, ergeben sich Gebietsmonopole wie die Energieversorgungsunternehmen. Besteht für Monopole oder Oligopole Substitutionskonkurrenz (Anbieter mit Ersatzgütern), schwächt dies in der Praxis ihre Machtstellung am Markt deutlich.

30. Die **Preiselastizität der Nachfrage** drückt die Stärke der Reaktion der Nachfrager auf Preisveränderungen aus. Die nachgefragte Menge in Abhängigkeit vom Preis wird in der **Preis-Absatz-Funktion** beschrieben. Die Preiselastizität läßt sich als Verhältnis der prozentualen Mengenänderung zu der sie verursachenden prozentualen Preisveränderung ausdrücken. Die Preiselastizität ist im Normalfall, wenn keine externen Konsumeffekte vorliegen,

216

eine negative Größe, weil Preiserhöhungen zu einem Rückgang der Nachfrage führen, während Preissenkungen die Absatzmenge erhöhen. Eine **elastische Nachfrage** liegt vor, wenn auf geringe Preisbewegungen starke Mengenreaktionen erfolgen. Die Preiselastizität der Nachfrage ist gering (**unelastische Nachfrage**), wenn starke Preisveränderungen geringe Auswirkungen auf die Absatzmenge zeigen.

Voraussetzung für die Preisdifferenzierung ist eine von links oben nach rechts unten fallende Preis-Absatz-Funktion. Die **vertikale Preisdifferenzierung** setzt Teilmärkte mit unterschiedlichen Preiselastizitäten der Nachfrage voraus, z. B. Inlands- und Auslandsmärkte. Auch die **sachliche Preisdifferenzierung** arbeitet mit verschiedenen Preiselastizitäten der Nachfrage, z. B. bei Industrie- und Haushaltsstrom. Die **horizontale Preisdifferenzierung** zerlegt den Gesamtmarkt mit einer gegebenen von links oben nach rechts unten fallenden Preis-Absatz-Funktion (Nachfragekurve) in Teilmärkte mit unterschiedlichen Käuferschichten.

31. Das **heterogene Oligopol** ist ein Oligopol auf einem unvollkommenen Markt. Bei der Nachfragefunktion handelt es sich um eine **geknickte Preis-Absatz-Funktion**. Sie entsteht, weil bei Preiserhöhungen starke Umsatzeinbußen auftreten, da die Oligopolkonkurrenz im Normalfall nicht mitzieht und so einen Großteil der Kunden auf sich zieht.

Betreibt ein Anbieter im Oligopol eine Politik der niedrigen Preise, ziehen die Konkurrenten mit, um ihre Kunden zu halten.
Der Mengenzuwachs bei Preissenkungen fällt somit gering aus. Die Preis-Absatz-Funktion eines Oligopolisten weist unterschiedliche Elastizitätsgrade auf.

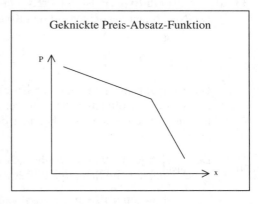

Damit die Oligopole den "mörderischen Wettbewerb" abwenden können, bei dem auf lange Sicht nur der wirtschaftlich Stärkere überlebt, kommt es zu Preisabsprachen bzw. zur Kartellbildung. Ein "bewußtes Parallelverhalten"

| Lösungen | Kapitel III |

liegt auch dann vor, wenn die Anbieter im Oligopol die Märkte räumlich oder sachlich untereinander aufteilen. Das funktioniert nur bei unvollkommenen Märkten.

32. Unter **vertikaler Preisdifferenzierung** versteht man eine Zerlegung des Marktes für ein bestimmtes Gut in Teilmärkte mit unterschiedlichen Preiselastizitäten

*Beispiele:*
Unterschiedliche Preise auf dem Inlands- und Auslandsmarkt, Preisgefälle auf dem Wohnungsmarkt in unterschiedlichen Stadtvierteln.
Eine **horizontale Preisdifferenzierung** liegt dann vor, wenn die unterschiedlichen Käuferschichten unterschiedliche Preise für das gleiche Gut oder ähnliche Güter bezahlen. Die Preisunterschiede für die verschiedenen Qualitätsstufen sind größer als die Kostenunterschiede, so daß ein Teil der Konsumentenrente abgeschöpft wird.

*Beispiele:*
In 1. und 2. Klasse gestaffelte Bahnfahrtarife, unterschiedliche Preise je nach Rang bei Kino- und Theatervorstellungen.

33. a) Der **Prohibitivpreis** ist der Preis, bei dem die Absatzmenge Null wird. Die Nachfrager verzichten auf den Konsum des Produktes.

$$40 - 1,5p = 0$$

$$\underline{p = 26,67 \text{ DM}}$$

Die Sättigungsmenge ergibt sich bei einem Preis von Null, bei der gegebenen Nachfragefunktion liegt sie bei 40 Einheiten. Das heißt, wenn das Produkt verschenkt würde, könnten die Konsumenten nur 40 Einheiten nutzen.

Der **Gleichgewichtspreis** ergibt sich dort, wo Angebot und Nachfrage gleich sind, d. h. im Schnittpunkt der Angebots- und Nachfragekurve.

$$40 - 1,5p = 10 + p$$

$$\underline{p = 12}$$

Kapitel III                                                    Lösungen

b) Da p = 18 über dem Gleichgewichtspreis liegt, stellt sich ein Angebotsüberhang ein. Er läßt sich ermitteln, indem man p = 18 in die Angebots-
   und Nachfragefunktion einsetzt, um die nachgefragte bzw. angebotene
   Menge beim Preis von 18 abzulesen.

   N bei p = 18:   $40 - 1,5\,(18) = 13$

   A bei p = 18:   $10 + 1\,(18) = 28$

   Der Angebotsüberhang beträgt 15 Einheiten.

c) Der neue Gleichgewichtspreis ergibt sich aus dem Schnittpunkt der neuen
   Nachfragekurve, die durch $49 - 2p$ gegeben ist, mit der der alten Angebotskurve.

   $$49 - 2p = 10 + p$$

   $$\underline{p = 13}$$

   Der Gleichgewichtspreis steigt auf 13 GE, weil die Konkurrenz der Nachfrager bei gleichbleibendem Angebot den Preis nach oben drückt.

34. a) Eine kostendeckende Produktion wird im **break-even-point** oder bei der
    **Nutzenschwelle** erreicht. Der break-even-point stellt den ersten Schnitt-
    punkt zwischen Kosten- und Umsatzkurve dar. Im zweiten Schnittpunkt
    liegt die Nutzengrenze.

    $U = 2\,200 \cdot x$ (Annahme: Polypol);

    $K = 40x^2 + 200x + 16\,000$

    $40x^2 + 200x + 16\,000 \quad = 2\,200x$

    $40x^2 - 2\,000x + 16\,000 = 0$

    $\underline{x_1 = 40 \qquad x_2 = 10}$

    Bei einer Produktion von 10 Stück arbeitet der Betrieb kostendeckend,
    d. h. die Umsatzerlöse decken die gesamten Kosten ab. Bei einer Produk-
    tion von höheren Stückzahlen tritt das Unternehmen in die Gewinnzone.
    Überschreitet es die Produktionsmenge von 40 Stück, stellen sich Verluste
    ein, weil die Kosten stärker steigen als die Erlöse, wenn sich das Unter-
    nehmen der Kapazitätsgrenze nähert.

Lösungen                                                            Kapitel III

b) Die Bedingung für das Realisieren des **Gewinnmaximums** ist, daß die Grenzkosten gleich dem Grenzerlös sind. Eine Ausdehnung der Produktionsmenge lohnt sich so lange, wie jede Einheit in der Herstellung weniger kostet als sie einbringt.

$$K' = p \qquad\qquad \text{(Polypol, Marktpreis = Grenzerlös)}$$
$$80x + 200 = 2200$$
$$\underline{x = 25 \text{ (Cournotsche Menge)}}$$

Um die Höhe des Gesamtgewinnes zu ermitteln, setzt man die Cournotsche Menge in die Gewinnfunktion (G = U − K) ein.

$$G = 2\,200x - 40x^2 - 200x - 16\,000$$
$$G = 2\,200\,(25) - 40\,(575) - 200\,(25) - 16\,000$$
$$\underline{\underline{G = 9\,000}}$$

Der maximale Gesamtgewinn beträgt 9000 DM.

c) Stückgewinn = p − KD

$$KD = K : x$$
$$KD = 40x + 200 + 16000 : x$$
$$KD = 40 \cdot 25 + 200 + (16\,000 : 25)$$
$$KD = 1\,840 \text{ DM}$$

Stückgewinn = 2 200 − 1 840 DM

$$\underline{\text{Stückgewinn} = 360 \text{ DM}}$$

oder

$$G/x = 2\,200 - 40x - 200 - (16000 : x)$$
$$G/x = 2\,200 - 40\,(25) - 200 - 640$$
$$\underline{\underline{G/x = 360 \text{ DM}}}$$

Der **Deckungsbeitrag** ist jeder Teil des Erlöses, der zur Deckung der fixen Kosten dient, d. h. die Differenz zwischen den Stückkosten, die über die Umsatzerlöse voll abgegolten werden, und den variablen Stückkosten **(D = KD − KDv)**.

220

Kapitel III                                                    Lösungen

$KDv = 40x + 200$

$D = 50x + 200 + (16\,000 : x) - 40x - 200$

$D = 16\,000 : x;\ x = 25$

$\underline{D = 640\,DM}$

d) Der Marktpreis könnte soweit fallen, bis er mit dem Minimum der Stückkosten (Betriebsoptimum, Kostenoptimum) zusammenfällt. Auf Gewinn
wird verzichtet, es werden lediglich die gesamten Kosten gedeckt. Um das
Stückkostenminimum zu erreichen, muß das Unternehmen die Produktion
anpassen. Eine weitere Kostensenkung ist dann nicht mehr möglich. Deshalb stellt das Betriebsoptimum die langfristige Preisuntergrenze dar.

$BO = $ Minimum der totalen Stückkosten

$KD' = 0$

$KD' = 40 - (16\,000 : x^2)$

$\underline{x_{1,2} = + - 20}$

Bei der Herstellung von 20 Stück produziert das Unternehmen mit produktionstechnisch minimal möglichen Stückkosten.

Setzt man die Stückzahl 20 in KD ein, so ergeben sich Durchschnittskosten von 1 800 DM. Erzielt das Unternehmen einen Marktpreis von
1 800 DM, produziert es gerade noch kostendeckend. Die langfristige
Preisuntergrenze liegt somit bei 1 800 DM.

35. a)

| Stück | fixe Kosten | variable Kosten | Gesamtkosten |
|-------|-------------|-----------------|--------------|
| 0     | 10 000      | 0               | 10 000       |
| 100   | 10 000      | 4 000           | 14 000       |
| 200   | 10 000      | 8 000           | 18 000       |
| 300   | 10 000      | 12 000          | 22 000       |
| 400   | 10 000      | 16 000          | 26 000       |
| 500   | 10 000      | 20 000          | 30 000       |
| 600   | 10 000      | 24 000          | 34 000       |
| 700   | 10 000      | 28 000          | 38 000       |
| 800   | 10 000      | 32 000          | 42 000       |

Gesamtkosenfunktion $(K) = 40x + 10\,000$

221

# Lösungen  Kapitel III

b) Bedingung für das Gewinnmaximum: E' (U') = K'

$$K = 40x + 10000$$
$$\underline{K' = 40}$$

$$E = p \cdot x; \quad p = 130 - 1/10x$$
$$E = 130x - 1/10x^2$$
$$\underline{E' = 130 - 1/5x}$$

$$130 - 1/5x = 40$$
$$\underline{x = 450}$$

Bei der Produktion von 450 Stück erreicht das Unternehmen sein Gewinnmaximum. Der Preis, den der Monopolist setzen muß, um die gewinnmaximale Absatzmenge zu erzielen, läßt sich durch Einsetzen von x = 450 in die Nachfragefunktion bzw. Preisabsatzfunktion (p) ermitteln.
p = 130 − 1/10 (450)
Der **Cournotsche Preis** beträgt 85 DM/Stück.

c) KD = 40 + (10000 : x);  x = 450
KD = 40 + 22,22
$\underline{KD = 62,22}$

Das Unternehmen produziert bei **totalen Stückkosten** von 62,22 DM.

d)
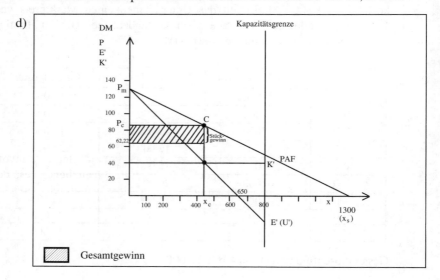

Gesamtgewinn

36. **Nachteile für die Konsumenten:**
    - Überhöhte Preise durch Monopolgewinne
    - Qualitätsmängel, da kein Konkurrenzdruck besteht
    - Kein Zwang zur technischen Weiterentwicklung und Verbesserung der Produkte
    - Versorgungslücken bzw. Versorgungsengpässe, wenn sich der Monopolgewinn bei geringeren Absatzmengen realisieren läßt.

    **Gefahren für den Monopolisten:**
    - Monopolgewinne locken Konkurrenten an (z. B. vom Ausland)
    - Konsumenten wandern zur Substitutionskonkurrenz ab; Wandel in der Bedürfnisstruktur, falls es sich um nicht lebensnotwendige Güter handelt
    - Staatliche Eingriffe bei grobem Mißbrauch der Marktmacht (Kartellgesetz)

37. Das Gewinnmaximum liegt an der Kapazitätsgrenze (X*), wie die folgende Zeichnung beweist:

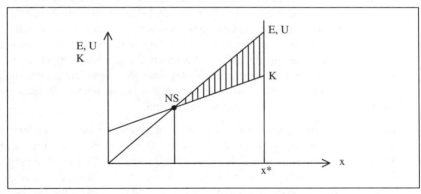

38. Das Kennzeichen der Preis-Absatz-Funktion eines Polypolisten auf unvollkommenem Markt ist das Vorhandensein eines **Präferenzbereiches**, den man auch monopolistischen Bereich nennt. Innerhalb des Präferenzbereiches kann der Anbieter den Preis setzen, ohne befürchten zu müssen, daß alle Kunden zur Konkurrenz abwandern. Das Gewinnmaximum liegt dort, wo die Grenzkosten gleich dem Grenzerlös sind. Ob das nun im monopolistischen Bereich erfolgt, hängt vom Verlauf der Kostenfunktion ab.

Lösungen                                                                  Kapitel III

39. Diese These läßt sich durch die Existenz **externer Konsumeffekte** erklären. Treten externe Konsumeffekte auf, erhöht sich mit steigendem Preis die Absatzmenge. Viele Konsumenten verwenden den **Preis als Qualitätsmaßstab**. Je höher der Preis für ein Produkt ist, desto hochwertiger wird es in den Augen vieler Käufer eingestuft. Für den **Snob** ergibt sich ein hoher Nutzen, wenn er Produkte besitzt, die sich andere nicht leisten können. Steigt der Preis, kauft der Snob. Für viele hängt der Nutzen nicht von den objektiven Eigenschaften eines Gutes ab, sondern vom Preis. Ein hoher Preis steigert den Nutzen, weil der Konsument damit seine finanzielle Potenz dokumentiert bzw. seine gehobene soziale Stellung beweist. Dieses Phänomen bezeichnet man als **Veblen-Effekt**. Vielfach tritt der **Mitläufereffekt** hinzu. Breite Schichten zahlen überhöhte Preise, um "Vorbildern" nachzueifern, die die teuren Produkte konsumieren bzw. von der Werbung für den Konsum bestimmter Produkte bezahlt werden.

40. Der Produktlebenszyklus beschreibt die Absatz-, Umsatz- und Gewinnentwicklung eines Produktes während seiner Lebensdauer am Markt. Der typische Produktlebenszyklus weist die folgenden Phasen auf: Einführungsphase mit langsam steigendem Umsatz ohne Gewinn; Wachstumsphase mit stark steigendem Umsatz beim Eintreten in die Gewinnzone und steigenden Gewinnen; Reifephase mit nur noch schwachen Umsatzsteigerungen und konstantem Gewinn; Sättigungsphase mit stagnierenden bzw. leicht rückläufigen Umsatzzahlen und sinkendem Gewinn; Degenerationsphase mit stark rückläufigem Umsatz und stark sinkendem Gewinn.

In der Einführungsphase stellt sich als Hauptproblem, die Kaufwiderstände seitens der Konsumenten zu überwinden. Dies gebietet eine umfassende Werbeaktion zur Bekanntmachung des Produktes. In der Einführungsphase lassen sich meist nur geringe Gewinne erzielen, da die fixen Stückkosten bei geringen Produktionsmengen stark zu buche schlagen und hohe Werbe- und Vertriebsaufwendungen anfallen. Das Unternehmen kann in der Einführungsphase die Penetrationsstrategie oder die Skimmingstrategie einschlagen. Bei der Penetrationsstrategie verfolgt das Unternehmen eine Politik der niedrigen Preise, um die Kunden anzulocken und potentielle Konkurrenten abzuschrecken. Versucht das Unternehmen dagegen möglichst schnell in die Gewinnzone zu gelangen, muß es zu hohen Preisen greifen. Die Skimmingstrategie empfiehlt sich bei Markenprodukten, bei der Existenz externer Konsumeffekte und bei geringer Konkurrenz am Markt.

| Kapitel III | Lösungen |

In der **Degenerationsphase** steht die Entscheidung an, das Produkt vom Markt zu nehmen und einen Nachfolger oder eine Produktvariation zu präsentieren. Deshalb muß bereits in der Reifephase die Entwicklung neuer Produkte forciert werden. Wartet ein Unternehmen zu lange mit der Einführung neuer Produkte, können erhebliche Marktanteile verloren gehen, insbesondere auf Märkten mit scharfem Wettbewerb und raschem technischen Fortschritt.

41. Gutenberg meint damit, daß sich technisch komplizierte Produktvariationen von der Konkurrenz nicht so leicht nachahmen lassen. Versucht ein Unternehmen über die Preispolitik eine marktbeherrschende Stellung zu erlangen, muß es mit Reaktionen der Konkurrenten rechnen, die um ihre Umsatzanteile kämpfen. Preissenkungen lassen sich schnell nachvollziehen.

Das Nachmachen von Produkten setzt einen kostenintensiven Forschungs- und Entwicklungsprozeß voraus. Bis die Konkurrenz nachzieht, kann das Unternehmen bereits einen Nachfolger des "alten" Produktes als Produktvariation präsentieren und den Vorsprung halten bzw. ausbauen.

42. a) Mercedesfahrer: z. B. höheres Einkommen; Männer mittleren Alters; CDU/CSU/FDP-Wähler;

b) Marokko-Touristen: Aussteiger; höherer Bildungsstand, meist Studenten; geringes Einkommen; Altersgruppe der 20- bis 28jährigen.

c) Marlboro-Raucher: Männer, Machotypen; Abenteuerlustige, Weitgereiste, Aussteigermentalität

d) Quelle-Kunden: Hausfrauen; geringes Einkommen; untere soziale Schicht; aus ländlichen Gegenden kommend

43. **Franchise-System** bezeichnet eine werksgebundene Vertriebsform, bei der das Unternehmen den Absatzbereich ausgliedert und an rechtlich selbständige, aber wirtschaftlich gebundene Verkaufsunternehmen überträgt. Beim Franchise-System bestimmt der Produzent das gesamte Marketing-Konzept der Händler, um ein einheitliches Produktimage aufzubauen bzw. zu bewahren. Gegen Umsatzbeteiligung erhält der Franchise-Nehmer das Recht, ein bestimmtes Sortiment unter Verwendung von Markennamen, Warenzeichen, Ladenausstattung etc. exklusiv zu verkaufen. Meist wird das Verkaufspersonal vom Franchise-Geber speziell geschult (Sales Promotion).

Lösungen                                          Kapitel III

## 44. Werbeplanung

Das *Werbeziel* läßt sich mit der Einführung einer neuen Produktsorte umschreiben. Die Zielgruppe, an die die Werbekampagne gerichtet ist, kann wie
folgt definiert werden: Kinder, Jugendliche, junggebliebene Erwachsene. Die
Werbemittel und Werbeträger richten sich nach dem Streugebiet. Da der
europäische Markt erreicht werden soll, müssen überregionale Werbemittel
wie Television, Rundfunk, überregionale Zeitungen und Zeitschriften gefunden werden.

Das *Marketing-Konzept* könnte z. B. folgende absatzpolitische Maßnahmen
umfassen:

Werbeziel ist die Einführung des Produktes, deshalb gilt es zunächst eine
Werbeaktion zu starten, die die neuen Gummibärchen einem breiten jugendlichen Publikum näher bringt. Es müssen die Eigenschaften herausgestellt
werden, die diese Gummibärchen von anderen unterscheiden:

– **Design** (größer, kleiner als andere; Farbgebung uni, gepunktet, gestreift);
– **Verpackung**, die Jugendliche und Kinder anspricht;
– **besondere Produkteigenschaften** (ohne Farbstoffe, besonderer Geschmack; zahnfreundlich).

Die Ergebnisse der Produktpolitik müssen von der *Werbung* in Werbebotschaften umgesetzt werden. Für ein europaweites Streugebiet eignen sich besonders folgende Werbemittel: Fernsehen via Satellitenfernsehen, Außenwerbung bei internationalen Sportveranstaltungen. Als Werbeträger für Kinder und Jugendliche kommen T-Shirts, Luftballons, Malbücher oder Mal-
stifte in Betracht. Da für Kinder und Jugendliche Vorbilder eine besondere
Rolle spielen, könnte man für die Werbekampagne Stars engagieren, die bei
den Kids gerade "in" sind und auch bei junggebliebenen Erwachsenen an-
kommen. Als erfolgreiche Werbeträger bei Kindern erweisen sich auch
Trickfiguren oder Trickfilme.

Neben der Werbung könnte die *Preispolitik* als weitere absatzpolitische
Maßnahme, insbesondere in der Einführungsphase, eingesetzt werden. Es
empfiehlt sich eine Politik der niedrigen Preise (Penetrationsstrategie), auch
deshalb, weil das Taschengeld von Kindern bzw. Jugendlichen relativ gering
ist. Das Unternehmen kann aber auch auf hohe Preise setzen, wenn es mit
besonderer Qualität wirbt (Skimmingstrategie).

| Kapitel III | Lösungen |

Zum Marketing-Konzept gehört auch die Wahl der *Absatzkanäle*. Versucht das Unternehmen ein Markenimage aufzubauen, ist ein Vertrieb über den Fachhandel (Süßwarengeschäfte) anzuraten, evtl. Naturkost-, Bioläden oder Reformhäuser. Ansonsten bietet sich ein Vertrieb über das Süßwarensortiment in Supermärkten an.

Lösungen

# Kapitel IV

45. Folgende Kriterien spielen bei der Wahl der Rechtsform eine wichtige Rolle:
- Risikoverteilung bzw. Haftung (beschränkt, unbeschränkt)
- Leitungsbefugnis (Geschäftsführung, Vertretung)
- Gewinn- und Verlustverteilung
- Finanzierungsmöglichkeiten (Eigenkapital-, Kreditbeschaffungsmöglichkeiten)
- Gesetzliche Vorschriften bei der Gründung
- Gründungskosten
- Publizitätszwang
- Mitbestimmungsrechte der Arbeitnehmer im Aufsichtsrat

46. **Kapitalgesellschaften** sind im Gegensatz zu Personengesellschaften eigene juristische Personen. Als juristische Personen sind sie rechtsfähig und können klagen und verklagt werden. Kapitalgesellschaften müssen als juristische Personen Körperschafts- und Vermögenssteuer entrichten, unabhängig von der Einkommen- bzw. Vermögensteuer der einzelnen Gesellschafter. Alle Gesellschafter von Kapitalgesellschaften haften nur beschränkt in Höhe ihrer Einlage. Bei **Personengesellschaften** haftet mindestens ein Gesellschafter gesamtschuldnerisch. Mitglieder von Personengesellschaften sind zur Geschäftsführung berechtigt und verpflichtet (Ausnahme: Kommanditisten). Die Leitungsbefugnis von Kapitalgesellschaften überträgt der von der Hauptversammlung bzw. Gesellschafterversammlung gewählte Aufsichtsrat bezahlten Managern. Für Kapitalgesellschaften besteht grundsätzlich Publizitätszwang, d. h. sie sind verpflichtet, Jahresabschluß (Bilanz, Gewinn- und Verlustrechnung) und Lagebericht zu veröffentlichen. Personengesellschaften können der sog. erweiterten Publizitätspflicht für Großunternehmen laut HGB unterliegen, wenn sie für drei aufeinanderliegende Abschlußstichtage mindestens zwei der drei folgenden Merkmale aufweisen: eine Bilanzsumme über 125 Millionen DM, einen Jahresumsatz über 250 Millionen und eine im Jahresdurchschnitt 5 000 Arbeitnehmer übersteigende Belegschaft. Kapitalgesellschaften existieren unabhängig von einzelnen Mitgliedern, während Personengesellschaften beim Tod eines voll haftenden Gesellschafters aufgelöst werden können.

229

| | Lösungen | Kapitel IV |

47. Die AG fungiert als Kapitalsammelbecken und ermöglicht die Finanzierung von Großprojekten. Sind die Aktien in Streubesitz, ist eine breite Streuung des Eigentums an den Produktionsmitteln möglich. Durch die Risikostreuung können bedeutende Mittel in die Forschung und Entwicklung gepumpt und somit der technische Fortschritt vorangetrieben werden.

48. Unter **"Leverage-Buyout"** versteht man die Übernahme und anschließende Zerschlagung von Unternehmen. Die Übernahmen erfolgen über den Ankauf von Aktien an der Börse und werden bis zu 90 % fremdfinanziert. Sobald die neuen Eigentümer die Alleinherrschaft übernommen haben, beginnen sie, das Unternehmen Stück für Stück wieder abzustoßen. Im Normalfall bringt die Zerschlagung und der Verkauf der Unternehmensteile mehr ein als die Fremdfinanzierungskosten betragen. Damit entwickeln sich die Firmenübernahmen zu Geldvermehrungsmaschinen einer Übernahmeclique (Manager, Banken, Rechtsanwälte). Nicht mehr die Produktion und das Gewinnen von Marktanteilen stehen im Vordergrund, sondern die schnelle Geldvermehrung durch Finanztransaktionen.

49. Mißt man die öffentlichen Betriebe am Unternehmensziel Gewinnmaximierung, dann arbeiten die meisten öffentlichen Betriebe unwirtschaftlich. Öffentliche Betriebe orientieren sich in den meisten Fällen nicht am Erwerbsprinzip, sondern verfolgen soziale Ziele wie ausreichende Versorgung der Bevölkerung mit lebenswichtigen Produkten oder Dienstleistungen und kulturellen Einrichtungen zu kostendeckenden Preisen. Die Verluste werden über die Steuern finanziert. In jüngster Zeit steht zur Diskussion, die Bundesbahn und die Reichsbahn in Aktiengesellschaften umzuwandeln, um sie aus den tiefen roten Zahlen wieder herauszuführen.

50. a) Gewinnverteilung

| Gesellschaft | EK | 4 % vom EK | Restgewinn 1 : 1 : 1 | Gesamt- gewinn |
|---|---|---|---|---|
| C. Wittrich | 100 0000 | 40 000,-- | 80 000,-- | 120 000,-- |
| F. Then | 600 000 | 24 000,-- | 80 000,-- | 104 000,-- |
| R. Walter | 400 000 | 16 000,-- | 80 000,-- | 96 000,-- |
| | | 80 000,-- | 240 000,-- | 320 000,-- |

| Kapitel IV | Lösungen |
| --- | --- |

b) Nach § 121 (3) HGB müßte ein auftretender Verlust, falls der Gesellschaftsvertrag keine diesbezügliche Reglung enthält, nach Köpfen, d. h. gleichmäßig verteilt werden. Jeder Gesellschafter müßte 1/3 des Verlustes tragen.

c) R. Düsberg sollte sich zunächst über das Reinvermögen (Vermögen – Schulden) bzw. den Schuldenstand der Firma informieren. Überschuldung (Schulden > Vermögen) ist zwar kein Konkursgrund, weil alle Gesellschafter der OHG auch mit ihrem Privatvermögen haften. R. Düsberg sollte deshalb Erkundigungen über die Höhe des Privatvermögens der einzelnen Gesellschafter einziehen. Bei relativ hohem Schuldenstand und geringem Privatvermögen der Gesellschafter geht er ein erhebliches Risiko ein, weil er als Komplementär mit seinem Gesamtvermögen unmittelbar und solidarisch haftet. Die Haftung bezieht sich auch auf alle Schulden, die bereits vor seinem Eintritt in die OHG bestanden.

51. a) Es sind **fünf Gründer** notwendig, die die Aktien übernehmen.

b) Der **Mindestnennwert des Grundkapitals muß 100 000 DM** betragen, als **Mindestnennbetrag einer Aktie sind 50 DM** vorgeschrieben. Als Stückelung des Grundkapitals kann auch 100 oder ein Vielfaches von 100 gewählt werden. Einen Ausgabekurs unter pari, d. h. unter dem Nennwert, erlauben die gesetzlichen Vorschriften im AktG nicht. Bei der Ausgabe der Aktien über pari entsteht ein Agio, das in die Kapitalrücklage (gesetzliche Rücklage) einzustellen ist.

c) Die AG entsteht mit der Eintragung ins Handelsregister.

d) **Inhaberaktien** lauten nur auf den Namen der ausgebenden Gesellschaft. Die Übertragung erfolgt formlos durch Einigung und Übergabe. **Namensaktien** dagegen lauten auf den Namen des Eigentümers. Eine Übertragung erfordert einen Übertragungsvermerk (Indossament) auf der Rückseite der Aktie und eine Eintragung der Änderung ins Aktienbuch der Gesellschaft. Will das Unternehmen einen Überblick über die jeweiligen Firmeneigentümer behalten, empfehlen sich Namensaktien. Der Preis dafür ist allerdings eine eingeschränkte Fungibilität.

Lösungen                                                    Kapitel IV

52. In einer KG haften nicht alle Gesellschafter in gleichem Umfang. Außerdem
    beteiligen sich die einzelnen Gesellschafter i. d. R. in unterschiedlichem
    Maße an der Geschäftsführung und Vertretung. Das HGB bestimmt deshalb
    in § 168, daß der Gewinnanteil, der eine 4 %ige Verzinsung des eingesetzten
    Kapitals übersteigt, sowie Verluste in angemessenem Verhältnis zu verteilen
    sind. Was allerdings jeweils als "angemessen" gilt, bedarf einer Regelung
    durch den Gesellschaftsvertrag.

53. a) Zwischen Rabe und Pascoe entstand eine **BGB-Gesellschaft**. Der Gesell-
       schaftsvertrag wurde mündlich abgeschlossen und bedurfte keiner Form.
       Der Zweck der Gesellschaft besteht in der Erreichung eines gemeinsamen
       Zieles, hier gemeinsamer Kauf eines Rennpferdes. Die Gesellschaft wird
       nicht ins Handelsregister eingetragen.

       Gesellschaften des Bürgerlichen Rechts können zu einem beliebigen
       Zweck von Nichtkaufleuten und Kaufleuten gegründet werden. Oft sind
       sich die Gesellschafter gar nicht bewußt, daß sie eine BGB-Gesellschaft
       gegründet haben.

    b) Die Geschäftsführung und Vertretung steht beiden Gesellschaftern ge-
       meinschaftlich zu. Da für jedes Geschäft die Zustimmung aller Gesell-
       schafter notwendig ist, ist der von Pascoe abgeschlossene Mietvertrag
       unwirksam, wenn Rabe nicht zustimmt.

    c) In einer BGB-Gesellschaft kann jeder Gesellschafter jederzeit kündigen,
       wenn die Gesellschaft auf unbestimmte Zeit eingegangen wurde. Raabe
       kann somit sofort kündigen. Entsteht jedoch durch die Kündigung ein
       Schaden, z. B. bei Saisongeschäften, so muß der Gesellschafter den ande-
       ren Gesellschaftern den Schaden ersetzen, der durch die Kündigung ent-
       steht.

54. Die **GmbH** wurde vom Gesetzgeber geschaffen, um die Bildung kleiner
    Kapitalgesellschaften zu ermöglichen. Die Gründung und Leitung der GmbH
    sind einfacher als bei der AG. Man braucht weniger Stammkapital bei der
    Gründung (50000 DM), und die Gründungskosten sind geringer. Oft kommt
    eine GmbH bei Familienunternehmen vor, weil die Gesellschafter mehr Ein-
    fluß auf die Gesellschaft ausüben wollen. Der Geschäftsführer wird meist
    aus den Reihen der Gesellschafter gestellt, und die Übertragung der Ge-

232

Kapitel IV                                                          Lösungen

schäftsanteile, die nur durch notarielle Beurkundung möglich ist, ist stark erschwert. Als kleine Kapitalgesellschaften unterliegen GmbHs außerdem nur
einer eingeschränkten Publizitätspflicht.

Allerdings ist der GmbH im Gegensatz zur AG der Zugang zur Börse versperrt, so daß sich die Beschaffung von Eigenkapital bzw. langfristigem
Fremdkapital schwieriger gestaltet. Außerdem bestehen für die GmbH wegen der beschränkten Haftung und des Fehlens der zwingenden Verpflichtung zur Bildung gesetzlicher Rücklagen geringere Kreditbeschaffungsmöglichkeiten als bei anderen Gesellschaften.

**55.**

| | AG | KGaA | Genossenschaft |
|---|---|---|---|
| a) | mindestens fünf | mindestens sechs (fünf für AG + ein Vollhafter) | mindestens sieben |
| b) | Aktie, Aktionäre | Kapitalanteil, Kommanditaktien; Komplementär, Kommanditaktionäre | Geschäftsanteil Genossen |
| c) | formlos durch Verkauf an der Börse (bei Inhaberaktien) | Aktien formlos wie bei der AG, soweit Inhaberaktien; Geschäftsanteile der Komplementäre i. d. R. mit notarieller Beurkundung + Pflicht zur Eintragung ins Handelsregister | formlos durch Einigung und Übergabe |
| d) | beschränkt in Höhe der Einlage | Komplementäre unbeschränkt, Kommanditaktionäre beschränkt | beschränkt in Höhe des Geschäftsanteiles |
| e) | vom Aufsichtsrat bestellter und kontrollierter Vorstand | Vorstand ist der Vollhafter; die Kommanditaktionäre wählen den AR, der den Vorstand kontrolliert | von der Generalversammlung gewählter Vorstand und Aufsichtsrat |

233

Lösungen                                                          Kapitel IV

56. **Kooperation** bedeutet eine zeitlich beschränkte Zusammenarbeit von Firmen bei verschiedenen Projekten, wobei die wirtschaftliche und rechtliche Selbständigkeit in keiner Weise tangiert werden.
Bei der **Konzentration** gehen wirtschaftliche und rechtliche Selbständigkeit teilweise verloren. Schließen sich Unternehmen zu einem Kartell zusammen, bleiben sie rechtlich und weitgehend auch wirtschaftlich selbständig. Im Konzern bleiben die Mitglieder zwar rechtlich unabhängig, sind aber wirtschaftlich stark miteinander verflochten, oft derart, daß die wirtschaftliche Selbständigkeit verlorengeht wie z. B. beim Unterordnungskonzern. Bei der Fusion (Trust) geben die beteiligten Unternehmen ihre wirtschaftliche und rechtliche Unabhängigkeit auf.

57. **Nachteile der Unternehmenskonzentration:**
   – Ausbeutungsmißbrauch: Marktmacht wird gegenüber dem Verbraucher benutzt, um höhere Gewinne durch überhöhe Preise zu erzielen.
   – Nachfragemacht: Abhängige Zulieferer oder Händler werden unter Druck gesetzt und höhere Preisnachlässe oder Sonderkonditionen erzwungen, um die Konkurrenz auszuschalten.
   – Gezielte Behinderung der Mitarbeiter durch Preisunterbietungen, die besonders bei Konglomeraten durch Mischkalkulation möglich sind, oder Liefer- und Bezugssperre.
   – Technischer Fortschritt, der vor allem von den innovationsfreudigen Klein- und Mittelbetrieben ausgeht, wird eingeschränkt. Die Marktmacht führt zu organisatorischen Verkrustungen, die Erfindungen behindern.
   – Großunternehmen können mit dem Arbeitsplatzargument erheblichen Druck auf den Staat und die Gesetzgebung ausüben.

**Vorteile:**
   – Vorteile der Massenproduktion können genutzt werden; die Produktionskosten und die Preise sinken.
   – Eigenkapitalbasis für risikoreiche Innovationen und kostenintensive Forschungs- und Entwicklungsprogramme ist nur bei Großunternehmen vorhanden; durch Konzentration wird der technische Fortschritt angeblich gefördert.
   – Großunternehmen halten dem internationalen Wettbewerb besser stand und helfen somit Arbeitsplätze sichern.
   – Großunternehmen verkraften konjunkturelle Risiken und Nachfrageverschiebungen besser.

Kapitel IV                                                                 Lösungen

## 58. Kartellgesetzgebung

Bestimmte Kartelle sind verboten (Preis-, Gebiets-, Quotenkartelle) bzw. genehmigungspflichtig (Rationalisierungs-, Strukturkrisen, Export- und Importkartelle mit Inlandswirkung, Syndikate). Zuwiderhandlungen können mit
saftigen Geldbußen sanktioniert werden. Die Kartellgesetzgebung umfaßt
auch das Verbot des "abgestimmten Verhaltens" ohne vertragliche Vereinbarungen und der "Preisbindung zweiter Hand", bei der die Hersteller die
Preise für die nachfolgenden Handelsstufen festlegen.

**Fusionskontrolle**

Die Kartellbehörde kann Zusammenschlüsse von Unternehmen untersagen,
wenn dadurch eine marktbeherrschende Stellung entsteht oder ausgebaut
wird. Bei der Fusionskontrolle handelt es sich um eine vorbeugende Maßnahme zur Verhinderung von Unternehmenskonzentration.

**Mißbrauchsaufsicht**

Die Mißbrauchsaufsicht betrifft bereits bestehende marktbeherrschende Unternehmen. Es handelt sich um eine Verhaltenskontrolle, durch die der Mißbrauch wirtschaftlicher Macht (überhöhte Preise, unlauterer Wettbewerb gegenüber Mitanbietern) eingeschränkt werden soll.

## 59. a) Vertikal:

Erdölraffinerie – BASF Farben und Fasern
Gewerkschaft Auguste Victoria – BASF-Farben und Fasern
BASF Farben und Fasern – BASF Handels- und Export GmbH

*Ziele:*
• Sicherung der Rohstoffquellen
• Sicherung des Absatzmarktes
• Verbesserung des Vertriebes
• Kostensenkung in der Verwaltung

### b) Konglomerate:

Land- und Forstflug – Knoll AG
Erdölraffinnerie – Gewerkschaft Auguste Victoria

*Ziele:*
• Diversifikation
• Risikostreuung
• Marktmacht
• Nutzung von Synergieeffekten

235

Lösungen

# Kapitel V

60. Nach der Mittelherkunft kann man zwischen Außen- und Innenfinanzierung unterscheiden. Bei der **Außenfinanzierung** fließen dem Unternehmen von externen Quellen Finanzmittel zu. Bei **Innenfinanzierung** stammen die Finanzmittel aus dem betrieblichen Umsatzprozeß, d. h. sie kommen über die Umsatzerlöse bzw. entwachsen dem eigentlichen Betriebszweck. Erfolgt die Innenfinanzierung aus nicht ausgeschütteten Gewinnen, handelt es sich um **Selbstfinanzierung**. Je nach dem, ob die Finanzierung über die in der Bilanz ausgewiesenen Gewinne oder erst über die Auflösung von versteckten Gewinnen stattfindet, spricht man von **offener** bzw. **stiller Selbstfinanzierung**. Nach der Kapitalhaftung bzw. nach der Rechtsstellung der Kapitalgeber teilen sich die Finanzmittel in Eigen- und Fremdkapital. Haben die Kapitalgeber die Rechtsstellung von Eigentümern (z. B. Recht auf Geschäftsführung und Vertretung bzw. Mitbestimmung oder Stimmrecht, Gewinnanteil, Recht auf Liquidationserlös), handelt es sich um **Eigenfinanzierung**.

**Fremdfinanzierung** liegt vor, wenn die Kapitalgeber die Rechtsstellung von Gläubigern (feste Verzinsung, kein direktes Mitspracherecht) besitzen. Zieht man die Dauer der Finanzierung als Unterscheidungsmerkmal heran, lassen sich **lang-, mittel- und kurzfristige Finanzierungsarten** unterscheiden. Nach der Häufigkeit der Finanzierung unterteilt man in laufende und einmalige, zu besonderen Anlässen stattfindende Finanzierung.

**Außenfinanzierung**
Bankdarlehen, Lieferantenkredit, Emission von Aktien

**Innenfinanzierung**
Finanzierung aus Abschreibungsrückflüssen, Auflösung von freien Rücklagen, Kapitalerhöhung aus Gesellschaftsmitteln.

**Eigenfinanzierung**
Ausgabe von Aktien, Aufnahme von Gesellschaftern, Finanzierung aus Abschreibungsrückflüssen

**Langfristige Finanzierung**
Eigenfinanzierung, Finanzierung durch Ausgabe von Obligationen, Annuitätendarlehen

**Kurzfristige Finanzierung**
Wechselkredit, Lieferantenkredit, Kundenanzahlung

237

| Lösungen | Kapitel V |

**Laufende Finanzierung**
Zinszahlungen, Tilgungszahlungen, Abschreibungen beziehungsweise Ersatzinvestitionen

**Einmalige Finanzierung**
Gründung, Sanierung, Fusion

61. Bei **Wandelschuldverschreibungen** hat der Eigentümer das Recht, die Schuldverschreibungen am Ende der Laufzeit in Aktien der selben Firma umzutauschen. Es findet eine bedingte Kapitalerhöhung in der Höhe statt, wie von diesem Umtauschrecht Gebrauch gemacht wird. Fremdkapital wird in Eigenkapital umgewandelt.

**Optionsanleihen** sind prinzipiell Anleihen, verbriefen aber zusätzlich ein Recht auf Erwerb junger Aktien bei einer Kapitalerhöhung. Bei Ausnutzung dieses Rechts fließt dem Unternehmen zusätzliches Eigenkapital zu.

62. Kleinen und mittelständischen Unternehmen in Rechtsform von Einzelunternehmen oder Personengesellschaften oder GmbHs ist der Zugang zur Börse versperrt. Wenn man das breite Spektrum der Kreditfinanzierung betrachtet, steht ein nicht unerheblicher Teil davon für kleine und mittlere Unternehmen nicht zur Verfügung. Insbesondere langfristige Fremdfinanzierungsmöglichkeiten wie die Ausgabe von Anleihen oder Industrieobligationen sind nur Großunternehmen in der Rechtsform der AG oder Großunternehmen mit bekanntermaßen hervorragender Bonität vorbehalten. Dagegen besteht für kleine und mittelständische Unternehmen, die keinen Börsenzugang besitzen, eine Finanzierungslücke. Nicht zuletzt ist der Run auf die Börsenzulassung, der in den letzten Jahren zu verzeichnen war, auf diese Finanzierungslücken zurückzuführen, die besonders expandierende Unternehmen hart spüren.

Als Ausweg aus der Finanzierungslücke bieten sich an:
• Verstärkte Nutzung von Factoring und Leasing,
• Ausnutzung bestimmter Förderprogramme der Gebietskörperschaften (Bund, Länder, Gemeinden),
• Ausweichen auf Venture-Capital-Finanzierung,
• Bildung von mittelständischen Kreditgarantiegemeinschaften, die oft Ausfallbürgschaften übernehmen.

| Kapitel V | Lösungen |
|---|---|

63. Wenn ein Kunde das Zahlungsziel von 60 Tagen nicht ausnutzt und innerhalb von 8 Tagen bezahlt, erhält er 3 % Skonto für 52 Tage. Vergleicht man mit Zinsen, die auf 1 Jahr bezogen sind, ergibt sich folgendes:
Für 52 Tage 3 %
Für 360 Tage ?

3 % Skonto entsprechen einem Zinssatz von 20,77 %. Es lohnt sich, einen kurzfristigen Kredit aufzunehmen, dessen Zinssatz unter 20,77 % liegt, um die Skontogewährung für Barzahlung auszunutzen, sofern es die Liquiditätslage gestattet.

64. Bei der **Venture-Capital-Finanzierung** handelt es sich um eine neue Form der Beteiligungsfinanzierung. Sie ist grundsätzlich bei allen Rechtsformen möglich. Venture-Capital-Finanzierung erfolgt häufig für Neugründungen von Unternehmen mit innovativen Technologien. Neben der **Kapitalversorgungsfunktion** übernehmen die Kapitalgeber oder deren Bevollmächtigte zusätzlich eine **Managementbetreuungsfunktion**, da die Marktdurchsetzung zunehmend auch umfangreiche Managementkenntnisse erfordert. Kapitalversorgungsfunktion und Managementbetreuungsfunktion wirken in allen Entwicklungsstadien des Unternehmens und über alle Lebenszyklus-phasen der hergestellten Produkte. In der Expansionsphase wird die Venture-Capital-Finanzierung in eine konventionelle Finanzierung übergeleitet (**"going to public"**). Es kommt zur Börseneinführung und die Financiers realisieren den Wertzuwachs des von ihnen investierten Kapitals durch den Verkauf ihrer Geschäftsanteile an der Börse.

Wird die Venture-Capital-Finanzierung, wie in der BRD üblich, durch eine indirekte Beteiligungsfinanzierung über Venture-Capital-Gesellschaften durchgeführt, so sind bei diesen Gesellschaften die folgenden wichtigen Funktionen zu bewältigen: Auswahl der "venture-capital-würdigen" Unternehmen, Innovationsbewertung, Beschaffung der finanziellen Mittel, Auswahl des Managements und Beteiligungsverwertung ("going to public").

65. Der Wechsel dient der Beschaffung von **kurzfristigem Fremdkapital** und ist ein Instrument der Außenfinanzierung. Er bietet dem Gläubiger besondere **Sicherheit** und fungiert zusätzlich als **Zahlungsmittel**. Bei Nichteinlösung treten strenge Formvorschriften (Wechselstrenge) in Kraft, weil z. B. das Gericht nicht prüft, ob das dem Wechselgeschäft zugrundeliegende Rechts-

# Lösungen                                          Kapitel V

geschäft (z. B. Kaufvertrag) gültig ist, und der Wechselprozeß sehr rasch abläuft. Der Wechsel kann auch als Zahlungsmittel verwendet werden, indem er an einen Dritten übereignet wird. Die Weitergabe erfolgt durch Einigung und Übergabe sowie einen Übertragungsvermerk (Indossament). Jeder, der den Wechsel weitergibt, haftet durch seine Unterschrift persönlich neben dem eigentlichen Schuldner für die Einlösung des Wechsels. Eine besondere Bedeutung bekommt der Wechsel dadurch, daß er vom Wechselnehmer vor dem Verfalltag an eine Bank verkauft werden kann. Nach Abzug von Diskont zahlt die Bank den Wechselbetrag aus und löst den Wechsel am Verfalltag beim Schuldner ein (Inkasso).

66. **Leasen** bedeutet für den Leasingnehmer einen geringeren Finanzierungsbedarf und damit höhere Liquidität. Banken verlangen häufig spezielle Sicherheiten wie Grundpfandrechte, Sicherungsübereignung oder Bürgschaften. Die Leasing-Gesellschaften begnügen sich mit geringeren Sicherheiten. Die Leasingraten mindern als Aufwendungen den steuerpflichtigen Gewinn. Falls die Gegenstände nicht beim Leasingnehmer bilanziert werden, entfällt hierfür die Vermögenssteuer und gegebenenfalls lassen sich die Bilanzrelationen (Eigenkapital : Anlagevermögen, Anlagevermögen : Umlaufvermögen) verbessern. Da die Leasing-Gesellschaften als Großkunden auftreten, wirken sich die ausgehandelten Skonti und Rabatte günstig auf die Leasingraten aus. Beim Operate-Leasing übernimmt der Leasing-Geber Wartung und Reparatur. Erfahrungsgemäß werden die Leasinggegenstände früher ausgetauscht als auf dem herkömmlichen Wege finanzierte und entsprechen so dem neuesten Stand der Technik.

67.

|  | **Operate-Leasing** | **Finance-Leasing** |
|---|---|---|
| Kündbarkeit | jederzeit | erst nach Ablauf der Grundmietzeit |
| Gegenstände | Gegenstände, die jederzeit weitervermietet werden können (Autos, Kopiergeräte) | v. a. Gegenstände, die auf die speziellen Wünsche der Kunden zugeschnitten sind |
| Investitionsrisiko | beim Leasing-Geber | beim Leasing-Nehmer während der Grundmietzeit |
| Bilanzierung | beim Leasing-Geber | von Fall zu Fall verschieden; Kaufoption nach dem Ablauf der Grundmietzeit |

| Kapitel V | Lösungen |
|---|---|

68. Der **Factor** übernimmt eine **Dienstleistungsfunktion**, indem er die Forderungen "verwaltet", d. h. er übernimmt Rechnungstellung, Mahnwesen und Inkasso. Dadurch kann das Unternehmen Personal einsparen. Zudem übt der Factor eine **Delkrederefunktion** aus; er übernimmt das Bonitätsrisiko für den Fall, daß eine Forderung nach Ablauf der Zahlungsfrist nicht bezahlt wird. Da der Factor den Forderungsbetrag nach Abzug von Gebühren sofort nach Rechnungstellung an den Anschlußkunden überweist, bietet er auch eine Bevorschussung der Forderungen und übernimmt damit **Finanzierungsfunktionen** (Außenfinanzierung). Die Liquiditätssteigerung läßt sich ggf. in eine Rentabilitätssteigerung ummünzen, wenn z. B. durch Factoring ein Einkauf mit Skontoabzug ermöglicht wird. Außerdem können die Bilanzrelationen und Liquidität verbessert werden, wenn das Factoring genutzt wird, um Verbindlichkeiten abzubauen bzw. die Höhe der flüssigen Mittel steigt bei geringen Forderungsbeständen.

69. Der Begriff **Selbstfinanzierung** steht für die Finanzierung aus einbehaltenen Gewinnen. Je nach dem, ob die Selbstfinanzierung aus der Bilanz erkennbar ist oder nicht, spricht man von offener bzw. stiller Selbstfinanzierung. Bei **offener Selbstfinanzierung** erfolgt die Finanzierung aus den in der Bilanz ausgewiesenen gesetzlichen oder freien Rücklagen, oft in Form einer Kapitalerhöhung aus Gesellschaftsmitteln durch Ausgabe von Gratisaktien. Die Bildung **stiller Reserven** erfolgt durch die steuerrechtlich nicht erlaubte Ausweisung von nicht realisierten Gewinnen (z. B. über den Anschaffungs- oder Herstellungswert hinausgehende Wertsteigerungen) oder durch das bewußte "Verstecken" von Gewinnanteilen vor dem Fiskus sowie durch Bildung von überhöhten Rückstellungen und die steuerrechtlich erzwungene Ausweisung noch nicht realisierter Verluste.

70. a) Bei der **genehmigten Kapitalerhöhung** wird der Vorstand ermächtigt, in den nächsten fünf Jahren mit Zustimmung des Aufsichtsrates das Grundkapital bis zu einem bestimmten Nennbetrag ("genehmigtes Kapital") durch Ausgabe neuer Aktien gegen Einlagen zu erhöhen. Die Bedeutung der genehmigten Kapitalerhöhung liegt vor allem in der Vorwegnahme der komplizierten Rechtsvorschriften zur Kapitalerhöhung. So kann der Vorstand flexibel entscheiden, ohne entsprechende Beschlußfassung mit qualifizierter Mehrheit der Hauptversammlung, und eine günstige Kapitalmarktlage ausnutzen, so daß der AG rasch die benötigen Mittel zufließen können.

Lösungen                                                           Kapitel V

b) Ermittlung des **Bezugskurses** für die jungen Aktien:
Bezugsverhältnis 5 : 1; Grundkapital (alt) 25 Mio DM
5 : 1 = 25 : x
x = 5 Mio DM; das Grundkapital wird nominal um 5 Mio DM erhöht.

Dem Unternehmen sollen aber 6 Mio DM an finanziellen Mitteln zufließen, daraus ergibt sich ein **über pari Ausgabekurs** für die jungen Aktien, die in 50 DM Aktien gestückelt werden.

5 : 6 = 50 : x
x = 60,00 DM/junge Aktie

Die jungen Aktien werden zu 60,00 DM pro Stück ausgegeben. Das **Agio** von 10,00 DM pro Stück muß laut § 150 (2) AktG in die Kapitalrücklage (gesetzliche Rücklage) eingestellt werden.

c) Der Kurs der alten Aktien sinkt nach der Emission der jungen. Die jungen Aktien werden meist zu einem niedrigeren Börsenkurs als die alten ausgegeben, damit ein Anreiz zum Erwerb dieser Aktien besteht. Der Kursverlust, der bei den alten Aktien eintritt, wird aber über die **Bezugsrechte**, die den Altaktionären zustehen, ausgeglichen. Der Wert des Bezugsrechtes entspricht seinem Wert nach dem Kursverlust einer alten Aktie nach der Grundkapitalerhöhung.

71. a) Eigenkapitalrentabilität $= \dfrac{\text{Jahresüberschuß} \cdot 100}{\text{Eigenkapital}}$

Gesamtkapitalrentabilität$= \dfrac{(\text{Jahresüberschuß} + \text{Fremdkapitalzinsen}) \cdot 100}{\text{Eigenkapital} + \text{Fremdkapital}}$

Eigenkapital = Grundkapital + gesetzliche Rücklage + freie Rücklage + Gewinnvortrag (= nicht als Dividende ausgeschütteter Teil des Bilanzgewinnes)

EK = 25,0 Mio DM + 2,6 Mio DM + 0,8 Mio DM

**EK = 28,4 Mio DM**

Fremdkapital = langfr. Darlehen + Pensionsrückstellungen + andere kurzfristige Rückstellungen + Wechsel + Verbindlichkeiten an Lieferanten + andere kurzfr. Verbindlichkeiten + ausgeschütteter Teil des Bilanzgewinnes bzw. Jahresüberschusses

242

Kapitel V                                                      Lösungen

FK   = 33,6 Mio DM   + 2,3 Mio DM + 1,8 Mio DM
                     + 12,8 Mio DM + 2,2 Mio DM
                     + 12,8 Mio DM + 15,6 Mio DM + 5,3 Mio DM
FK   = 73,6 Mio DM

**Jahresüberschuß (Gewinn) = 5,3 Mio DM**

**Fremdkapitalzinsen = 1,4 Mio DM**

$$\text{EK-Rentabilität} = \frac{5,3 \text{ Mio DM x } 100}{28,4 \text{ Mio DM}}$$

EK-Rentabilität = 18,66 %

$$\text{GK-Rentabilität} = \frac{(5,3 \text{ Mio DM} + 1,4 \text{ Mio DM}) \text{ x } 100}{28,4 \text{ Mio DM} + 73,6 \text{ Mio DM}}$$

GK-Rentabilität = 6,57 %

b) Zieht man Rentabilitätsüberlegungen heran, ist die Emission von Obliga-
   tionen nicht geeignet, da bei einem Zinssatz von 10 % nur 6,57 % ver-
   dient werden. Die AG müßte jährlich 10 % Zinsen bezahlen, während das
   Unternehmen nur 6,57 % Verzinsung des Gesamtkapitals erwirtschaftet.
   Eine Erhöhung der Eigenkapitalrentabilität über die Aufnahme von
   Fremdkapital ist nur dann möglich, wenn der Fremdkapitalzins unter der
   Gesamtkapitalrentabilität liegt.

c) **Ausgabe junger Aktien**

   *Vorteile:*
   • Erhalt von Eigenkapital, das unbefristet zur Verfügung steht
   • In Krisenzeiten kann auf eine entsprechende Verzinsung des Eigen-
     kapitals (Dividende) verzichtet werden.
   • Die Liquidität wird zunächst geschont, da keine Zins- und Tilgungs-
     zahlungen anfallen.
   • Zusätzliches Eigenkapital erweitert die Kreditbasis

   *Nachteile:*
   • Es entstehen relativ hohe Kosten (Notar-, Gerichts-, Druck-, Publika-
     tionskosten, Bankprovision).

243

Lösungen                                                    Kapitel V

- Miteigentümer besitzen Stimmrecht auf der Hauptversammlung, so daß sich die Mehrheitsverhältnisse u. U. verschieben können.
- Interessenkonflikte zwischen Altaktionären und neuen Aktionären

**Ausgabe von Obligationen**

*Vorteile:*
- Keine Interessenkonflikte, Gläubiger haben kein direktes Mitspracherecht
- Mögliche steuerliche Vorteile; Zinsen werden als Aufwendungen verbucht und mindern den steuerpflichtigen Gewinn
- Mehrheitsverhältnisse bleiben erhalten

*Nachteile:*
- Zins- und Tilgungszahlungen belasten die Liquidität
- Kreditsicherheiten (Grundpfandrechte, Sicherungsübereignung, Bürgschaften etc.) müssen bereitgestellt werden
- Hohe Kosten Notar-, Gerichts-, Emissions-, Publikationskosten, Disagio, Zinsen, Kreditprovision

d) *Goldene Bankenregel* (Goldene Finanzierungsregel), die die Fristenkongruenz zwischen Kapitalbedarf und Kapitalverwendung fordert. Langfristiges Vermögen (AV) ist langfristig zu finanzieren (Eigenfinanzierung, langfristige Fremdfinanzierung).

*Goldene Bilanzregel,* die in ihrer engsten Fassung fordert, daß Anlagevermögen mit Eigenkapital zu finanzieren ist.

*Optimale Kapitalstruktur;* unter Bewahrung des finanziellen Gleichgewichtes wird ein optimaler Verschuldungsgrad angestrebt, bei dem die Eigenkapitalrentabilität maximiert wird, was über den Leverage-Effekt geschieht.

*"Optimale" Liquidität;* d. h. das Unternehmen muß zu jedem Zeitpunkt in der Lage sein, seinen Zahlungsverpflichtungen nachzukommen unter Einbeziehung von Rentabilitätsüberlegungen. Ausgangspunkt ist die dynamische Liquidität.

*Eins-zu-Eins-Regel,* die besagt, daß die Eigentümer eines Unternehmens ebensoviel Eigenkapital aufbringen müssen wie die Gläubiger an Fremdkapital bereitstellen.

244

| Kapitel V | Lösungen |
|---|---|

72. a) **Rechnerischer Wert des Bezugsrechtes:**

Bezugsverhältnis 3 : 2; Kurs der alten Aktien 320 DM; Kurs der jungen Aktien 280 DM

| 3 alte Aktien | à 320,00 DM = | 960,00 DM |
|---|---|---|
| 2 junge Aktien | à 280,00 DM = | 560,00 DM |
| | | 1 520,00 DM |

Es wird sich nach der Kapitalerhöhung ein Mischkurs einstellen, der 304,00 DM (1 520 : 5) beträgt. Die alten Aktien erleiden einen Kursverlust von 16,00 DM pro Stück. Der rechnerische Wert des Bezugsrechtes ist mit 16,00 DM anzusetzen.

b) Der Aktionär benötigt für zwei junge Aktien drei Bezugsrechte, da eine Kapitalerhöhung im Verhältnis 3 : 2 stattfand. Da ihm bereits drei alte Aktien gehören, besitzt er drei Bezugsrechte und muß keine Bezugsrechte hinzukaufen. Er kann die zwei jungen Aktien zum Emissionskurs von 280,00 DM pro Stück erwerben. Er muß für die Beteiligung insgesamt 560,00 DM aufbringen.

c) Wenn er vier junge Aktien erwerben will, braucht er sechs Bezugsrechte. Er besitzt nur vier alte Aktien und muß zwei zusätzliche Bezugsrechte kaufen. Vier junge Aktien kosten insgesamt 1 120 DM. Hinzukommen 2 x 16,00 DM für die fehlenden Bezugsrechte. Er muß insgesamt 1 152,00 DM bereitstellen.

d) Für zwei junge Aktien benötigt der "Neuaktionär" drei Bezugsrechte, die an der Börse gehandelt werden. Der rechnerische Wert der Bezugsrechte beträgt 16,00 DM x 3 = 48,00 DM. Es kann sich allerdings ein höherer Börsenwert für die Bezugsrechte einstellen, je nach Angebot und Nachfrage. Für den Kauf von zwei jungen Aktien zahlt der Käufer, wenn er keine alten Aktien besitzt, 48,00 DM für 3 notwendige Bezugsrechte + 2 x 280,00 DM, d. h. insgesamt 608,00 DM.

e) Besitzt ein Aktionär fünf alte Aktien, so kann er fünf Bezugsrechte verkaufen. Der Wert der Bezugsrechte beträgt 80,00 DM.

f) Für den Kauf einer jungen Aktie muß der Aktionär 280,00 DM aufwenden. Da er bereits Eigentümer fünf alter Aktien ist und somit fünf Bezugsrechte besitzt, kann er überzählige Bezugsrechte verkaufen. Zum Kauf

245

Lösungen                                                          Kapitel V

einer jungen Aktie benötigt er nur 1,5 Bezugsrechte = 24,00 DM. Somit
kann er die restlichen 3,5 Bezugsrechte abstoßen. Sie bringen ihm beim
Verkauf 56,00 DM ein. Für den Kauf einer jungen Aktie muß er
280,00 DM – 56,00 DM (Erlöse aus dem Verkauf der überschüssigen
Bezugsrechte) = 224,00 DM investieren.

73. Das Unternehmen gerät in Gefahr seine finanzielle Unabhängigkeit zu verlieren. Die Gläubiger können Druck auf die Unternehmensleitung ausüben,
indem sie mit der Kündigung von Krediten drohen. Hohe Zinsen und Til-
gunszahlungen belasten die Liquidität. Bei Zahlungstockungen bzw. Illiquidität droht der Konkurs, da Eigenkapital als Sicherheitspolster fehlt. Ohne
ausreichende Eigenkapitalbasis läßt sich zusätzliches Fremdkapital nur
schwer und unter vergleichsweise ungünstigen Bedingungen beschaffen. Da
Eigenkapital auch die Basis von Innovationen ist, kann das Unternehmen
technische Entwicklungen verschlafen und Marktanteile verlieren. Wagt es
die Finanzierung von innovativen Großprojekten mit überwiegend Fremdkapital, schmerzen Fehlschläge besonders bzw. führen leicht zum Ruin, weil
über Jahre hinaus noch Zins- und Tilgungszahlungen für das in den Sand ge-
setzte Fremdkapital anfallen.

74. a) Nach § 150 (2) AktG muß eine Einstellung in die gesetzliche Rücklage
nicht mehr erfolgen, wenn die gesetzliche Rücklage 10 % des Grundkapitals übersteigt. Die gesetzliche Rücklage in Höhe von 843 Mio DM übersteigt hier weit 10 % des Grundkapitals (= 120 Mio DM).

b) Nach § 58 (2) AktG können Vorstand und Aufsichtsrat einen Teil des
Jahresüberschusses, höchstens jedoch die Hälfte, in die freien Rücklagen
einstellen. Im vorliegenden Fall haben Vorstand und Aufsichtsrat den Jahresabschluß festgestellt und dürfen deshalb maximal 50 % des Jahresüberschusses = 184 Mio DM in die freien Rücklagen einstellen. Sie haben
damit ihren Spielraum voll ausgeschöpft, da die Satzung keine vom
Gesetz abweichenden Regelungen enthält.

c) **Stille Reserven** können beispielsweise entstehen:
   – Durch Nichtaktivierung von Aktiva z. B. geringwertige Wirtschafts-
   güter mit Anschaffungswert ≤ 800,00 DM oder derivativer Firmenwert.
   Der **originäre Firmenwert** darf nicht aktiviert werden. Der Firmen-

| Kapitel V | Lösungen |

wert ist ein immaterieller Wert, der Ruf und Namen eines Unternehmens darstellt, d. h. die Fähigkeit der Unternehmensleitung, Verkehrsgunst der Lage, Sicherung von Absatz und Beschaffung, Stammkundschaft, Facharbeiterstamm, Betriebsorganisation. Der originäre, d. h. der selbst geschaffene Firmenwert darf nicht aktiviert werden. Der **derivative Firmenwert**, d. h. der durch Kauf erworbene (Differenz zwischen Kaufpreis und Betriebsvermögen) Firmenwert ist dagegen aktivierungsfähig bzw. es besteht ein Aktivierungswahlrecht.

– Durch Unterbewertung von Aktiva; beispielsweise verlangt das **Niedertswertprinzip** vorsichtige Bewertung der Vermögensgegenstände; Obergrenze für die Bewertung bilden die Anschaffungs- bzw. Herstellungskosten. Ist z. B. der Wert der Grundstücke über die Anschaffungskosten hinaus gestiegen, handelt es sich um einen nicht realisierten Gewinn, der nicht ausgewiesen werden darf.

– Durch Überbewertung von Passiva; z. B. werden aus Vorsichtsgründen überhöhte Rückstellungen gebildet. Es handelt sich hier um nicht realisierte Verluste, die aber aus Vorsichtsgründen und zum Gläubigerschutz in der Bilanz ausgewiesen werden müssen.

– Durch überhöhte Abschreibungen; nutzt das Unternehmen die steuerrechtlich maximal möglichen Abschreibungssätze und hinkt die angesetzte Afa (Absetzung für Abnutzung) hinter dem tatsächlichen Verschleiß her, enthalten die Vermögensgegenstände abschreibungsbedingte stille Reserven.

d) $\text{Bilanzkurs} = \dfrac{\text{Eigenkapital x 100}}{\text{Grundkapital}}$

Eigenkapital = Grundkapital + gesetzliche Rücklage + freie Rücklage + Gewinnvortrag (nicht ausgeschütteter Teil des Bilanzgewinnes)

Eigenkapital = 1200 Mio DM + 843 Mio DM + 1 768 Mio DM + 3 Mio DM

Eigenkapital = 3814 Mio DM

Lösungen                                                         Kapitel V

Eigenkapital aufgrund des Börsenkurses (159 DM pro 50 DM Aktie), der
dem Bilanzkurs entspricht:

$$\text{Eigenkapital} = \frac{\text{Grundkapital x Börsenkurs in \%}}{100}$$

$$\text{Eigenkapital} = \frac{1\ 200\ \text{Mio DM x } 318}{100}$$

$$\text{Eigenkapital} = 3\ 816\ \text{Mio DM}$$

Da das Eigenkapital aufgrund des Börsenkurses um 2 Mio höher ist als
das in der Bilanz ausgewiesene Eigenkapital, belaufen sich die ange-
sammelten stillen Reserven auf 2 Mio DM.

e) Werden die Rücklagen aufgelöst, entstehen noch keine liquiden Mittel.
Die Rücklagen sind in irgendwelchen Aktivwerten (Grundstücke, Finanz-
anlagen, Vorräte, Forderungen) gebunden. Nur durch Verkauf der Aktiva
können die flüssigen Mittel freigesetzt werden.

75. **Opération blanche** bedeutet, daß der Aktionär gerade so viele Bezugsrechte
veräußert, daß er mit dem Verkaufserlös den verbleibenden Teil des Bezugs-
rechts ausüben kann. Er erwirbt mit Hilfe seiner Bezugsrechte gerade so
viele junge Aktien, daß er keine zusätzlichen finanziellen Mittel einsetzen
muß.

Der Wert seiner 60 Bezugsrechte beträgt insgesamt 3 000,00 DM. Eine junge
Aktie kostet 100,00 DM (Emissionskurs) + zwei Bezugsrechte (Kapitalerhöhung 2 : 1) im Wert von je 50,00 DM. Für den Kauf einer jungen Aktie
muß er somit 200,00 DM aufwenden. Da er aus dem Verkaufserlös der
bestehenden Bezugsrechte 3000,00 DM einnimmt, kann er damit 15 junge
Aktien erwerben, ohne zusätzlich Finanzmittel einsetzen zu müssen. Für
15 Aktien braucht er 30 Bezugsrechte. Die restlichen 30 Bezugsrechte kann
er für 50,00 DM/Stück veräußern. Mit dem Verkaufserlös von 1 500,00 DM
kann er bei einer Opération blanche 15 junge Aktien zum Ausgabekurs von
100,00 DM pro Stück kaufen.

248

| Kapitel V | | | | | | Lösungen |
|---|---|---|---|---|---|---|

**76. a)**

| Jahr | Bestand Maschinen | | Anschaffungswert | jährliche Abschr. | Reinvestition | freies Kapital |
|---|---|---|---|---|---|---|
| | Anfang | Ende | | | | |
| 1 | 1 | 1 | 6 000 | 2 000 | – | 2 000 |
| 2 | 1 | 2 | 12 000 | 4 000 | 6 000 | – |
| 3 | 2 | 4 | 24 000 | 8 000 | 6 000 | 2 000 |
| 4 | 4 | 4 | 24 000 | 8 000 | 6 000 | 4 000 |
| 5 | 4 | 4 | 24 000 | 8 000 | 12 000 | – |
| 6 | 4 | 4 | 24 000 | 8 000 | 6 000 | 2 000 |

b) Die **Periodenkapazität** läßt sich durch sofortige Reinvestition des über Abschreibungen freigesetzten Kapitals dauerhaft um 33,33 % erhöhen.

c) Die Wirksamkeit des **Lohmann-Ruchti-Effektes** setzt voraus, daß die Abschreibungsbeträge vollständig über die Umsatzerlöse verdient werden. Er kommt nur dann zur Geltung, wenn eine Teilbarkeit der Anlagen vorliegt, was in der Praxis häufig nicht der Fall ist, wenn auf Großanlagen produziert wird. Er setzt außerdem konstante Anschaffungskosten voraus. Steigen die Anschaffungspreise, fällt der Lohmann-Ruchti-Effekt entsprechend geringer aus. Erfordert die Kapazitätserweiterung zusätzliches Umlaufvermögen (Roh-, Hilfs-, Betriebsstoffe), muß auch das finanziert werden, wodurch der Lohmann-Ruchti-Effekt eingeschränkt wird. Es muß auch die Überlegung einbezogen werden, daß durch eine Mehrproduktion die Absatzpreise fallen könnten und Mindereinnahmen den Lohmann-Ruchti-Effekt schmälern.

77. Unter **Leverage-Effekt** versteht man die Hebelwirkung des Fremdkapitals auf die Eigenkapitalrentabilität. Liegt der Fremdkapitalzins unter der Gesamtkapitalrentabilität, läßt sich die Eigenkapitalrentabilität erhöhen durch die Aufnahme von Fremdkapital. Der Leverage-Effekt geht von einem gleichbleibenden Gesamtkapital aus. Das Eigenkapital wird dabei sukzessive durch Fremdkapital ersetzt. Es ist zu beachten, daß der Leverage-Effekt auch in umgekehrter Richtung wirkt. Steigt der Fremdkapitalzins über die Gesamtkapitalrentabilität, läßt der Leverage-Effekt die Eigenkapitalrentabilität in den Keller rutschen.

Lösungen                                                    Kapitel V

78. Theoretisch könnte die Eigenkapitalrentabilität auf "unendlich" ansteigen, wenn der Verschuldungsgrad "unendlich" groß ist (FK/0) und die Gesamt-kapitalrentabilität über dem Fremdkapitalzins liegt. Der theoretische Höchst-wert wird nie erreicht, da die Annahmen unrealistisch sind. Ein Anwachsen des Verschuldungsgrades bewirkt automatisch eine Erhöhung des Fremd-kapitalzinses, da der haftende Eigenkapitalanteil sinkt und damit das Gläu-bigerrisiko steigt, so daß irgendwann der Verschuldungsgrad erreicht ist, von dem ab die zusätzlichen Fremdkapitalkosten nicht mehr durch die zusätzli-chen Investitionen erwirtschaftet werden können. Ein "unendlicher" Ver-schuldungsgrad würde außerdem die Liquidität des Unternehmens so stark belasten, daß Illiquidität und damit Konkurs wegen Zahlungsunfähigkeit drohte.

# Anmerkungen

[1] Wöhe, G.: Einführung in die Allgemeine Betriebswirtschaftslehre. München, [11]1973, 1974, S. 20

[2] Wirtschafts- und Rechtslehre für das Gymnasium, Band 3: Beruf, Einkommen, Vermögen. Donauwörth, [1]1981, S. 47.

[3] Dr. Gablers Wirtschaftslexikon, Band 2, Dr. Th Gabler Verlag, Wiesbaden 1972.

[4] Dr. Gablers Wirtschaftslexikon, Band 4, Wiesbaden 1972, S. 963

[5] Schmalen, H.: Grundlagen und Probleme der Betriebswirtschaft, Köln, [7]1990, S. 276

[6] ebenda, S. 288

[7] Müller-Hagedorn, L.: Einführung in das Marketing. Darmstadt [1]1990, S. 22

[8] Nieschlag, R., Dichtl, E., Hörschgen, H.: Marketing. Ein entscheidungstheoretischer Ansatz, Berlin [4]1971, S. 113ff.

[9] Wöhe, G.: Einführung in die Allgemeine Betriebswirtschaftslehre. München [11]1973/1974, S. 382

[10] A. Cournot: Recherches sur les principes mathématiques de la théorie de richesses, Paris 1938; übersetzt von W. G. Waffenschmidt, erschienen unter dem Titel: Untersuchungen über die mathematischen Grundlagen der Theorie des Reichtums, in: Sammlung sozialwissenschaftlicher Meister; Bd. 24, Jena 1924.

[11] Wöhe, G.: Einführung in die Allgemeine Betriebswirtschaftslehre. München [11]1973/74, S. 462

[12] Müller-Hagedorn, L.: Einführung in das Marketing, Darmstadt [1]1990, S. 139

[13] Dr. Gablers Wirtschaftslexikon, Band 3, Wiesbaden, 1972

[14] Arbeitsgruppe Alternative Wirtschaftspolitik, Memorandum '90, Köln, 1990, S. 153f.

# Literaturverzeichnis

ARBEITSGRUPPE Alternative Wirtschaftspolitik (Hrsg.): Memorandum '90, Alternativen der Wirtschaftspolitik, Papy Rossa-Verlag, Köln, 1990.

BUSSE, F.-J.: Grundlagen der betrieblichen Finanzwirtschaft, R. Oldenbourg Verlag, München 1991.

DR. GABLERS Wirtschaftslexikon, Kurzausgabe des Originalwerkes in 6 Bänden, Fischer Taschenbuch Verlag, Frankfurt/Main 1972.

DRUKARCZYK, J., MÜLLER-HAGEDORN, L.: Betriebswirtschaftslehre. Eine Einführung in die Theorie der Unternehmung, Band 1 und Band 2, Verlag Dr. Th. Gabler, Wiesbaden 1978.

HEINEN, E.: Industriebetriebslehre – Entscheidungen im Industriebetrieb; Wiesbaden 1978.

INSTITUT der deutschen Wirtschaft, Köln (Hrsg.): Informationsdienst des Instituts der deutschen Wirtschaft, Nr. 49 vom 05. 12. 91 und Nr. 21 vom 21. 05. 92.

MÜLLER-HAGEDORN, L.: Einführung in das Marketing. Wissenschaftliche Buchgesellschaft, Darmstadt 1990.

NEUGEBAUER, W., KÄSTNER, E., WIEDEMANN, H.: Wirtschafts- und Rechtslehre für das Gymnasium, Band 3, Ludwig Auer Verlag, Donauwörth 1981.

NIESCHLAG, R., DICHTL, E., HÖRSCHGEN, H.: Marketing. Ein entscheidungstheoretischen Ansatz, Berlin [4]1978.

PREITZ, O., DAHMEN W.: Allgemeine Betriebswirtschaftslehre. Verlag Dr. Max Gehlen, Bad Homburg vor der Höhe 1987.

SCHMALEN, H.: Grundlagen und Probleme der Betriebswirtschaft, Wirtschaftsverlag Bachem, Köln [7]1990.

SEIDEL, H. u. THEMMEN, R.: Grundlagen der Betriebswirtschaftslehre, Verlag Dr. Max Gehlen, Bad Homburg vor der Höhe 1987.

SEGGER, A.: Finanzierung. Skriptenreihe Wirtschaft. Verlag Shaker, Aachen 1990.

WÖHE, G.: Einführung in die Allgemeine Betriebswirtschaftslehre. München 1973, 1974.

# Stichwortverzeichnis

Abandonrecht 134
Ablauforganisation 14
Abteilung 9
Absatzformen 60, 104
Absatzmethoden 103
Absatzweg
 – direkt 103
 – indirekt 103
Abschreibung
 – bilanziell 181
 – kalkulatorisch 181
Agio 129, 173, 176
AIDA-Strategie 109
Akkreditivkredit 168
Aktiengesellschaft 132, 133
Allokationsfunktion 144
Amortisation 171
Angebotskurve 81, 82 f., 95
Angebotsmonopole 61
Angebotsoligopole 62
Anlagevermögen 153
Annuitätendarlehen 164
Arbeitsproduktivität 201
Aufbauorganisation 9
Aufgeld 129, 173
Aufsichtsrat 129
Aufwand 24
Aufwendungen 202
Ausbeutungsmißbrauch 144
Ausschließlichkeitsbindung 104
Außenfinanzierung 158

Bandwagon-Effekt 70
Beibehaltungswahlrecht 180
Belegschaftsaktien 132, 173
Beschäftigungsgrad 26

Beteiligungsfinanzierung 158
Betriebsminimum 41
Betriebsoptimum 42 ff.
Betriebswirtschaftslehre 1
Bezugsbindung 105
Bezugsrecht 177, 198 ff.
Bezugssperre 145
BGB-Gesellschaft 232
Bilanzkurs 175
Börsenkurs 175
Break-even-point 85, 219

Corporate identity 107
Cournotsche Menge 75, 77, 79
Cournotscher Preis 75
Cournotscher Punkt 71, 74 f.

Damnum 165
Darlehen 164 f.
Deckungsbeitrag 219, 229
Depotstimmrecht 131
Desk research 56
Disagio 165
Diskont 168
Diversifikation 18, 101
Durchschnittskosten 30, 37

Eigenfinanzierung 158
Eigenkapital 59 ff., 153 ff.
Eigenkapitalrentabilität 5, 156, 191
Einlagenfinanzierung 158
Einzelfertigung 20
Einzelunternehmen 120
Ertragsgesetz 35
Erwerbswirtschaftliches Prinzip 4
Exportkartell 140
Externe Konsumeffekte 65

253

## Stichwortverzeichnis

Factor 241
Factoring 169
Fertigungsprogramm 18
Fertigungstypen 20
Field research 56
Finance-Leasing 171, 240
Finanzielles Gleichgewicht 6, 244
Finanzierung 153
– aus Abschreibungen 158
– aus Abschreibungsrück-
  flüssen 181
– aus Rückstellungen 187
Finanzierungsregeln 189
Finanzkreislauf 155
Firmenwert
– derivativer 247
– originärer 246
Fließfertigung 21
Franchise-System 104
Fremdfinanzierung 158, 164
Fremdkapital 153
Funktionssystem 11
Fusion 142
Fusionskontrolle 147

Gebietskartell 139
Genossenschaft 136
Gesamterlös 71, 83
Gesamterlösfunktion 71, 83
Gesamtkapazität 184
Gesamtkapitalrentabilität 5, 156,
192
Gesamtschuldnerische Haftung 125
Gesamtwirtschaftliche Angebots-
  kurve 81
Gesamtwirtschaftliche Nachfrage-
  kurve 80
Gewinn

– absolut 201
– bilanziell 4, 201
– kalkulatorisch 4, 202
– pagatorisch 4, 201
– relativ 201
Gewinnschuldverschreibungen 165
Geschäftsführung 120, 135
Geschäftsvertretung 121
Gesellschaft
– stille 160
Gesellschaft des bürgerlichen
  Rechts 124
Gesellschaft mit beschränkter
  Haftung 133
Gesellschaftsunternehmen 120
Gewinnmaximierung 4
Gleichgewicht
– finanzwirtschaftliches 6, 191
Gleichgewichtspreis 80 f., 218
Gleichordnungskonzern 141
GmbH & Co. KG 135
Goldene Bankregel 189
Goldene Bilanzregel 189
Gratisaktien 181
Grenzerlös 72, 87
Grenzerlösfunktion 72, 86
Grenzkosten 31, 39, 212
Grenzkostenfunktion 32, 39
Gründungsentscheidungen 2
Gründungsmotive 2

Hauptversammlung 131
Haushaltspanel 58
Holding 142

Indossament 167
Importkartell 140
Inhaberaktien 161, 231
Innenfinanzierung 158, 177

# Stichwortverzeichnis

Innovation 101
Investition 153

Job enrichment 22
Job rotation 22
Juristische Personen 128

Käufermarkt 215
Kapazitätserweiterungseffekt 182
Kapazitätsgrenze 25
Kapital 153
– genehmigtes 174
– gezeichnetes 129
Kapitalerhöhung 172
– aus Gesellschaftsmitteln 174, 181
– bedingte 173
– ordentliche 173
Kapitalertrag 192
Kapitalfreisetzung 181
Kapitalfreisetzungseffekt 182
Kapitalgesellschaft 120, 128
Kapitalgewinn 5
Kartell 139
Kartellverbot 146
Kern- und Satelitengruppen 6
Kommanditgesellschaft 124
– auf Aktien 135
Kommanditist 125
Kommunikationspolitik 106
Kommunikationssystem 14
Kompetenzgefüge 9
Komplementär 125
Konditionenkartell 140
Konditionenpolitik 102
Konglomerat 138
Konkurrenzgebundenes Verhalten 64
Konkurrenzforschung 53

Konsumentenrenten 91
Kontokorrent 167
Kontokorrentkredit 167
Konzentration 234
– diagonale 138
– horizontale 138
– vertikale 138
Konzern 141
Kooperation 234
Kosten 24, 206
– fixe 26
– variable 27
Kostendegression 26
Kostenwirtschaftlichkeit 5, 201
Kreuzpreiselastizität 69
Kündigungsdarlehen 164
Kundenanzahlung 166
Kundendienst 102

Lean Production 22
Leasing 170
Leitungsgefüge 9
Leitungssysteme 9
Leverage-Buyout 133, 230
Leverage-Effekt 192, 255
Leverage-Risiko 193
Lieferantenkredit 166
Liefersperre 145
Liniensystem 10
Liquidität 156
– dynamische 193
– optimale 193
Lohmann-Ruchti-Effekt 182, 249
Lombardkredit 168

Marginalanalyse 76
Marketing 49
– gesellschaftsfreundliches 52
Marketingkonzept 50

255

## Stichwortverzeichnis

Marketing-Mix 58
Markt 49
 – volkommen 62, 216
 – unvollkommen 62, 87
Marktformen 60
Marktforschung 53
Marktsegmentierung 91
Marktverdrängungswettbewerb 90
Massenfertigung 21
Matrixorganisation 13
Ministererlaubnis 146
Ministerkartell 139, 146
Mißbrauchsaufsicht 142, 147
Mitbestimmungsgesetze 202
Mitbestimmungsrecht 123
Mitläufer-Effekt 70
Monopolistische Verhaltens-
weise 64
Monopolkommission 143

Nachfragekurve 65
Nachfragemacht 106, 143, 145
Nachfragemonopole 61
Nachfrageoligopole 62
Nachschußpflicht 134, 161
Namensaktien 161, 231, 238
 – vinkulierte 162
Nennwertaktien 161
Normungskartell 140
Nutzengrenze 85
Nutzenschwelle 85, 219

Obligation 164
Öffentlichkeitsarbeit 106
Offene Handelsgesellschaft 124
Oligopol 89
 – heterogen 217
Operate Leasing 171, 240
Opération blanche 177, 248

Optimale Kapitalstruktur 191
Optimaler Verschuldungsgrad 191
Optionsanleihe 165
Organisation 8
Organisationsstrukturen 8
Organisationstypen der Fertigung
21

Panelerhebung 57
Parallelverhalten 91
Penetrationsstrategie 98
Pensionsrückstellung 188
Periodenkapazität 183
Personengesellschaft 120, 124
Polypole 62
Präferenzbereich 88
Präferenzpolitik 96
Preis-Absatz-Funktion 60, 65
 – geknickte 216
Preisbindung zweiter Hand 146
Preisdifferenzierung 91
 – horizontale 92
 – sachliche 94
 – vertikale 92
 – zeitliche 93
Preiselastizität der Nachfrage 65, 67
Preisführerschaft 90
Preiskartell 139
Primärforschung 56
Produktforschung 97
Produktgestaltung 99
Produktion 17
Produktionskapazität 25
Produktivität 5
Produktlebenszyklus 97
Produktpolitik 96
Profitcenter 12
Programmtiefe 20

256

Prohibitivpreis 66, 218
Public relations 106
Publikumsgesellschaften 131
Publizitätspflicht
– erweiterte 229
Publizitätszwang 122, 123, 128
Punktelastizität 68

Quotenaktien 161
Quotenkartell 139

Rabattkartell 140
Rationalisierungskartell 140
Reagibilitätsgrad der Kosten 27
Rechtsformen
– der Unternehmung im Privatrecht 119
– des öffentlichen Rechts 119
Rembourkredit 168
Rentabilität 156
Rücklage
– freiwillige 179
– gesetzliche 179
Rückstellung 180, 187
– langfristig 187
Rückzahlungsdarlehen 164

Sättigungsmenge 66, 218
Sales promotion 106
Schütt-aus-hol-zurück-Methode 179
Schuldscheindarlehen 165
Schuldverschreibungen 164
Schwesterngesellschaft 141
Sekundärforschung 56
Selbstfinanzierung 158, 178
– offene 178
– stille 180
Serienfertigung 20
Sicherheit 157

Skimmingstrategie 98
Snob-Effekt 70
Social Marketing 49
Sortimentbreite 19
Sortimentgestaltung 100
Sortimentpolitik 96
Sortimentstrukturanalyse 101
Sortimenttiefe 19
Spartenorganisation 12
Sperrminorität 131
Spezialisierungskartell 140
Staatlicher Höchstpreis 94
Staatlicher Mindestpreis 95
Stabliniensystem 11
Stammaktie 162
Stammkapital 134
Stelle 8
Stille Reserve 180, 241
Strategische Allianz 144
Streumedien 110
Strukturkrisenkartell 140
Stückkosten 30, 37
Substanzerhaltung 182
Syndikat 140

Tantieme 129, 131
Tilgungsdarlehen 164
Totalkapazität 183
Transferstraßenfertigung 21
Trendanalyse 55
Trust 142
Typungskartell 140

Umlaufvermögen 153
Umsatz 68
Umsatzrentabilität 5
Umschichtungsfinanzierung 158, 188
Unabhängigkeit 157

257

## Stichwortverzeichnis

Unternehmenskonzentration 143
Unternehmenszusammen-
schlüsse 137
Unterordnungskonzern 141

Variantenfertigung 20
Veblen-Effekt 70
Venture Capital 163
Venture-Capital-Finanzierung 163
Venture-Capital-Beteiligungs-
gesellschaften 163
Verkäufermarkt 95
Vermögen 153
Vertriebssystem
– werkseigen 104
– werksgebunden 104
Volksaktien 132
Volkswirtschaftslehre 1

Vorstand 129
Vorzugsaktien 132, 162
– kumulierte 162

Wandelschuldverschreibungen 165
Wechselkredit 167
Wechselprotest 168
Wechselregreß 168
Wechselstrenge 167
Werbeforschung 55
Werbemittel 110
Werbeplanung 107
Werberendite 108
Werbeträger 110
Werkstattfertigung 21
Wirtschaftlichkeitsstreben 5

Zielgruppenanalyse 54
Zusatzkosten 24

# Ihre Meinung ist uns wichtig!

Ihre Anregungen sind uns immer willkommen.
Bitte informieren Sie uns mit diesem Schein über Ihre
Verbesserungsvorschläge!

| Titel-Nr. | Seite | Fehler, Vorschlag |
|-----------|-------|-------------------|
|           |       |                   |
|           |       |                   |
|           |       |                   |
|           |       |                   |
|           |       |                   |
|           |       |                   |
|           |       |                   |
|           |       |                   |
|           |       |                   |
|           |       |                   |
|           |       |                   |
|           |       |                   |
|           |       |                   |
|           |       |                   |
|           |       |                   |
|           |       |                   |

**STARK**

5-V1T

Bitte ausfüllen und im frankierten Umschlag
an uns einsenden. Für Fensterkuverts geeignet.

## Zutreffendes bitte ankreuzen!

**Die Absenderin/der Absender ist:**

☐ Lehrer/in

☐ Fachbetreuer/in
Fächer: _____

☐ Beratungslehrer/in

☐ Oberstufenbetreuer/in

☐ Schulleiter/in

☐ Regierungsfachberater/in
Fächer: _____

☐ Schüler/in

☐ Sekretariat

☐ Buchhändler/in

**Unterrichtsfächer:**

**Stark Verlag**
**Postfach 1852**
**85318 Freising**

Kennen Sie Ihre Kundennummer?
Bitte hier eintragen.

**Absender** (bitte in Druckbuchstaben)

Name/Vorname

Straße/Nr.

PLZ/Ort

Schule/Schulstempel (bitte immer angeben)

Bitte hier abtrennen

# Abitur-Training

Theorie ist gut, Praxis ist besser. Deshalb enthalten unsere von Fachlehrern entwickelten Trainingsbände nicht nur alle nötigen Fakten, sondern jede Menge praxisgerechte Übungen mit vollständigen Lösungen. Auf die prüfungsrelevanten Stoffgebiete konzentriert, ermöglichen alle Bände ein effektives Lernen – beste Voraussetzungen, um sich als Schüler selbständig vorzubereiten.

## Mathematik

Analysis – LK .................................. Best.-Nr. 94002
Analysis – gk .................................. Best.-Nr. 94001
Analytische Geometrie 1 – LK/gk Best.-Nr. 94005
Analytische Geometrie 2 – LK/gk Best.-Nr. 54008
Stochastik – LK ............................. Best.-Nr. 94003
Stochastik – gk .............................. Best.-Nr. 94007
Infinitesimalrechnung 1/11. Kl.  Best.-Nr. 94006
Infinitesimalrechnung 2/11. Kl.  Best.-Nr. 94008
Übungsaufgaben Analysis 1 ........ Best.-Nr. 92403
Übungsaufgaben Analysis 2 ........ Best.-Nr. 92404
Wiederholung Algebra ................ Best.-Nr. 92402

## Physik

Kernphysik – LK ......................... Best.-Nr. 94305
Wellen- und Teilchenaspekt
von Licht und Materie – LK ........ Best.-Nr. 94303
Atommodelle – LK ...................... Best.-Nr. 94304
Physik 1 – gk
Zeitlich veränderliche elektrische und magnetische Felder, statische elektrische und magnetische Felder, elektromagnetische Schwingungen und Wellen, Lichtquanten .................................. Best.-Nr. 94321
**NEU:** Physik 2 – gk
Elementare Quantenphysik, Struktur des Atoms und seiner Hülle, Aufbau und Eigenschaften von Atomkernen, Ausblick auf Kerntechnik und Elementarteilchenphysik ............................ Best.-Nr. 94322
Mechanik 11. Klasse ................... Best.-Nr. 94307
Physik 1 – FOS
Gravitationsfeld, elektrisches Feld, magnetisches Feld und Induktion .................. Best.-Nr. 92436
Physik 2 – FOS
Mechanische Schwingungen und Wellen, elektromagnetische Schwingungen, Kernumwandlungen, Atombau ..................................... Best.-Nr. 92437
Physik 11. Klasse – FOS
Einfache lineare Bewegungen, Kinematik und Dynamik der Massenpunkte u. a. m. Best.-Nr. 92438

## Biologie

**NEU:** Biologie 1 – LK Bayern
Grundlagen der Vererbung, Molekulargenetik, strukturelle und energetische Grundlagen der Lebensvorgänge, Stoffwechselprozesse, Ökologie und Umweltschutz ..................... Best.-Nr. 94701

**NEU:** Biologie 2 – LK Bayern
Anatomische und physiologische Grundlagen des Verhaltens, Verhalten bei Tier und Mensch, Evolution .................................... Best.-Nr. 94702
Biologie 1 – gk Bayern
Grundlagen der Vererbung, Molekulargenetik, Stoffwechselvorgänge in Lebewesen, Ökologie und Umweltschutz ..................... Best.-Nr. 94715
Biologie 2 – gk Bayern
Anatomische und physiologische Grundlagen des Verhaltens; Verhalten bei Tier und Mensch; Evolution: Artenwandel, Entwicklung des Menschen, Sozialverhalten ......................... Best.-Nr. 94716
Biologie 1 – LK/gk Baden-Württemberg
Enzyme, Stoffwechsel, Neurophysiologie und Hormone ..................................... Best.-Nr. 84701
Biologie 2 – LK/gk Baden-Württemberg
Klassische Genetik, Humangenetik, Molekulargenetik, Immunbiologie, Evolution .... Best.-Nr. 84702
Biologie 1 – LK/gk Nordrhein-Westfalen
Cytologie, Stoffwechselphysiologie Best.-Nr. 54701
Biologie 2 – LK/gk Nordrhein-Westfalen
Genetik, Entwicklungsbiologie ......... Best.-Nr. 54702
Biologie 3 – LK/gk Nordrhein-Westfalen
Ethologie, Neurophysiologie .......... Best.-Nr. 54703
Biologie 4 – LK/gk Nordrhein-Westfalen
Evolutionsbiologie, Ökologie ......... Best.-Nr. 54704

## Chemie

Chemie 1 – LK Bayern
Grundlagen der chemischen Analytik, Reaktionen des Atomkerns, Modellvorstellungen vom Bau der Atome und Moleküle ..................... Best.-Nr. 94731
Chemie 1 – gk Bayern
Sauerstoffhaltige organ. Verbindungen, Struktur und Reaktivität v. Kohlenwasserstoffen  Best.-Nr. 94741
Chemie 2 – gk Bayern
Proteine, Fette, Öle, Kohlenhydrate, Aminocarbonsäuren, aromatische Verbindungen  Best.-Nr. 94742
Chemie 1 – LK/gk Baden-Württemberg
Protolysengleichgewicht in wäßrigen Lösungen, chemisches Gleichgewicht, Kohlenhydrate, Amine, Aminosäuren, Proteine u. a. m. ....... Best.-Nr. 84731
Chemie 2 – LK/gk Baden-Württemberg
Grundlagen elektrochemischer Vorgänge, elektrochemische Vorgänge in der Technik, Metalle, Waschmittel, Energetik u. a. m. ............... Best.-Nr. 84732

*(Bitte blättern Sie um)*

Natürlich führen wir noch mehr Buchtitel für alle Schularten. Bitte rufen Sie uns einfach an. Wir informieren Sie gerne! Tel.: 0 81 61/17 90

## Englisch

**Textaufgaben zur Landeskunde USA** ........................ Best.-Nr. 94463
**Textaufgaben zur Landeskunde Großbritannien** ..... Best.-Nr. 94461
**Grundlagen d. Textarbeit/11. Kl.** Best.-Nr. 94464
**Textaufgaben zur Literatur** ........ Best.-Nr. 94462
**Englische Literaturgeschichte** ..... Best.-Nr. 94465
**Wortschatzübung Englisch** ......... Best.-Nr. 82451
**Grammatikübung Englisch** ......... Best.-Nr. 82452

## Französisch

**Textaufgaben zur Landeskunde Frankreich** ............. Best.-Nr. 94501
**NEU: Textaufgaben zur Literatur** ........ Best.-Nr. 94502

## Latein

**Latein Wiederholung** ................... Best.-Nr. 94601
**Lateinische Literaturgeschichte**   Best.-Nr. 94602

## Kunst

**Grundwissen Malerei – LK** ......... Best.-Nr. 94961
**NEU: Analyse und Interpretation – LK**
Mit zahlreichen Abbildungen, 10 ausklappbaren Farbtafeln, Kompositionsskizzen .. Best.-Nr. 94962

## Deutsch

**Deutsch 1 – LK/gk**
Analyse lyrischer, epischer und dramatischer Texte, schriftliche Erörterung ................... Best.-Nr. 94401
**Deutsch 2 – LK/gk**
Poetik und Literaturtheorie Teil 1, Rede und Referat, Hinweise zur Facharbeit u. a. m. ..... Best.-Nr. 94402
**Deutsch 3 – LK/gk**
Poetik und Literaturtheorie Teil 2, Gebrauchsformen der Sprache u. a. m. ........................ Best.-Nr. 94403
**NEU: Deutsch Training – 11. Klasse**
Methoden geistigen Arbeitens, Einführungen in verschiedene Epochen, Aufsatzarten zu Sach- und Literaturthemen bzw. -texten ......... Best.-Nr. 90405
**Deutsche Literaturgeschichte** ...... Best.-Nr. 94405
**Aufsatz Oberstufe** ........................ Best.-Nr. 84401

## Wirtschaft/Recht

**Betriebswirtschaftslehre – LK** ..... Best.-Nr. 94851
**Volkswirtschaftslehre – LK/gk** ... Best.-Nr. 94881
**Rechtslehre – gk** ........................... Best.-Nr. 94882

## Geschichte

**Geschichte – gk K 12 Bayern**
Entwicklung Bayerns zum modernen Staat, Reichsgründung, 1. Weltkrieg und Weimarer Republik, Entstehung totalitärer Systeme in Europa, Nationalsozialismus (Innenpolitik) ............. Best.-Nr. 94781
**Geschichte – gk K 13 Bayern**
Internationale Politik und 2. Weltkrieg, Bedingungen und Probleme des Neubeginns nach dem Ende des Krieges, Deutschland seit den 50er Jahren, europäische Einigung und neuere weltpolitische Konstellationen ............................... Best.-Nr. 94782
**Geschichte 1 – gk Baden-Württemberg**
Die USA im 19. Jahrhundert, Deutschland im 19. Jahrhundert, Staat und Gesellschaft im Zarenreich, Weimarer Republik u. a. m. ... Best.-Nr. 84761
**Geschichte 2 – gk Baden-Württemberg**
Entstehung der USA, Entwicklung Rußlands und der Sowjetunion zur Weltmacht, USA und Sowjetunion als Weltmächte u. a. m. ......... Best.-Nr. 84762

## Religion/Ethik

**Ethische Positionen**
Alle wichtigen ethischen Positionen in historischchronologischer Entwicklung ........ Best.-Nr. 94951
**NEU: Evangelische Religion 1**
Biblischer/christlicher Gottesglaube, Gestalt und Botschaft Jesu von Nazareth u. a. m. Best.-Nr. 94971

## Sport

**Bewegungslehre – LK**
Sportmotorik, Biomechanik, Struktur sportlicher Bewegung, motorisches Lernen ..... Best.-Nr. 94981

## Pädagogik

**NEU: Pädagogik – FOS**
Grundlagen der Erziehung, Psychoanalyse, Sozial- und Sonderpädagogik u. a. m. ......... Best.-Nr. 92480

Bestellungen bitte direkt an den Stark Verlag
Postfach 1852 · 85318 Freising · Tel. (08161) 1790 · FAX (08161) 17951

**STARK**